HISTOIRE
DES
THÉATRES
DE BORDEAUX

DEPUIS LEUR ORIGINE DANS CETTE VILLE JUSQU'A NOS JOURS

OUVRAGE

DANS LEQUEL ON RAPPORTE L'HISTORIQUE DE CHACUNE DE NOS SALLES DE SPECTACLE,
LES NOMS DES ARTISTES, LES ANECDOTES QUI S'Y RATTACHENT,
LA LISTE DES DIRECTEURS DE 1688 A 1855, LES RECETTES DES DIVERS THÉATRES, &.

ainsi que la

BIOGRAPHIE ARTISTIQUE DU CÉLÈBRE ARCHITECTE LOUIS

Ce dernier travail offre une grande quantité de faits ignorés ou inédits
qui serviront à dévoiler les véritables causes des entraves et des chagrins qui furent suscités à Louis
pendant l'érection du Grand-Théâtre, et qui plus tard concoururent à sa ruine.

PAR

ARNAUD DETCHEVERRY

ARCHIVISTE DE LA MAIRIE DE BORDEAUX

« Vous allez entrer dans un pays où il y a eu
bien du bouleversé! bien du grabuge! Les uns ont
dit ci, les autres ont dit ça ; il y en a même qui
ont dit ci et ça. »
(DE JOUGEMONT. — HENRI IV ET LE PAYSAN.)

BORDEAUX
IMPRIMERIE TYPOGRAPHIQUE DE J. DELMAS
Rue Sainte-Catherine, 139.

1860

HISTOIRE
DES
THÉATRES DE BORDEAUX

Yf 9009

HISTOIRE
DES
THÉATRES
DE BORDEAUX

Depuis leur origine dans cette ville jusqu'à nos jours

OUVRAGE

DANS LEQUEL ON RAPPORTE L'HISTORIQUE DE CHACUNE DE NOS SALLES DE SPECTACLE,
LES NOMS DES ARTISTES, LES ANECDOTES QUI S'Y RATTACHENT,
LA LISTE DES DIRECTEURS DE 1688 A 1855, LES RECETTES DES DIVERS THÉATRES, 1.

ainsi que la

BIOGRAPHIE ARTISTIQUE DU CÉLÈBRE ARCHITECTE LOUIS

Ce dernier travail offre une grande quantité de faits ignorés ou inédits
qui servent à dévoiler les véritables causes des entraves et des chagrins qui furent suscités à Louis
pendant l'érection du Grand-Théâtre, et qui plus tard concoururent à sa ruine,

PAR

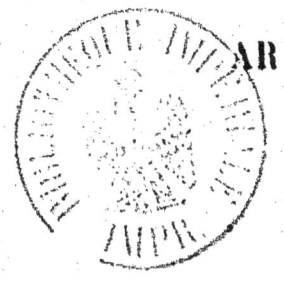

ARNAUD DETCHEVERRY

ARCHIVISTE DE LA MAIRIE DE BORDEAUX.

» Vous allez entrer dans un pays où il y a eu
bien du bouivari! bien du grabuge! Les uns ont
dit ci, les autres ont dit ça; il y en a même qui
ont dit ci et ça. »
(DE ROCHMONT. — HENRI IV ET LE PAYSAN.

BORDEAUX
IMPRIMERIE TYPOGRAPHIQUE DE J. DELMAS
Rue Sainte-Catherine, 139.

1860

PRÉFACE

En l'année 1841 (20 octobre au 10 novembre), l'un des journaux de cette ville (le *Mémorial Bordelais*) publia quelques-uns de mes articles sur les théâtres de Bordeaux. Depuis cette époque, des personnes bienveillantes ont paru croire qu'une revue complète de ces mêmes théâtres, où l'on traiterait de leur origine, de leurs progrès, des célébrités artistiques, des anecdotes qui s'y rattachent, etc., etc., ne pourrait que devenir intéressante. Je l'ai pensé comme elles, et voilà l'origine de ce livre. On s'étonnera peut-être de ce que je ne me sois point assujetti à reproduire la biographie entière de chacun de nos directeurs, ainsi que les causes de la ruine du plus grand nombre d'entre eux; mais ce travail de chiffres, pour la plus grande partie, ne rentrait point dans mon plan, et m'eût forcé, si je l'eusse entrepris, d'ajouter un second volume à celui-ci, sans apporter beaucoup plus d'intérêt au récit, puisque ce sont toujours à peu près les mêmes imprudences, les mêmes obstacles, la même inexpérience, qui ont produit des résultats analogues. Cette partie a d'ailleurs été traitée par des hommes de talent et d'expérience qu'une étude consciencieuse ou des rapports journaliers avec les artistes avaient mis à même de connaître, mieux que tous autres, le côté faible de nos diverses directions. Je renvoie donc à leurs ouvrages ceux qui voudraient approfondir cette matière (1). Ma part sera belle encore si j'ai su trouver les moyens d'intéresser après eux.

(1) Voir le *Mémoire à consulter sur l'état général des Théâtres en Province*. (Actes de l'Académie de Bordeaux, années 1847 et suiv., par M. Degranges, D.-M., membre de l'Académie et ancien membre du Conseil municipal.

Projet de réforme théâtrale en Province, proposé pour Bordeaux, par C. Destrem, membre de la Commission spéciale des théâtres. (Bordeaux, Durand, 1848.

HISTOIRE
DES
THÉATRES DE BORDEAUX

CHAPITRE PREMIER.

Origine des théâtres à Bordeaux. — Divers petits théâtres. — Troupes nomades. — Anciennes salles de Barbarin. — Lettres du duc d'Épernon. — Lettres de Louis XIV pour recommander des comédiens. — Molière a-t-il joué la comédie à Bordeaux? Rien ne le prouve. — Salle de l'Arsenal. — Privilége des jurats pour leurs entrées aux théâtres. — Académie de musique.

Durant de longues années, nous devrions dire des siècles, la ville de Bordeaux, comme la plupart des autres villes de France, n'eut point de salle de spectacle; nous voulons parler ici d'une salle appartenant à la ville. Les dissensions, les guerres civiles ou étrangères, une sorte de sauvagerie chevaleresque qui se plaisait seulement aux combats de la lice ou dans les émotions de l'arène, voilà ce que nous trouvons dans les vieilles pages de nos chroniques. Des disputes terminées en champ clos, des courses de taureaux, quelques jongleries grotesques, c'était tout notre répertoire. Notre ville fut même en retard dans le progrès artistique; car, en 1398, Paris avait un théâtre dressé à l'hôtel de la Trinité, où se présentaient des pièces appelées *mystères*, tandis que Bordeaux ne vit que bien après cette époque, des troupes de bateleurs ambulants qui ne s'y arrêtaient que peu de jours, et s'établissaient ordinairement sur les places où leurs farces pouvaient attirer la foule.

Parmi les divertissements qui remplaçaient chez nos ancêtres celui de la comédie, nous devons mentionner le jeu de l'arc, de l'arbalète, de la baleste (1), et surtout celui du papagay. Ce dernier, dont il est souvent parlé dans nos manuscrits des XIV° et XV° siècles, n'était autre chose qu'une fête annuelle qui se reproduisait à chaque mois de mai, et que l'on célébrait plusieurs jours de suite avec une sorte d'appareil. La veille du 1ᵉʳ mai, les maire et jurats faisaient publier à son de trompe : *Que chacun, au premier jour de mai, soit armé et bien harnaché pour tirer au papagay, sous peine d'amende (que cascun au primey jorn de may fos guarnit e ben arayat per tirar au papagay sotz pena deu gatge).* Le peuple étant assemblé, on choisissait les concurrents ; puis le *papagay*, qui n'était qu'un oiseau de bois ou de carton, placé à une certaine distance sur une branche d'aubépine, servait de point de mire aux tireurs de baleste qui cherchaient à l'abattre. L'heureux vainqueur recevait alors le prix, qui consistait en une baleste garnie d'argent, et on le reconduisait en

---

(1) Baleste ou fronde.

triomphe à sa demeure, en semant sur son passage des branches et des fleurs d'aubépine (1).

La bourgeoisie de cette époque n'avait pas, comme on le voit, les distractions variées de celle de nos jours; aussi ne laissait-elle échapper aucune des occasions que le hasard lui offrait de s'initier aux nouveaux plaisirs que les troupes nomades de comédiens avaient introduits dans la province. En 1406, les clercs et les bourgeois de la ville, s'étant réunis, dressèrent des tréteaux dans le fossé des pères Carmes, et donnèrent quelques représentations qui méritèrent sans doute les applaudissements de la foule, puisque les jurats voulurent en faire les frais.

Ce retard dans la connaissance de l'art scénique ne doit point étonner. La France, livrée alors aux factions et à l'anarchie, était devenue la proie de l'Anglais. Charles VII fuyait devant un ennemi victorieux; et la Guienne surtout, en butte aux incursions et aux ravages des deux partis, offrait, il faut le reconnaître, un asile peu rassurant aux bateleurs ou aux jongleurs qui auraient voulu s'y réfugier (*Note A bis*). Cette absence de spectacle n'était pas une grande

---

(1) La célébration de cet anniversaire du mois de mai s'est conservée jusqu'à nous en se modifiant. Les jurats, jusqu'en 1789, avaient l'habitude d'offrir ce jour-là des branches d'aubépine au gouverneur, au commandant et à l'intendant de la ville. Une de ces branches, qu'on appelait aussi le *Mai*, se plaçait ensuite avec pompe dans la cour de la Mairie. Chacun de nous se rappelle les *couronnes du mois de mai* qui ornaient, il y a peu d'années encore, nos rues et nos places. Cette tradition, aussi ancienne qu'attrayante, est à peu près, aujourd'hui, oubliée ou dédaignée. (*Voir la note* A.)

porte pour l'art, ayant pour interprètes *les Clercs de la Basoche, les Enfants Sans-Souci, les Coqueluchers, les Compagnies de l'Empereur de Galilée, du Prince de l'Étrille, du Recteur des Fous*, etc. L'admiration de nos pères pour les ignobles farces qui se représentaient au milieu d'eux, trouve seulement son excuse dans le temps et le progrès. Le petit échantillon que voici, et qu'on a bien fait de conserver, suffira pour donner une idée de ces burlesques moralités à ceux qui n'ont point parcouru nos vieilles légendes dramatiques.

Dans le mystère ou tragédie de *la Passion*, le Père éternel, au moment où Jésus-Christ expirait, paraissait abîmé dans la douleur. Un apôtre lui disait :

« Père éternel, vous avez tort ;
« Vous devriez avoir grand'vergogne.
« Votre fils Jésus-Christ est mort,
« Et vous ronflez comme un ivrogne.
« Réveillez-vous, car votre fils
« Veut s'en aller en Paradis. »

Les clercs de la Basoche, qui n'ont laissé que bien peu de traces à Bordeaux, composèrent ensuite eux-mêmes des pièces dans lesquelles ils attaquaient les ridicules ou les désordres des gens en place, ce qui leur attira souvent de sévères admonitions de la part du Parlement (1). C'est ainsi que, par arrêt du 16

---

(1) Les grands écoliers de l'Université de Paris, ayant joué dans une de ces pièces satiriques, eurent le lendemain, tous, le fouet de la main de leurs régents. *Supra dorsum nudum pulsante campana.* (V. Alexis Monteil, *Hist. des Français des divers États.*)

janvier 1544, cité par M. Lamothe, le Parlement de Bordeaux défend à Puchabelier, roi de la Basoche, de représenter le jeu qu'il avait joué les jours passés dans les maisons privées, sans autorisation de la Cour.

Si nous joignons à ces défenses, dont sans doute le Parlement n'était point avare, les obstacles que nous avons signalés plus haut, on comprendra combien la ville de Bordeaux devait être en retard dans le mouvement artistique qui se remarquait ailleurs (1). Les tragédies latines plus ou moins châtiées que l'on composait au collége de Guienne ne paraissaient point, sans doute, aussi piquantes aux écoliers que les pièces du fameux Pierre Gringoire, de Paris; car pour se procurer une distraction plus en rapport avec leur goût, ils ouvrirent, dans la matinée du 2 novembre 1568, les portes du collége de Guienne aux réformés, qui, au nombre de quatre ou cinq cents, et mêlés aux écoliers, se mirent à entonner les psaumes de Clément Marot.

Laissons donc Buchanan, Muret et consorts, ainsi que leur Melpomène décrépite, aux curieux et aux érudits, et contentons-nous de remarquer que ni Charles-Quint (1539), ni François 1er (1542), ni Charles IX (1565), à leur passage à Bordeaux, ne purent se procurer le plaisir d'une représentation théâtrale. (*Note B.*)

---

(1) D'après une délibération du 19 décembre 1551, il paraît que la ville était si pauvre qu'elle n'avait pas plus de 5,000 liv. de revenu, que ses créanciers avaient même fait saisir.

Nous devons ici donner des louanges à la philanthropie des jurats, qui, n'oubliant jamais le tribut que le plaisir doit à la misère, mettaient une taxe au profit des pauvres sur toutes les troupes de comédiens qui séjournaient dans notre ville. L'arrêt suivant, rendu par le Parlement, prouve la difficulté qui se présentait quelquefois à prélever ce droit, qui était toujours basé moins sur l'éventualité de la recette que sur le nombre des représentations (1) :

« Veu par la Cour la requeste à elle présentée le neufvieme du present moys par le syndic des pauvres de l'hospital Saint-André de la présente ville, disant que, par les arrests de la Cour, les commédiens qui jouent en la dicte ville ont esté condempnés à payer la somme de troys escus pour chescun jour qu'ils ont joué et aussy tout ce qu'ils pourroyent prendre pour ung jour. Toutesfois deux compaignies de commédiens qui sont à présent en ceste ville, et jouant tous les jours, il y a quinze jours, l'une desquelles a bailhé seullement aux tresoriers du dict hospital dix escus, et l'autre compaignie n'a rien bailhé. Sur quoy requiert le dict supliant condempner les dicts commédiens qui se sont joincts et sont encore en ceste ville qui jouent tous les jours, bailher et payer aux trésoriers du dict hospital la somme de trente escus et ordonne que, au payement d'icelle,

---

(1) Les permissions de séjour accordées par les maire et jurats à ces troupes nomades, n'étaient guère que de quinze jours, et ne s'étendaient pas au delà de trois mois.

ils seront contraincts par arrest de leurs propres personnes et enjoindre à tous huyssiers et sergens contraindre les dicts commédiens au payement de la sus dite somme qui sera adjugée aux dicts pauvres par les dictes voyes et constrainctes en vertu de la présente requeste ou arrest qui interviendra sur icelle et sans aultre commission. Et responce du procureur général mize au bas de la requeste qui requiert estre enjoint aux sus dicts commédiens vuyder la ville par ce que, par le moyen de ces jeux, ils emportent beaucoup de deniers de la dicte ville, oultre que, contre les ordonnances, ils font leurs jeux aux jours de festes et aux heures du divin service, ce qu'il requiert leur estre inhibé et néanmoins iceulx estre condempnés de payer aulx pauvres du dict hospital la somme de trois escus par chasque jour qu'ils ont joué et aultant à l'advenir, en cas que la Cour treuve bon qu'ils continuent. Au payement desquelles sommes requiert iceulx estre constraincts par le premier huyssier, tant par arrest de leurs meubles que de leurs personnes ; deux arrests attachés à la dicte requeste du sezieme de may mil cinq cens quatre vingt dix sept et quatorzieme juillet mil six cens, avec aultre requeste, luy a, la dicte Cour présentée, aux fins de l'entérinement de la sus dite.

» Dict a esté entérinant la dicte requeste quant à ce que la Cour a ordonné et ordonne, que les dicts commédiens payeront aulx pauvres de l'hospital Saint-André pour les jours qu'ils ont joué et joueront y compris en la presente ville pour chescun jour, la somme de trois escus, et à ce faire seront constraincts iceulx commédiens par arrest de saizie de leurs hardes et par emprisonnement de leurs personnes, par le premier huyssier ou sergent sur ce requis. Auquel est enjoint d'exercer en vertu du présent arrest et aux jurats de tenir la main à l'exécution d'icelluy.

» Prononcé à Bourdeaulx en Parlement le vingt-quatriesme jour de janvier mil six cens neuf.

» *Monsieur* Daffis, *premier président.*
» De Gauffreteau. »

La défense de jouer le dimanche était souvent renouvelée par la Cour, mais aussi quelquefois on ne tenait pas grand compte de cette défense; en voici une preuve remarquable :

Il était d'usage que les troupes nouvelles de comédiens arrivant à Bordeaux fissent leurs essais (1) sur un théâtre provisoire qu'ils dressaient dans la cour de la Mairie. En 1612 (4 janvier), une troupe de comédiens ayant obtenu de M. de Roquelaure, gouverneur de la ville, l'autorisation de jouer le dimanche, usa de la permission et donna une représentation à l'Hôtel-de-Ville. M. de Roquelaure y assista avec ce que Bordeaux renfermait de personnes distinguées. Le Parlement avait rendu, la veille, un arrêt qui défendait aux comédiens de jouer ce jour-là; mais le gouverneur, irrité de cette défense dont

---

(1) Ce que nous nommons aujourd'hui *répétitions.*

il n'avait point été prévenu, ordonna de passer outre, et, depuis cette époque, les comédiens jouèrent après le service divin.

De 1613 à 1624, on voit de nombreuses troupes de comédiens français et espagnols traverser notre ville et y donner des représentations ; mais toujours en se soumettant à payer une rétribution pour les pauvres, à moins qu'ils ne préférassent donner une représentation entièrement au bénéfice de ceux-ci. (*Note* B *bis.*)

Le 30 janvier 1632, le duc d'Épernon écrivit de Cadillac aux jurats de Bordeaux :

« Messieurs,

» Le sieur Dufresne et ses compaignons comediens, s'en allant à Bourdeaux, je les ay voulcu accompaigner de ces lignes pour vous prier de leur donner la permission de jouer, ce que m'assurant que vous ferez volontiers pour l'amour de moy, et la présente nestant pour autre subject, je la finiray en vous assurant que je suys, Messieurs,

» Votre plus affectionné amy à vous servir.

» *Signé* Louis de Lavalette. »

Les jurats s'étant refusés à accorder cette permission par la crainte de quelque incendie, le duc leur écrit de nouveau :

« Messieurs,

» Le nouvel accident que vous me mandez estre arrivé en une maison du costé de Saint-Michel ne doibt pas ce me semble empescher que vous ne donniez aux comediens la pèrmission de jouer dont je vous ai prié puisqu'il n'y a pas en cella tant de danger qu'aux bals et aux assemblées qui se font à la ville. Je vous prie donc de rechef de la leur accorder et s'il est besoing ou que cella préjudie tant soit peu à la sureté publique il sera assez a temps de la révocquer.

» C'est votre plus affectionné ami à vous servir.

» *Signé* Louis de Lavalette. »

Les jurats se rendirent à ces instances et permirent aux comédiens de jouer, *à la charge de donner 60 liv. pour être employées, savoir, la moitié aux pauvres de l'hôpital Saint-André, et l'autre moitié à l'hôpital des pauvres pestiférés. Ces 60 liv. tenaient lieu de la représentation qu'ils auraient été obligés de donner pour les dits pauvres.*

Le collége des jésuites luttait déjà de réputation avec le collége de Guienne. Le 30 août 1633, cinq de MM. les jurats et le clerc de ville, précédés du guet, se rendirent au collége des jésuites (1) et y entrèrent par la porte *des Pèlerins*, à cause de la foule qui encombrait la grande cour. Il ne s'agissait de rien moins que de la représentation d'une tragédie *(la Mort du Roi Crispus)*, jouée par les élèves du collége, à la suite de laquelle devaient se distribuer les prix. Les jésuites, dérogeant en cette occasion aux

---

(1) Aujourd'hui caserne des Fossés.

habitudes classiques, avaient arrêté que la tragédie serait jouée en français, prévoyant bien que l'auditoire n'en serait que plus nombreux. C'est, en effet, ce qui arriva ; et l'affluence fut telle, que les bons pères ne purent que s'applaudir d'avoir essayé cette innovation. On leur tint compte de leur bonne volonté, et la pièce fut fort applaudie (1).

Nous avons vu que jusqu'ici les troupes nomades de comédiens qui représentaient dans notre ville n'avaient point de salle appropriée à cette destination. Cette nécessité de s'établir tantôt sur un point de la ville, tantôt sur un autre, déroutait la police des jurats et pouvait entraîner de fâcheuses conséquences. Un événement tragique, arrivé à l'un de ces théâtres (1634), éveilla leur sollicitude à ce sujet. Le fils de M. de Tarneau, conseiller au Parlement, s'étant pris de querelle et battu dans le théâtre avec un gentilhomme de l'archevêque, fut tué raide par celui-ci. Les tracas et les déboires que cette affaire occasionna aux jurats les rendit plus prudents pour l'avenir, et ils assignèrent aux comédiens l'établissement du jeu de paume d'un nommé

---

(1) Ce sujet de la mort de Crispus a été traité par plusieurs écrivains, entre autres par François de Grenaille en 1639, et Tristan l'Ermite en 1611. En voici l'historique :

Crispus, fils de l'empereur Constantin, jeune prince rempli des plus belles qualités, eut le malheur d'inspirer une passion incestueuse à sa belle-mère Fausta, qui, n'ayant pu réussir à le séduire, l'accusa lui-même de séduction. L'empereur trop crédule fit empoisonner son fils, dont l'innocence, plus tard reconnue, entraîna la punition de la calomniatrice.

Barbarin, situé dans la rue des Ayres, et à portée de l'Hôtel-de-Ville, comme le seul endroit où désormais on pourrait dresser un théâtre (1635, 2 janvier). Ce jeu de paume, placé vis-à-vis la rue Saint-Antoine, avait, selon Baurein, englobé dans sa contenance *la maison ou logis de Talbot*, nommée auparavant *la Garde-Robe royale*, ou *Archives royales*, puis, plus tard, *l'Auberge du Grand Conti* (de nos jours, *la Tête-Noire*).

Barbarin, ne faisant pas sans doute de brillantes affaires dans un établissement trop rapproché de l'Hôtel-de-Ville, avait obtenu, sous la condition de laisser aux jurats la jouissance de son local, d'établir une petite salle de comédie dans la rue Montméjean. C'est précisément dans cette salle que Molière débuta, suivant une certaine tradition dont nous allons examiner les titres :

Si nous en croyons l'auteur ou les auteurs de l'*Histoire du Théâtre Français* (tome X), ce fut en 1645 que Molière arriva à Bordeaux et y fit son coup d'essai sur le théâtre de la rue Montméjean. M. de La Tralage, dans ses mémoires manuscrits (art. 77 du vol. in-4°, 59, 688), nous apprend que Molière avait commencé de jouer en province sur la fin de l'année 1645. *Ce fut*, ajoute-t-il, *à Bordeaux qu'il fit son coup d'essai, où M. d'Épernon, qui était alors gouverneur de la Guienne, le goûta et l'honora de son amitié.* Bernadau a également rapporté cette tradition. M. Guilhe, dans ses *Études sur l'Histoire de Bordeaux*, y ajoute une variante : *Des règlements*, dit-il, *furent faits pour la salle de comédie; elle était rue Montméjean, suivant la chronique*, et l'illustre Molière y fit ses essais en 1644.

Ducourneau *(Essai sur l'Histoire de Bordeaux)* a suivi le récit de Bernadau. L'auteur d'une nouvelle vie de Molière (M. Émile de la Bédolière), mise en tête des œuvres de ce comique, s'inspire de cette tradition, et, après nous avoir dit que Molière s'engagea dans la troupe de Béjart l'aîné, que cette troupe partit de Paris en 1645 et courut plusieurs années de ville en ville, il ajoute qu'elle fut favorablement *accueillie à Bordeaux par le duc d'Épernon, gouverneur de la Guienne.* Tous ceux, enfin, qui de nos jours se sont occupés de Molière, dans notre ville surtout, n'auraient eu garde d'oublier cette tradition. Nous aussi, nous l'avons autrefois invoquée, nous promettant, il est vrai, de rechercher plus tard les preuves d'un tel fait. Nous tenons aujourd'hui notre promesse ; et, quoiqu'il nous en coûte d'attaquer la certitude d'une tradition flatteuse pour notre ville, nous ne devons pas hésiter en présence de la vérité historique. Afin de remonter à la source et d'y rencontrer quelque trace, quelque preuve du séjour de Molière à Bordeaux, nous avons soigneusement parcouru la correspondance de d'Épernon le fils, présumant bien qu'il ne pouvait avoir accueilli, goûté et protégé Molière sans en avoir écrit aux jurats, qui seuls pouvaient autoriser Molière ou sa troupe à donner des représentations en ville. La correspon-

à ce sujet, les jurats n'auraient certes pas manqué de lui adresser une réponse. Eh bien ! la correspondance des jurats, bien que complète pour 1644, 1645 et années suivantes, se tait également sur cet article. Les délibérations, les pièces comptables du trésorier pour ce qui concerne le droit des pauvres sur les représentations théâtrales, sont entièrement muettes. Molière passa par la ville de Nantes en 1648 (28 avril) : les registres municipaux de cette ville en font foi. Il était à Lyon en 1653. On vous dira dans cette ville qu'il y joua dans la comédie de *l'Étourdi*. Béziers l'a vu jouer dans *le Dépit Amoureux*. Pézénas conserve encore son vieux fauteuil. A Narbonne, à Vienne (Dauphiné), à Montpellier, à Rouen, on vous offrira des traces de son passage ; à Bordeaux, rien. Coypeau d'Assouci, qui, dans le récit de ses aventures, parle de Molière, qu'il suivit à Lyon, à Avignon, à Pézénas, à Narbonne, ne fait nulle mention du passage antérieur de Molière par notre ville. Molière lui-même, pas plus que Racine, Boileau et les autres écrivains, qu'il comptait parmi ses amis, ont-ils jamais, dans leurs écrits, dans leur langage, fait quelque allusion au séjour de celui-ci dans la capitale de la Guienne ? La *Chronique Bordelaise*, citée, on ne sait pourquoi, par M. Guilhe, garde le silence le plus complet ; et cependant, si nous groupons un peu les dates et les faits, nous trouverons qu'en 1632, c'est-à-dire dix ans après la naissance de Molière, le comédien Dufresne, directeur d'une troupe, obtient la permission de jouer à Bordeaux. Ce même Du-

dance de d'Épernon n'en dit rien. Si le duc eût écrit fresne, accompagné cette fois de Molière, donne des représentations en 1648 dans la ville de Nantes, c'est-à-dire trois ans après le prétendu séjour de ce dernier à Bordeaux. Molière devait donc, lors de son passage dans notre ville, faire partie de la troupe Béjart, et peut-être même des deux troupes réunies de Dufresne et de Béjart, lesquelles troupes voyageant et exerçant ensemble, comme cela arrivait fréquemment lorsqu'il n'y avait qu'un seul théâtre dans la ville, se trouvaient par cela même réunies à Nantes en 1648. Or, la troupe de Béjart et celle de Dufresne avaient une réputation déjà faite et recevaient partout le meilleur accueil. Il est donc difficile de croire que, sous de pareils auspices, Molière et ses camarades n'eussent laissé des souvenirs et des traces de leur séjour à Bordeaux, si Molière y fût réellement venu. Pas une troupe ne s'arrêtait dans notre ville sans que son séjour ne fût soigneusement relaté sur les registres de la jurade. Or, en supposant que Molière et la troupe Béjart se soient arrêtés à Bordeaux en 1645, pourquoi ce silence général des registres de délibérations, des registres de correspondance, du trésorier, de la chronique et des divers autres écrits de l'époque.

En présence de pareils faits, nous n'hésitons pas à déclarer que nous ne pouvons ajouter foi au séjour de Molière à Bordeaux, et que nous conserverons nos doutes tant que des documents irrécusables ne viendront pas nous prouver l'inexactitude des faits avancés par nous et l'erreur qui nous avait séduit (1).

En 1659, la cour se proposant de venir à Bordeaux, Louis XIV écrivit aux maire et jurats :

« DE PAR LE ROY,

» Très chers et bien amez,

» Comme nous n'avons point mené en ce voyage nostre trouppe de commédiens de l'hostel de Bourgongne, et que nous desirons que celle de Belleroche, qui prend ce tiltre de nos commédiens, représentent les pièces quilz ont en nostre ville de Bordeaux pendant le séjour que nous y ferons, nous vous escrivons cette lettre pour vous mander et ordonner qu'incontinant après l'avoir receue vous ayez à permettre à la dicte trouppe de Belleroche (2) de faire dresser un théâtre et un parterre dans le jeu de paulme de Barbarin, affin que nous et les personnes de nostre cour et suitte puissions prendre à la com-

---

(1) Si l'on admettait que, contrairement au récit des historiens de Molière, celui-ci ne fût arrivé à Bordeaux qu'en 1646 et non en 1645, nous objecterions les ravages que la peste faisait alors dans cette ville. Les années 1644 et 1645 n'en avaient point été exemptes. Quant à l'année 1646, la peste dura dix mois, de janvier à octobre, et, par suite de ce fléau, notre ville se trouvant presque abandonnée, on comprend que Molière et sa troupe durent s'en éloigner au plus vite, si du moins ils avaient eu l'intention de s'y arrêter.

(2) Pierre Le Messier, dit Belleroche, ou Bellerose avait déjà joué avec la troupe de l'hôtel de Bourgogne, et en devint même le chef; il avait acquis une grande réputation comme comédien. Le fameux Turlupin faisait aussi partie de cette troupe.

medie nostre divertissement, et à ce ne faictes faulte, car tel est nostre plaisir.

» Donné à Xaintes, le 16ᵐᵉ jour d'aoust 1659.

» *Signé* Louis. »

Et plus bas :

« Phelypeaux. »

Ce fut donc, comme on le voit, dans le jeu de paume de Barbarin, situé rue des Ayres, et cédé en jouissance aux jurats, que Louis XIV prit le divertissement de la comédie. Il semblerait cependant que cet endroit ne parut point convenable au Roi pour la destination qu'il lui avait donnée; c'est du moins ce qu'on peut conclure d'une missive adressée par le même prince aux jurats de Bordeaux quelques jours plus tard :

» DE PAR LE ROY,

» Très chers et bien amez,

» La trouppe des comédiens de nostre cousin le prince d'Orange ayant desiré retourner en nostre ville de Bordeaux pour y représenter les pièces quilz ont, et donner le divertissement de la comédie à ceux qui le voudront prendre, nous vous avons voulu faire cette lettre pour vous mander et ordonner de leur permettre de *prendre un lieu propre à cet effect* et d'y faire dresser un théâtre et des loges, ainsy qu'il est accoustumé, en payant toutteffois le loyer des lieux qu'ils occuperont, car tel est nostre plaisir.

» Donné à Thl^se, le 15 novembre 1659 (1).

» *Signé* Louis. »

Et plus bas :

« Phelypeaux. »

Tous ces théâtres n'avaient, comme on le voit, qu'une durée éphémère, toujours subordonnée au passage de quelque troupe ambulante. Les jurats, qui rencontraient dans ces amusements un moyen facile et lucratif de venir en aide à leurs hôpitaux, cherchaient à fixer enfin dans leur ville une de ces compagnies à laquelle ils offriraient en même temps un local appartenant à la ville, et qu'on pourrait surveiller. Pour remplir cette dernière condition, ils jetèrent les yeux sur l'arsenal de la ville, situé à l'extrémité de la rue du Cabernan.

Ils prirent donc une délibération (4 novembre 1680) portant que, « pour éviter le désordre qui arrive
» d'ordinaire à la comédie par la licence des écoliers
» et des soldats, on obligera à l'avenir les comédiens
» et autres particuliers représentant des jeux pu-
» blics, de jouer ou représenter dans le lieu autre-
» fois destiné pour l'arsenal de la ville, qui sera mis
» à cet effet en l'état qu'il doit être : afin que la co-

---

(1) Ces comédiens restèrent trois mois dans la ville, et représentèrent sur le théâtre de Barbarin la tragédie de *Manlie* ou *Manlius* (de Nogueres), qui fut impitoyablement sifflée.

» médie et autres jeux publics s'y puissent commo-
» dément représenter, et imiter en cela les grandes
» villes du royaume. »

On déménagea les archives, qui avoisinaient l'arsenal, on prépara et on réglementa d'avance tout ce qui pouvait faciliter la réussite de ce projet.

Une ordonnance parut peu après, qui défendait aux écoliers, de quelque qualité et condition qu'ils fussent, « de porter l'épée en ville et à la co-
» médie et à tous autres qui n'ont pas droit de la
» porter, soit par leur qualité ou par le service. »

Quant à ce qui concerne l'usage de l'arsenal, nous trouvons à ce sujet une délibération assez curieuse du 10 mars 1688, portant location de l'arsenal « aux
» sieurs Clersilie et Pitel, pendant cinq années, pour
» le prix de 300 livres par année, à condition toute-
» fois que, suivant l'usage, ils donneront la première
» comédie gratuitement à MM. les Jurats et aux per-
» sonnes que ceux-ci voudront faire entrer, et que
» chaque fois qu'ils joueront ils fourniront aux dits
» jurats, procureur syndic et clerc de ville, deux
» places pour chacun, soit dans les loges ou dans le
» parterre à leur choix. »

Au reste, comme nous l'avons dit, à cette époque où le théâtre se trouvait encore chez nous dans son enfance, les représentations se passaient rarement sans désordre. Une ordonnance sur requête du 12 octobre 1690 défend à toutes sortes de personnes *d'entrer sans payer* aux représentations données par l'académie de musique de Jean Biliez, ingénieur, et Jacques Roussel, maître de musique.

Le 4 juin 1698, l'arsenal, qu'avaient abandonné Clersilie et Pitel (1), ne se trouvant plus en état de pouvoir servir aux troupes qui se présentaient, on leur accorda de pouvoir représenter dans le jeu de paume de Barbarin, et de ne recevoir que 48 sous pour le parterre et paradis, 36 sous pour les premières loges et pour les places sur le théâtre et l'orchestre, et 24 sous aux secondes loges et à l'amphithéâtre, à la charge de représenter telle comédie que MM. les Jurats voudront, pour les pauvres de l'hôpital Saint-André, et que les écoliers qui entreront par billets ne pourront se placer qu'au parterre ou paradis, si mieux ils n'aiment payer le surplus de l'entrée pour être placés ailleurs, le tout sous la réserve des droits de MM. les Jurats (2).

On avait déjà autorisé à représenter dans la ville une troupe d'acteurs de l'opéra, avec défense de prendre au delà de 3 liv. pour les premières, 30 sous pour les secondes, et 20 sous pour les parterre et paradis, à peine de concussion et de 500 liv. d'amende.

---

(1) Ces deux directeurs firent de mauvaises affaires, puisqu'à l'expiration de leur bail, les jurats leur accordèrent 300 liv. pour les indemniser des pertes qu'ils avaient éprouvées, soit par le malheur du temps, soit par la concurrence d'une salle d'opéra qui venait de s'ouvrir.

(2) Un arrêt du conseil (11 août 1725) défendit aux jurats de permettre qu'il fût délivré des billets aux écoliers pour entrer gratis à la comédie.

CHAPITRE II.

Salle de l'Opéra dans le jardin de l'Hôtel-de-Ville. — Salle de l'Hôtel-de-Ville; Mme de France y assiste à une fête de nuit; incendie de cette salle et d'une partie de l'Hôtel-de-Ville. — Salle de l'Intendance. — Théâtre de la porte Dauphine. — Police et règlements de cette époque. — Privilège accordé aux divers directeurs. — Académie royale de musique; composition de la troupe; appointements.

On ne pensa sérieusement à avoir une salle de spectacle à Bordeaux qu'en 1724. Les maire et jurats prirent une délibération à cet effet le 9 décembre de la même année. L'exécution de ce projet fut cependant encore retardée. En attendant, on permit à la demoiselle Dujardin (1735), directrice d'un opéra, de faire construire une salle dans le jardin de l'Hôtel-de-Ville.

Le sieur Bousignon, architecte, et Bernard Sallefranque, habile charpentier, s'engagèrent à faire cette construction, avec la clause que la demoiselle Dujardin en jouirait l'espace de trois années, après lesquelles elle en laisserait la libre possession aux dits entrepreneurs pour se couvrir de leurs frais.

Mais les jurats, tout en autorisant cet arrangement, réduisirent à deux années seulement la jouissance accordée aux entrepreneurs, au terme desquelles la ville serait déclarée propriétaire de la susdite salle, dont elle fixa provisoirement le loyer à 300 liv. par mois (1).

La ville n'abandonnait pas cependant le dessein qu'elle avait formé, de la construction d'une salle qui répondît et aux besoins de la population et à la dignité de ses fondateurs; mais le manque de fonds l'obligea de se contenter pour le moment d'une salle provisionnelle qui se construisît sur un terrain joignant l'Hôtel-de-Ville. On emprunta pour cette construction une somme de 65,000 liv. de divers particuliers de Bordeaux, lesquels se remboursèrent, quartier par quartier, sur les revenus de la ville. Cette salle, dépendant de l'Hôtel-de-Ville, était située vis-à-vis la place du Mai, près de l'église Saint-Éloi, et faisant face aux Fossés. En attendant qu'elle fût terminée, on joua la comédie dans une baraque placée sur le pont de l'Hôtel-de-Ville.

Cette salle était belle et fort estimée. On grava sur l'une de ses portes les noms des officiers publics qui avaient présidé à sa construction : MM. Destradés, maire; de Ségur, de Larivaux, Jean Dumas, A. Dubergier, de Sentout, de Galibert, Touges, Maignol, Dubosc. Elle fut terminée au mois de septembre 1739. Madame de France étant arrivée à Bordeaux le mois suivant, les maire et jurats résolurent d'inaugurer la nouvelle salle par une fête des plus splendides. Nous ne pouvons mieux faire que de rapporter ici l'extrait

---

(1) Plus tard, cette salle fut démolie, vu son peu de solidité.

du registre où la pompe de cette solennité se trouve ainsi décrite :

« La troupe des comédiens de Bordeaux donna
» cette nuit un bal dans la salle neuve du spectacle.
» Cette salle est une des plus belles, des plus vastes
» et des mieux entendues du royaume. Elle a été
» construite par les soins et sur les plans du sieur
» Montegut, ingénieur de la ville. Elle fut extraor-
» dinairement parée et éclairée. On ne voyait par-
» tout que des glaces, ce qui, joint à une nombreuse
» assemblée de dames et seigneurs magnifiquement
» parés, formait un spectacle des plus brillants...
» . . . .
» Le lendemain, Madame se rendit à la comédie,
» dont la porte était gardée par cent hommes de
» troupes bourgeoises, choisis et habillés d'un uni-
» forme écarlate avec des vestes de satin blanc. Cette
» princesse avait ordonné qu'on représentât le *Che-*
» *valier à la Mode* (1). Cette pièce fut représentée avec
» succès. Madame en parut satisfaite, etc., etc. »

Cette salle exista plusieurs années. Comme il n'y avait point encore à Bordeaux de directeur *ad hoc*, les jurats la louaient aux diverses troupes qui obtenaient le privilége de représenter dans cette ville. (*Note* C.)

Cependant, un malheur, qui n'arrive que trop souvent aux théâtres, devait détruire en quelques

---

(1) Comédie en 5 actes et en prose, de Dancourt, et l'une des meilleures qu'il ait faites.

heures la moderne création des jurats. Le 28 décembre 1755, à deux heures du matin, le feu se manifesta dans la nouvelle salle, qui fut entièrement embrasée, de même que le pavillon de la porte royale de l'Hôtel-de-Ville, la couverture des deux tours et le dôme de l'horloge. Cet événement était d'autant plus à déplorer, que l'ancienne salle de Barbarin avait subi le même sort, et que le projet formé alors de l'entière reconstruction de l'Hôtel-de-Ville s'opposait à ce que la salle fût réédifiée exactement sur le même lieu. Quatre petits théâtres avaient déjà été brûlés, entre autres celui situé rue Montméjean, ainsi qu'un autre placé dans la rue du Chai-des-Farines, et qui fut incendié en 1734. Il fallait donc lui chercher un autre emplacement, ce qui paraissait alors assez difficile à rencontrer, vu l'opposition énergique des habitants, qui ne se souciaient point d'avoir dans leur voisinage des théâtres dont la construction légère pouvait donner lieu à de nouveaux sinistres. En attendant que la ville eût arrêté un projet, M. de Tourny, intendant de Guienne, prêta aux jurats une salle de son hôtel précédemment destinée aux concerts. On y joua durant trois années.

THÉATRE DE LA PORTE DAUPHINE.

Par une délibération du 7 mai 1756, il fut permis à un sieur Gaétan Camagne, concierge et peintre en décors de l'ancienne salle, de faire construire à ses frais et dépens une salle de spectacle, suivant le plan présenté à M. de Tourny, sur le terrain d'une ancienne corderie située près la porte Dauphine, entre le mur de ville et celui des pères Récollets (1).

Cette délibération portait : que le sieur Bonfin, architecte de cette salle, tiendrait un compte exact de tous les frais dont le dit Camagne se rembourserait ensuite, ainsi que des intérêts au denier 20 sur les loyers de la salle, au taux de 600 liv. par mois, depuis octobre jusqu'à Pâques inclusivement, et de 400 liv. par mois depuis Pâques jusqu'à septembre; lequel remboursement terminé, les loyers entiers de la dite salle demeureraient au profit de la ville, de même que les trois décorations complètes que le dit Camagne avait faites, consistant en un palais, une chambre et une forêt; et dans le cas où il serait construit une salle permanente de spectacle avant l'entier remboursement des frais de celle-ci, la ville s'engagerait à payer ce qui resterait dû. Cette délibération est visée de M. de Tourny, qui, après sa signature, écrivit les mots suivants : *Sans, au surplus, qu'on en puisse induire que j'ai trouvé la salle bien placée au dit endroit.*

L'illustre intendant, quoiqu'il ne trouvât pas l'emplacement bien choisi, avait cependant beaucoup insisté sur la prompte exécution de ce projet. L'attrait du spectacle lui semblait devoir arrêter la funeste épidémie des jeux de hasard, qui alors faisait chez

---

(1) Le Théâtre-Français ou des Variétés de nos jours a été construit sur le derrière de l'emplacement qu'occupait cette salle.

nous des progrès effrayants, et qui plus tard, empruntant le masque de Thalie, vint établir son trône et ses autels dans les lieux mêmes d'où la joie folâtre et la peinture de ses crimes auraient dû pour toujours la repousser.

Cette salle, ainsi construite, servit jusqu'à la naissance de notre Grand-Théâtre, et fut réunie à la direction de celui-ci. On y joua encore plusieurs années, et on la démolit en 1799.

Mais avant de passer outre, qu'on nous permette de jeter un coup d'œil rétrospectif sur les temps que nous venons de parcourir, de retracer quelques faits, quelques usages et règlements qui serviront à faire connaître les habitudes de l'époque. De petits détails éclaircissent souvent mieux les questions les plus ardues que ne le pourraient faire les dissertations les plus profondes. *(Voir à la note C bis.)*

Police et Règlements.

Nous avons déjà fait mention d'un arrêt du Parlement de Bordeaux, du 3 janvier 1612, qui défendait aux comédiens de représenter le dimanche.

Voici les jours de fête où il n'était permis à aucun théâtre de représenter :

Depuis la veille des Rameaux jusqu'au dimanche de Quasimodo inclusivement, la Pentecôte, la Toussaint, le jour de Noël, toutes les fêtes de Notre-Dame, le jour de Saint-André, la Fête-Dieu, le jour de la procession de l'Octave des Agonisants.

On faisait, à l'Hôtel-de-Ville, lecture de ces règlements à tous les directeurs qui se présentaient pour obtenir la permission de jouer.

(2 janvier 1635) : Permission accordée aux comédiens de représenter jusqu'au premier jour de carême, à condition de payer 120 liv., moitié pour l'hôpital, et l'autre moitié pour les murs de ville.

Délibération du 17 décembre 1698, constatant que plusieurs laquais de M. Durepaire, gouverneur du Château-Trompette, ayant battu le guet à la porte de l'Opéra, ce gouverneur les fit arrêter, attacher, et les envoya aux jurats pour en faire telle justice qu'ils voudraient. Les jurats, touchés de cette politesse, lui renvoyèrent ses laquais en le priant de les punir lui-même.

Délibération du 15 juin 1735, portant que le produit de 2 sous que doivent donner les comédiens pour chaque personne qui entrera, sera compté aux jurats tous les quinze jours.

Ordonnance qui défend les sifflets et huées avant, pendant, ni après le spectacle, à peine de 500 liv. d'amende (16 juillet 1745.)

(3 novembre 1747) : Délibération concernant l'opéra, qui établit le sieur Labaic pour caissier et le sieur Peyrelongue pour contrôleur, voulant que le produit de la recette serve chaque jour à payer les acteurs, le loyer de la salle et les autres frais.

(5 juin 1750) : Défense de commencer le spectacle plus tard que cinq heures du soir, et de dépasser neuf heures. Ce règlement de police, qui existait

aussi à Paris, avait pour cause les délits nocturnes que le guet ne parvenait pas toujours à empêcher.

(15 novembre 1752) : Défense aux garçons chirurgiens et perruquiers d'entrer au spectacle en habit de poudre, et aux domestiques de s'y introduire même en payant (1), et condamnation à une amende de 12 liv. pour tout acteur ou musicien qui ne sera pas prêt à l'heure prescrite.

Une autre ordonnance du 14 septembre 1755 fixe à cinq heures et demie le lever du rideau ; assigne aux filles publiques exclusivement les six premières loges qui sont sur l'amphithéâtre, avec injonction de s'y tenir décemment. L'aide-major qui les surveille est chargé de leur déclarer que la police veut bien leur accorder protection, mais qu'elles seront fortement punies si elles occasionnent le moindre trouble. Néanmoins, il est recommandé à l'aide-major de ne leur parler qu'avec honnêteté.

(14 février 1759) : Défense d'introduire des chiens dans la salle de spectacle, et ordre aux archers de saisir ces animaux et de les tuer dans un endroit écarté.

Nous lisons encore qu'en l'année 1733, mois d'avril, les maîtres joueurs d'instruments, qui seuls avaient le privilége de jouer au théâtre, n'ayant pas voulu se contenter de 20 sous par représentation, à

---

(1) Une ordonnance parut le 27 novembre 1751, qui défendait à tous les directeurs d'opéra et de comédie, auteurs, comédiens, musiciens, et à tous suppôts de théâtre, de porter des armes.

quoi ils avaient été taxés par les jurats, refusèrent de jouer. Les comédiens prirent alors des engagements avec des musiciens non maîtres, et les maîtres ayant voulu se soumettre à la taxe, ils furent refusés, et les jurats ordonnèrent que dorénavant on se servirait des autres.

Nous avons trouvé dans les *Annales de Bordeaux*, publiées depuis plusieurs années, que les juifs étaient exclus du théâtre; nous devons remarquer que cette loi absurde ne dura sans doute pas longtemps, puisque, au théâtre de l'Hôtel-de-Ville, le sieur Francia, juif, s'étant permis de circuler sur la scène pendant la représentation, et ayant dit qu'il se moquait des jurats, fut vivement admonesté par ceux-ci, auxquels il promit de tenir à l'avenir une conduite plus décente.

Les décors et la mise en scène devaient aussi se ressentir du peu de progrès que nous avions encore fait dans l'art scénique. Le théâtre le mieux agencé n'avait pas plus de trois décorations, dont nous trouvons la répétition dans celles que Camagne avait peintes pour la salle de la porte Dauphine.

La Comédie italienne et l'Opéra donnaient à cette époque des représentations à Bordeaux. Les jurats avaient eu, jusqu'à la fin du XVIIe siècle, le droit de conférer le privilége des représentations; mais, en 1720, le duc d'Orléans, régent du royaume, accorda au sieur Barbarin le droit de faire une loterie pour reconstruire son théâtre, qui avait été incendié, avec le privilége que cette salle servirait aux représentations théâtrales, préférablement à toute autre que l'on pourrait faire construire. On la rebâtit dans la rue Montméjean.

En 1759, le maréchal de Richelieu, gouverneur de la province, accorda pour un an, au sieur Heberard, le privilége exclusif de l'opéra; au sieur Duplessis, le privilége exclusif de la comédie; et enfin, quelques années plus tard, le sieur de Belmont fut investi du privilége exclusif de tous les spectacles de Bordeaux.

Nous ne pouvons passer sous silence les vers que le sieur Prin, directeur de la Comédie de Bordeaux en 1755, adressa aux maire et jurats. Il est probable qu'ils n'ont jamais fait de jaloux parmi ses confrères du Parnasse et de la direction :

« A MM. les Maire, Sous-Maire, Jurats et Gouverneur de la ville
» de Bordeaux.

» Pères de la patrie, illustres magistrats,
» Gouverneurs éclairés de ces heureux climats,
» Votre illustre cité toujours se renouvelle;
» Vous y faites fleurir les arts, et votre zèle,
» Animant à l'envi des Amphions nouveaux,
» Élève des palais superbes dans Bordeaux.
» De ces pères conscrits la gloire est établie;
» Que la Parque à jamais en respecte la vie !
» Les peuples auront beau parcourir l'univers,
» Cette ville sera souveraine des mers.
» Gouvernée avec soin des maires et sous-maires
» Des heureux Bordelais, moins magistrats que pères,
» Vous attirez à vous tous les cœurs des mortels,
» Et tous les citoyens vous dressent des autels.

» Pour moi, que vos bontés ont sauvé du naufrage,
» Je consacre à vos pieds mes vœux et mon hommage. »

Voici maintenant un état des sujets, tant hommes que femmes, qui composaient la troupe de l'Académie royale de musique de Bordeaux, en l'année 1752, avec leurs émoluments :

MAITRE DE MUSIQUE.

Leberton .... 1,500 liv.

HOMMES.

Basses-tailles de récit.

MM. Turier	4,000 liv.	MM. Degland	1,500 liv.
Lamare	3,000	Jourdan	600

Hautes-contre de récit.

M. Pepin	2,400 liv.	M. Le Noble	2,000 liv.

Chœur.

MM. Lagarde	600 liv.	MM. Pollard	600 liv.
Pinart	600	Machu	600
Philibert	600	Hector	600
Deschamps	600	Beize	600
Lamote	600	Raousse	600
Lelarge	600		

FEMMES.

Mmes Campoury	3,000 liv.	Mmes Bon	3,000 liv.
Fabre	3,000	Nicelle (*ariette*).	600

Chœur.

Mmes Riquier	600 liv.	Mmes Sommonville	600 liv.
Lagarde	600	Antheaume	600
Dorfeuil	600	Châteaubrun	600
Sonchet	600	Seguenat	600
Deschamps	600	Courtin	600
Lafargue	600	Mondoly	600

DANSE.

Maîtres de ballets.

M. Dubuisson	3,600 liv.	M. Ghérardy	2,400 liv.

Hommes dansant seuls.

M. Dubuisson............ 3,600 liv. | M. Ghérardy............ 2,400 liv.

Femmes dansant seules.

Mmes Arnaud............ 1,800 liv. | Mmes Dorfeuil............ 1,200 liv.
Humblot.......... 1,500 | Julie.............. 600

CORPS DE BALLET.

Six danseurs à 600 liv. chaque. | Huit danseuses à 600 liv. chaque.

ORCHESTRE.

Violons dessus.

M. Granier l'aîné...... 1,200 liv. | M. Rodolphe............ 864 liv.

Violon et cor de chasse.

MM. Notard............ 864 liv. | M. Romain............ 600 liv.
Granier............ 600 |

Basse.

M. Forcade.............................. 782 liv.

Contre-basse.

M. Spourny.............................. 720 liv.

Basson.

MM. Martin............ 720 | M. Desjardin............ 720 liv.
Romain............ 720 |

Hautbois.

M. Viany.............................. 720 liv.

Maître de clarinette.

M. Desmazure.............................. 1,600 liv.

CHAPITRE III.

Premiers projets pour la construction d'une nouvelle salle; choix de l'emplacement; plans de l'architecte Lhote, de Soufflot et de Louis. — Intrigues de Lhote à Paris; sa correspondance avec Soufflot. — Lhote protégé par les jurats; ils écrivent au maréchal de Richelieu. — Louis est choisi par le maréchal pour dresser les plans du théâtre. — Lettres-patentes du Roi.

GRAND-THÉATRE (1).

Bordeaux n'avait point eu encore de salle de spectacle digne d'être citée; car on ne pouvait décorer de ce nom la salle construite en 1757 par Gaétan Camagne, près de la porte Dauphine. Les jurats et l'intendant de Tourny s'étaient déjà plusieurs fois occupés de cet objet; mais la pénurie des finances de la ville avait fait abandonner le dessein d'une construction plus en rapport avec le goût, les mœurs de l'époque, et l'importance qu'acquérait chaque jour notre cité.

En 1774, les entrepreneurs d'un établissement qui, sous le nom de Waux-Hall, se construisait dans les prés du Château-Trompette, se virent forcés d'abandonner cette entreprise à la suite d'un arrêt du Parlement, motivé sur le peu de solidité et de sûreté qu'offrait cet édifice. Les entrepreneurs, qui pour

---

(1) L'Académie des Sciences, Belles-Lettres et Arts de Bordeaux, dans sa séance du 13 janvier 1859, a bien voulu accorder une récompense à l'auteur de ce travail.

plus de garantie s'étaient, dès l'origine de leur établissement, pourvus de lettres-patentes, se mirent en mesure de réclamer auprès du Conseil d'État contre la perte qu'ils allaient éprouver.

Comme dédommagement, les actionnaires demandaient le privilége de la comédie pendant trente ans et la permission de bâtir une salle de spectacle, qui, après ce temps, appartiendrait à la ville.

Le Conseil d'État accueillit cette demande avec une sorte de faveur; mais, avant de prendre aucune résolution, il fut écrit aux jurats pour les consulter comme partie intéressée et avoir leur avis.

Or, il avait déjà été fait quelques recherches concernant la place où les pétitionnaires se proposaient de construire le nouveau théâtre. L'architecte Lhote, chargé par eux de s'en occuper, avait d'abord proposé la place Dauphine; mais il ne se dissimulait pas les inconvénients qui pourraient résulter de ce choix. Nous le laisserons parler lui-même sur les divers projets qu'il passe ainsi en revue :

« 1° PLACE DAUPHINE.

» La place Dauphine pourrait contenir dans son
» milieu une salle comme celle qui existe déjà à la
» porte Dauphine, et qui a les dimensions suivantes :

» Longueur et profondeur du théâtre....	58 pieds.
» Largeur de l'orchestre..................	7 »
» Profondeur du parterre.................	28 pieds 6 pouces.
» Profondeur de l'amphithéâtre...........	17 »
» Profondeur de la loge en face...........	5 »
» Total..........	115 pieds 6 pouces,

» en y comprenant l'épaisseur des loges.

» Or, ces dimensions ne pourraient suffire; il fau-
» drait :

» De longueur	70 pieds.
» De largeur à l'orchestre	14 »
» Profondeur du parterre	56 »
» Profondeur de l'amphithéâtre	24 »
» Profondeur de la loge de face	5 »
» Total	149 pieds.

» D'ailleurs, c'est à peine si cette place pourrait
» contenir des loges d'acteurs; les magasins seraient
» obligés d'en être séparés. Cette salle se trouverait
» aussi privée de commodités et de dégagements in-
» térieurs, indispensables à un bâtiment de cette
» nature. Sa construction interromprait l'alignement
» des allées de Saint-Seurin (cours de Tourny) aux
» Glacières, et se trouverait toujours irrégulièrement
» située dans le milieu de cette place.

» 2° ALLÉES D'ALBRET.

» Elle serait établie plus convenablement sur la
» droite des allées d'Albret, près le pont de la Mothe.
» Le terrain s'y trouverait à discrétion. Il n'y aurait
» peut-être d'autre difficulté qu'une grande dépense
» pour les fondations, ce terrain étant un marais nou-
» vellement comblé et desséché.

» 3° PÉPINIÈRE DE L'ARCHEVÊQUE.

» A la place de la pépinière de M. l'Archevêque,
» même facilité. Reste à savoir si l'intention de ce

» prélat ne serait pas de continuer son jardin jus-
» qu'aux allées, ce qui empêcherait qu'il ne se prêtât
» à accorder ces emplacements.

» 4° JARDIN-PUBLIC.

» Aux dépens du Jardin-Public, près le Manége,
» point d'autres inconvénients que le trop grand éloi-
» gnement du centre de la ville.

» 5° CHATEAU-TROMPETTE.

» Sur le glacis du Château-Trompette, vis-à-vis la
» maison de M. Pick, point d'autre difficulté que
» d'obtenir du Roi ce terrain, la ville ne possédant
» rien de ce côté. »

Telles furent les réflexions de l'architecte Lhote. Sa dernière proposition seulement sourit aux entrepreneurs du Waux-Hall; ils adressèrent, sous la date de juin 1774, un mémoire au Roi sur l'exécution de ce projet. Nous remarquons dans cet écrit les passages suivants :

« De tous les terrains qui ont été proposés pour la
» construction d'une salle de comédie, il paraît que
» la partie du glacis qui s'étend depuis vis-à-vis la
» rue Mautrec jusqu'à 5 toises de la porte du Cha-
» peau-Rouge serait le plus convenable. La dite salle
» se trouverait dans une position très heureuse, à
» portée de la ville et de deux faubourgs qui pour-
» raient passer pour deux grandes villes de pro-

» vince, d'ailleurs bordée d'allées, et sur la prin-
» pale entrée une place qui se trouve à la rencontre
» des dites allées et des rues de l'Intendance et des
» allées de Tourny, qui ont environ 12 toises de
» largeur, ce qui formerait un espace assez considé-
» rable pour avoir tous les débouchés possibles. Le
» peu de distance de ce terrain à la rivière, d'où l'on
» pourrait avoir de l'eau très-facilement, mettrait
» cette salle à l'abri des incendies, qui sont ordinai-
» rement la perte de ces sortes d'édifices, et qui en
» ont détruit deux dans cette ville depuis trente ans.

» Pour construire cette salle dans cet emplace-
» ment, on demanderait 130 toises de longueur sur
» 25 toises de profondeur, attendu que le surplus du
» terrain inutile à la salle et aux magasins serait
» vendu pour servir à sa construction.

» Il faut mettre sous les yeux le grand avantage
» que doit en retirer l'état-major et ensuite celui du
» corps de ville.

» *Premier moyen d'acceptation du Château.*

» L'état-major céderait à la ville 4,830 toises su-
» perficielles, demandées et marquées sur le plan en
» couleur rouge. La ville céderait en toute propriété,
» à l'état-major du château, deux parties de ter-
» rain à elle appartenant, tant du côté du Jardin-
» Public que du côté des allées de Tourny, et qui
» appartiennent à la ville, comme il est prouvé;
» chose que l'administration de la ville ignorait, et

» dont l'état-major jouissait ; et en proposant cette
» cession, elle cède quelque chose dont elle ne
» jouissait pas et qui lui est inutile.

» Elle devient, par cet échange, propriétaire
» d'une très-belle salle qui lui coûtera très-peu et
» peut-être rien, suivant les apparences.

» Les actionnaires se chargeront de bâtir une salle
» de spectacle qui reviendra au bout de trente ans à
» la ville, et la ville pourra se charger elle-même
» de cette construction (on lui en donne le choix),
» en accordant aux entrepreneurs du spectacle qui
» proposent cette entreprise un dédommagement tel
» qu'il sera réglé par M. Bertin, ministre de la pro-
» vince, pour tenir lieu de l'indemnité qu'il est juste
» de leur accorder pour les dépenses qu'ils avaient
» déjà faites au Waux-Hall, dans la confiance d'un
» arrêt du conseil qui les y autorisât. »

Le ministre, ainsi que nous venons de le dire, ayant fait part à la ville de ces propositions, les jurats, sous la date du 10 août 1771, y répondirent par une assez longue lettre dont nous extrayons les passages suivants :

« Nous croyons, Monseigneur, que, sur la propo-
» sition alternative des entrepreneurs du Waux-
» Hall, telle qu'elle est faite et que nous la men-
» tionnons, il y a moins de dangers et plus d'avan-
» tages pour la ville à se charger elle-même de faire
» construire cette salle de spectacle que de la laisser
» bâtir par les entrepreneurs du Waux-Hall.

» Mais qu'en ce cas, cependant, la ville ne peut

» se charger ni ne sera chargée de cette construction
» qu'à condition et non autrement :

» 1° Qu'il sera abandonné à la ville, en pleine
» propriété à cet usage, tout le terrain mentionné au
» mémoire et plan sur 130 toises de longueur et 25
» de profondeur, faisant ensemble les 3,250 toises
» superficielles de la partie du glacis jouie actuelle-
» ment par le Château-Trompette, afin que le sur-
» plus du terrain inutile à la salle et aux magasins
» puisse être vendu par la ville pour servir à sa
» construction;

» 2° Que la ville ne sera obligée aux frais de la
» construction de la salle qu'elle se chargera de faire
» bâtir qu'à concurrence taxative et au fur et à me-
» sure seulement de la rentrée du prix des ventes
» qu'elle sera autorisée de faire de ce surplus de
» terrain, sans être tenue, en aucun cas, d'employer
» de ses deniers propres ni aux frais de construc-
» tion, ni au dédommagement des entrepreneurs du
» Waux-Hall, pour les dépenses par eux faites dans
» cette entreprise, dont le montant réglé par vous,
» Monseigneur, ne pourra être demandé ni payé que
» sur les sommes restantes du prix des ventes de
» terrain au-dessus et par-delà les sommes néces-
» saires aux frais de construction;

» 3° Attendu que cette salle de spectacle sera bâtie
» sur un terrain qui est actuellement joui par le
» Château-Trompette, la ville, pour obvier à toutes
» contestations qui risqueraient de survenir dans la
» suite par prétexte de ce local, sera confirmée dans

» tous ses droits de police et dans le privilége de la
» garde par ses propres troupes, autorisée à ces fins,
» en tant que besoin serait, à exercer les entiers et
» semblables droits de police et le même privilége
» de garde en dehors et en dedans de cette salle de
» spectacle que si elle était construite sur tout autre
» local qui n'eût jamais été joui par le Château-
» Trompette.

» Voilà, Monseigneur, les motifs de notre avis,
» etc., etc. »

Pendant que les jurats défendaient leurs droits de cette manière, l'architecte Lhote agissait et intriguait vivement auprès des personnes influentes de la cour qui pouvaient venir en aide à la compagnie qu'il représentait et lui assurer, comme artiste, le bénéfice et la gloire de cette construction. Il s'aperçut bientôt cependant qu'il ne pourrait remplir dans cette entreprise qu'un rôle secondaire, le fameux Soufflot ayant été désigné par les actionnaires comme l'homme dont les talents pouvaient seuls mener à bonne fin l'exécution d'un semblable monument. Ce fut donc à lui que Lhote adressa une supplique :

« Bordeaux, ce 13 août 1771.

» Monsieur,

» MM. les Actionnaires de la comédie de Bordeaux ayant obtenu du Roi une partie du glacis du Château-Trompette pour la construction d'une nouvelle salle de spectacle, en dédommagement des pertes qu'ils ont souffertes par la suspension du Waux-Hall, ils m'ont chargé d'avoir l'honneur de vous écrire et vous mander à ce sujet leur intention en vous envoyant en même temps un plan du local. MM. les Actionnaires me voulant du bien, et d'ailleurs ayant déjà veillé moi-même à des travaux du monument qui les intéressait, m'avaient déjà chargé de lever un plan du terrain et de projeter les masses des bâtiments propres à tirer le parti le plus convenable, tant pour la salle que pour avoir le plus d'emplacements possibles à vendre pour en payer la construction, ce que j'ai marqué en rouge sur le petit plan ci-joint dont M. le maréchal de Richelieu a un double qui lui a été envoyé précédemment. M. le Maréchal pourra vous donner, Monsieur, tous les éclaircissements dont vous auriez besoin. La concession de ce terrain est son ouvrage, et la protection qu'il accorde à ce monument l'engagera, Monsieur, à vous charger d'y veiller et de vouloir bien en être l'architecte. MM. les Actionnaires ont bien voulu lui parler de moi en termes favorables. J'espère, Monsieur, que m'ayant témoigné l'année dernière tant d'ardeur à m'obliger, votre désir, cette fois, ne sera pas infructueux. Vous le pouvez, Monsieur : dans ce moment tout pouvoir est entre vos mains, et tel parti que prenne la ville à ce sujet, soit qu'elle exécute ce projet pour elle, soit que MM. les Actionnaires s'en chargent. Dans le premier cas, M. Bonfin est trop occupé des travaux de l'Hôtel-de-Ville pour pouvoir tout faire; et dans le second cas, ces messieurs m'ont accordé leur confiance.

Veuillez, Monsieur, me mettre à même d'y répondre en travaillant sous vos yeux à la construction d'un monument où vous avez déjà fait voir toute l'étendue de votre génie. J'ose me flatter que M. de Marigni, dont j'ai l'honneur d'être protégé, voudra bien vous parler en ma faveur, et que l'envie de m'obliger que vous avez témoignée à M. de Villers l'année dernière ne se sera pas refroidie par l'impuissance où vous avez été de pouvoir le faire. Le terrain marqué en rouge sur le plan sur une épaisseur de 25 toises est la partie concédée. Si la position de la salle vous convient, Monsieur, ayez la complaisance de me le mander et de me dire vos intentions sur la forme; je tâcherai de rendre vos intentions, et j'y joindrai tous les détails que demandent MM. les Actionnaires, et dont j'ai l'honneur de vous envoyer ici copie. Si au contraire le plan vous paraît mal, faites-moi part de vos idées, et j'irai en avant pour que, ce travail vous étant soumis, vous puissiez faire les changements que vous jugerez nécessaires. Je vous enverrai sur le local tous les éclaircissements dont vous aurez besoin comme nivellement, plan en grand, sondes, etc., ainsi que les différentes demandes de MM. les Actionnaires.

» J'ai l'honneur, etc. »

Soufflot n'ayant point répondu à cette lettre, Lhote lui écrivit encore sous la date du 23 décembre 1774 :

« MM. les Actionnaires de la Comédie de Bordeaux m'ayant chargé de faire un projet de salle de spectacle sur le terrain qui leur a été concédé sur la bordure du glacis du Château-Trompette, j'ai esquissé à la hâte celui que probablement vous avez sous les yeux, que j'ai fait voir à M. le maréchal de Richelieu avant son départ. J'ai tâché, Monsieur, d'entrer dans tous les détails multipliés et indispensables à un spectacle aussi fréquenté que l'est celui de cette ville, et, sans rien changer à l'état des choses actuelles, je me suis renfermé dans la forme irrégulière donnée par la nature même. N'ayant pas eu le temps de faire un plan du rez-de-chaussée, ni de coupes, ni aucune étude qui pût intéresser ce projet et le rendre sensible, j'y ai joint un mémoire qui supplée en partie à l'égard de la forme de la salle. Vos talents, Monsieur, votre expérience dans cette partie sont si connus, que j'ai cru devoir vous en laisser le maître, et j'ai placé, sans réflexion ni prétention, la première forme qui m'est venue dans la tête, et simplement pour remplir la place destinée à cet emploi. La salle de Lyon (1) me paraît belle, et c'est je crois la seule sur laquelle on puisse prendre un modèle. 187 pieds de long sur près de 60 de large, proportion observée dans la mienne avec le chauffoir des acteurs, m'a paru être suffisant pour telle forme que vous jugeriez à propos d'adopter, et qui peut contenir, tant au parterre que troisièmes et paradis, environ :

1,200 personnes.
600 personnes, tant à l'amphithéâtre qu'au parquet et premières.
350 aux secondes.

2,150, à peu près 2,200 personnes.

(1) Construite par Soufflot.

» La salle actuelle en tient 1,600, et on la demande à peu près de moitié plus grande, ce qui ferait 2,400.

» J'ose avancer, Monsieur, que MM. les Actionnaires ont paru fort satisfaits de ma distribution comme actionnaires, et qu'ils ont vu avec plaisir, comme magistrats (1), que je laissais pour près d'un million de terrain à vendre, tant pour bâtir la salle que pour satisfaire à d'autres besoins. Comme ces travaux paraissent près de s'exécuter, et que M. de Richelieu, gouverneur de la province, les a fort à cœur, ces messieurs ont jugé à propos de m'associer à M. Bonfin pour y veiller; et comme leurs intérêts vont devenir les vôtres, j'espère, Monsieur, que vous voudrez bien augmenter la confiance de ces messieurs, et que votre envie de m'obliger, toute infructueuse qu'elle ait été, ne trouvant plus en ce moment les mêmes obstacles, me rendra de tous les hommes le plus reconnaissant.

» J'ai l'honneur, etc. »

On voit, par ce qui précède, que l'architecte Lhote avait envoyé un plan et un mémoire descriptif à M. Soufflot. Le mémoire va suivre, afin que l'on puisse juger des talents et des vues de son auteur, et les comparer à ceux de Louis. Contentons-nous seulement de prévenir le lecteur que, selon le projet de Lhote, la place du Grand-Théâtre devant être circu-

(1) Plusieurs des jurats et des présidents de chambre faisaient partie des actionnaires; le maréchal de Richelieu en était également.

laire; la salle de spectacle aurait offert la même courbe. La façade seulement en eût été tournée du côté de la rue Dorade et de la rue Sainte-Catherine.

Projet de l'architecte Lhote.

« Sur un terrain vaste et dont la situation est des
» plus avantageuses, au centre de deux promenades
» également fréquentées et des plus beaux quartiers de
» Bordeaux, une salle de comédie et de concert sem-
» ble devoir rassembler tous les avantages et tous les
» agréments. Des avenues et des issues multipliées,
» une circulation libre et sans confusion, une sûreté
» dans ses approches pour les gens de pied, ne sont
» pas les moindres avantages qui doivent résulter du
» choix de son emplacement. Les allées de Tourny
» et les allées du Chapeau-Rouge et la rue de l'In-
» tendance, la place et porte Médoc, la place Do-
» rade, les rues Mautrec et Saint-Dominique, toutes
» à l'angle du glacis du Château-Trompette, point
» de leur réunion; une grande place circulaire à
» laquelle toutes ces rues aboutissent, annoncent
» ce monument et découvrent sa décoration, dont les
» pavillons s'étendent à droite sur la direction des
» allées de Tourny, et à gauche sur les allées du
» Chapeau-Rouge, à la suite desquelles des maisons
» particulières, bâties uniformément, doivent rendre
» ce quartier le plus beau et le plus fréquenté de la
» ville.

» Quatre figures symboliques représentant la tra-

» gédie, la comédie, la musique, la danse, soute-
» nant un Apollon, servent de porche couvert aux
» voitures, lesquelles n'incommoderont point les gens
» de pied, qui s'en trouvent garantis par une rangée
» de bornes qui se trouvent contre ce porche.

» Un second porche couvert dans lequel se trou-
» vent les bureaux de distribution des billets, sous
» l'escalier des deux loges de la comédie et du con-
» cert, reçoit le public par sept grandes arcades,
» dont deux latérales; et sur la façade de ce second
» porche, on entre dans un grand vestibule qui pré-
» cède et qui sert d'entrée au grand escalier ovale à
» trois rampes qui conduit en face de la salle d'as-
» semblée de MM. les Actionnaires : à gauche aux
» premières loges de la comédie, à droite aux pre-
» mières loges du concert, et, dans son milieu, au
» grand chauffoir pratiqué sur le vestibule; et de là,
» sur la colonnade pratiquée sur le porche. De ce
» même vestibule au rez-de-chaussée, on entre, à
» gauche, au parterre de la comédie; à droite, au
» parquet du concert; à gauche, l'escalier des
» deuxièmes loges de la comédie; et vis-à-vis, l'es-
» calier des troisièmes de la comédie se trouve dans
» le passage du parterre, le prix étant le même.

» Après être descendu à couvert, traversé le
» porche et le vestibule, monté le grand escalier,
» passé par la salle d'assemblée et le cabinet, se
» trouve une grande loge pour le maréchal de Ri-
» chelieu, gouverneur de la province, laquelle est
» précédée d'une antiloge pour ses gardes, d'un

» grand cabinet d'assemblée et d'un cabinet particu-
» lier avec garde-robe.

» A la salle d'assemblée de MM. les Actionnaires
» se trouve joint un cabinet pour les comptes, du-
» quel on communique au corridor des premières
» loges et au parterre. En descendant la première
» rampe de l'escalier des troisièmes loges, à la droite
» de la salle d'assemblée, se trouve un autre cabinet
» ou bibliothèque, duquel on communique pareille-
» ment à l'orchestre du concert ainsi qu'à la salle
» d'accord pratiquée sur la droite, et de là au petit
» escalier de dégagement servant pour l'entrée des
» musiciens. Sur le pignon de la comédie, faisant
» décoration du côté des allées de Tourny, se trouve
» l'entrée des acteurs et généralement de tous ceux
» attachés au spectacle. Un grand escalier les con-
» duit au chauffoir octogone d'un très grand diamè-
» tre, placé au bout du théâtre, duquel on commu-
» nique à droite par l'embrasure d'une croisée dans
» le corridor des loges des acteurs et des actrices,
» où sont pratiquées vingt loges de 12 pieds en carré
» avec croisée et cheminée, dont dix au niveau du
» corridor et dix au-dessus dans la hauteur de l'étage.
» Sur la gauche du même chauffoir se trouvent mé-
» nagées les deux grandes loges des figurants, ainsi
» que deux loges de premier danseur et première
» danseuse; et, à leur portée, le grand magasin de
» décorations au niveau du théâtre, avec une issue
» facile pour y arriver, paraît ne pouvoir être sus-
» ceptible d'aucun inconvénient dans le service. Un

» grand corridor, établi depuis le chauffoir des ac-
» teurs jusqu'au cabinet des comptes et la salle d'as-
» semblée de MM. les Actionnaires, a paru nécessaire
» et indispensable pour la commodité du service et
» pour établir une communication facile entre l'ac-
» teur et la comptabilité. Au-dessus du foyer voûté
» des acteurs se trouve la salle de peinture avec les
» jours les plus favorables.

» Des cours de propreté à la droite et à la gauche
» du parterre, à l'abri du mauvais air, dont le pavé
» viendrait en pente vers le centre, où serait prati-
» quée l'ouverture qui recevrait les immondices
» chassées tous les matins par des conduits d'eau ré-
» servés dans les angles et provenant des réservoirs
» pratiqués sur la salle, lesquels seront reçus dans
» un canal souterrain venant de la rivière, et dont
» l'eau serait renouvelée chaque marée.

» Trois sorties pour le parterre : l'une par l'entrée
» ordinaire, la seconde par une arcade de boutique
» pratiquée sous les loges des acteurs, et une troi-
» sième peut être sur le glacis du château.

» Un passage particulier pour le dessous du théâtre
» du côté des allées de Tourny.

» Des réservoirs toujours pleins sur la salle avec
» des conduits dans différents endroits en cas d'acci-
» dents, comme à Lyon.

» Dans le dessous, des magasins pour les pompes,
» sceaux et ustensiles nécessaires aux incendies.

» Une loge couverte pour le concierge. Dans le
» deuxième étage, une loge semblable pour le con-

» trôleur, une salle de concert circulaire sur la droite,
» dont le chauffoir des premières loges serait le même
» que celui du spectacle, également à portée de la
» salle d'assemblée de MM. les Actionnaires, du grand
» escalier, du vestibule, et le chauffoir de la co-
» médie deviendrait commun, et il aurait une entrée
» particulière par l'arrière-corps du pavillon du
» Chapeau-Rouge, dans lequel se trouve à droite
» l'escalier des premières loges, et à gauche le ves-
» tibule et l'escalier des deuxièmes loges, dans le
» cas où la grande entrée de la comédie ne puisse
» devenir commune au concert spirituel.

» Cinq salles de répétitions vastes et commodes
» pour les ballets, tragédies, comédies, opéras-comi-
» ques, etc., qui sont le théâtre, le foyer des acteurs,
» le foyer des premières loges, la salle du concert et
» la salle d'accord, et enfin les boutiques avec entre-
» sol sur la direction des allées de Tourny, un grand
» café et trois ou quatre maisons et boutiques dépen-
» dantes de la comédie donnant sur la rue établie
» entre le concert et les maisons à bâtir sur le terrain
» à concéder sur les allées du Chapeau-Rouge.

» DIMENSIONS PARTICULIÈRES DE LA SALLE DE SPECTACLE PROJETÉE.

» Profondeur du chauffoir derrière le théâtre..........	31 pieds.
» Profondeur du théâtre..................................	87 »
» Largeur de l'orchestre................................	9 »
» Largeur du parquet...................................	6 »
» Profondeur du parterre sur 43 de largeur.............	26 »
» Profondeur de l'amphithéâtre.........................	20 »
» Épaisseur de la loge en face.........................	5 »
» Total.................	187 pieds.

» Lors des grandes foules, le parterre pourra s'al-
» longer de 4 pieds sous l'amphithéâtre, ce qui pro-
» duira encore environ 100 personnes de plus. »

Ce projet ou mémoire fut expédié, ainsi que les plans, à l'architecte Soufflot, puis un double de toutes ces pièces adressé pareillement au maréchal de Richelieu, ainsi qu'une lettre qu'écrivait M. Darche au nom du corps de ville, et qui était conçue en ces termes :

« Monseigneur,

» J'ai l'honneur de vous envoyer le programme de
» ce qui peut être utile à votre salle de comédie avec
» le plan terrain que le sieur Lhote vient de me re-
» mettre. Il écrit en même temps au sieur Soufflot
» pour pouvoir lui être nécessaire dans ces opéra-
» tions, et être ici son homme de confiance comme
» Bonfin l'est pour l'Hôtel-de-Ville.

» Si vous voulez, Monseigneur, après en avoir fait
» l'examen, remettre le tout au sieur Soufflot, qui est
» l'homme de MM. les Jurats, ou à tout autre qui
» pourra vous faire plaisir, ainsi que les changements
» que vous trouverez à propos de faire, avec un mot
» de votre part, de se presser pour que nous puis-
» sions joindre le plan à l'arrêt du Conseil; si cela
» était par le moyen du sieur Lhote, nous pourrions
» nous flatter d'avoir une salle dans deux ans.

» Je suis avec respect, Monseigneur, votre très-
» humble et très-obéissant serviteur.

D'ARCHE. »

Nous voyons qu'il existait déjà en jurade un parti pris de n'employer à l'érection de la salle de spectacle que l'un des deux architectes sus-nommés, en ayant le soin, toutefois, de ménager à l'architecte Lhote la surveillance des travaux, s'il n'était appelé à les diriger entièrement. Le maréchal eut donc à se prononcer entre les trois projets qui lui furent soumis, savoir : le plan de Lhote, tel que nous venons de le voir ; celui du même Lhote, corrigé par Soufflot ; et qui reproduisait à peu près la coupe et la distribution de celui de Lyon, dont Soufflot était l'auteur ; et enfin celui de son propre architecte Louis, dont il avait déjà pu apprécier les talents.

Louis avait en effet donné de nombreuses preuves de son savoir dans l'art des Bramante et des Palladio. Architecte du roi de Pologne Stanislas, et ayant même pris part à plusieurs travaux ordonnés par le Gouvernement pour l'embellissement de la capitale, nul ne pouvait mieux que lui remplir les vues et les projets grandioses du maréchal ; mais s'il l'emporta sur ses deux rivaux, ce fut aux dépens de sa tranquillité future, car ce premier succès devint l'origine de la haine et de la jalousie dont il se vit ensuite poursuivi.

Louis, arrivé à Bordeaux le 23 avril 1773, s'occupa aussitôt de l'œuvre qui lui était confiée. Ses plans déjà faits et arrêtés, furent approuvés et signés le 18 mai suivant, par le gouverneur et le corps de ville.

Il existe encore dans la collection des plans de

Louis (archives de la mairie de Bordeaux) deux plans de la façade du théâtre qui diffèrent entre eux.

M. Caulhieur-l'Hardi prétend, dans le volume qu'il a publié sur le Grand-Théâtre de Bordeaux, que le premier de ces deux plans est plus riche encore et plus chargé d'ornemens que la façade exécutée qu'on lui substitua par des vues d'économie. C'est une erreur qu'il nous est facile de redresser, puisque nous avons vu et touché ces plans. Bien loin d'offrir plus de richesse et de beauté, ce plan, tracé d'abord par Louis pour s'accommoder aux exigences des jurats, est seulement remarquable par sa simplicité. Un péristyle dont les colonnes non isolées se trouvaient engagées dans le mur de face; point de galeries couvertes sur les côtés; les boutiques donnant directement sur la rue; la première balustrade, les piédestaux et l'étage attique qui règne autour du bâtiment supprimés. Voilà ce qu'offre ce plan.

On comprend en effet tout ce que cette suppression pouvait amener d'économie, et combien peu l'artiste doit être blâmé de n'avoir fait d'abord monter son devis qu'à 800,000 livres; mais ce premier plan, bien qu'ayant été arrêté en jurade, ne put convenir au maréchal de Richelieu, qui en fit faire un second auquel il donna son entière approbation.

Je donne ici, sans y rien changer, la description que Louis a faite lui-même de ce monument; il sera facile alors de comparer et de juger le mérite des concurrents. Ce document aura de plus l'avantage de conserver à la mémoire, la physionomie vierge de l'édifice, tel qu'il sortit des mains de Louis, et de pouvoir faire apprécier plus tard l'opportunité des changements dont il aura été l'objet.

« NOUVELLE SALLE DE SPECTACLE DE BORDEAUX.

» La nouvelle salle de spectacle de Bordeaux forme un grand corps de bâtiment isolé de tous ses côtés, bâti dans un emplacement de 265 pieds en longueur, sur 140 pieds de largeur, d'environ 56 pieds d'élévation, ayant quatre façades régulières et décorées d'un ordre d'architecture.

» Le côté de l'entrée qui donne sur une grande place présente une colonnade corinthienne, formant un péristyle sur toute l'étendue de la façade, ouvert et isolé aux extrémités.

» Les façades collatérales, accotées par des terrasses qui donnent sur de vastes rues, comprennent des portiques ou galeries couvertes, à l'usage du public, et de plain-pied avec les boutiques qui sont au pourtour de l'édifice.

» Le derrière de la salle, faisant façade sur une nouvelle rue, suit la même ordonnance de décoration que les précédentes, et se trouve de plus soutenue par un soubassement ou *stylobate* servant de piédestal à l'ordre de dessus; au milieu duquel est un grand perron pour le dégagement et la circulation publique.

» C'est au centre du monument dont on vient de donner une simple idée du cadre, qu'est placée la salle de comédie, avec toutes les distributions qu'elle comporte; les principales parties sont : le péristyle d'entrée, le grand vestibule, le principal escalier, la salle de comédie, le théâtre, les pièces pour l'administration, les pièces pour le public du spectacle, la salle du concert et les souterrains.

» Mais chacune de ces principales parties du bâtiment en particulier, en comprennent d'autres de détail qui leur sont adjacentes ou relatives; savoir : Le péristyle d'entrée présente le frontispice du monument; il est composé de douze colonnes d'ordre corinthien, colossal, terminé par une balustrade avec piédestaux qui porteront chacun une statue aplomb des colonnes. La colonnade étant isolée et ayant 15 pieds en avant du corps du bâtiment, cette saillie, qui, dans le dessous, détermine le couvert du péristyle, donne, au-dessus de son ordonnance, une grande terrasse sur toute la surface de cette partie, laquelle se trouve de plain-pied avec l'étage attique qui règne tout autour sur les quatre côtés du bâtiment.

» Le péristyle offre à l'extérieur les deux bureaux pour la distribution publique des billets.

» Le grand vestibule ayant 60 pieds sur 43 de profondeur, et dans lequel on entre par cinq arcades, est décoré de seize colonnes doriques portant des plates-bandes droites qui soutiennent un plafond plat comparti de différents membres d'architecture et de sculptures. Le fond du vestibule répète les cinq arcades de l'entrée qui leur sont opposées, et forment autant de portiques ouverts, dont les trois du milieu communiquent au principal escalier qui est au centre, et les deux autres des extrémités aboutissent aux galeries ou passages qui mènent au parterre et au paradis, d'un côté, et de l'autre, à l'escalier qui conduit aux troisièmes loges. La partie du vestibule comprend, à droite de l'entrée : un escalier particulier pour les musiciens du concert; un des bureaux de distribution des billets; le local du suisse, ayant une pièce au rez-de-chaussée et deux en entresol.

» Et à gauche de l'entrée : un autre escalier de la salle de concert à l'usage des ecclésiastiques; l'autre bureau de distribution des billets; le local pour un contrôleur des portes et bureaux des abonnements, ayant deux pièces en entresol.

» Le principal escalier est à la suite du vestibule; il est très-vaste ; la grandeur réelle de sa cage est 36 pieds en carré; mais comme il est entouré de galeries et de portiques ouverts, soit au rez-de-chaussée, soit au premier étage, sa disposition locale présente à l'œil des dimensions apparentes beaucoup plus grandes. La première montée se fait par quatorze marches qui sont en face du milieu et qui arrivent à un grand palier qui conduit aux premières loges. De ce palier il part deux rampes, l'une à droite, et l'autre à gauche, qui arrivent au bel étage du bâtiment. La première aboutit à un grand vestibule distribué avec des colonnes ioniques; lequel précède les pièces de l'administration. La seconde rampe aboutit de même à un pareil vestibule qui précède les pièces destinées au public du spectacle. La cage de l'escalier est terminée d'un dôme quadrangulaire par son plan, dont l'élévation totale, depuis le carrelage du bas, est de 60 pieds jusqu'à la lanterne qui l'éclaire, appuyant des deux côtés par des plates-bandes droites sur les colonnes du premier étage. Le local du principal escalier procure donc de chaque côté de sa cage : les passages pour la communication du public, soit au parterre, soit aux escaliers qui conduiront aux troisièmes loges et au paradis; un corps-de-garde pour les soldats, pratiqué sous le grand palier, bien disposé et placé pour ainsi dire au centre, ayant vue d'inspection sur toutes les entrées et les sorties du spectacle.

» *Salle de Comédie.* La salle ayant cinq rangs de loges en y comprenant les loges grillées autour du parterre, son amphithéâtre, le parquet, etc., etc., contiendra environ de 2,200 à 2,300 personnes; elle comprend : deux escaliers particuliers aux paradis et troisièmes loges; deux cours qui éclairent ces deux escaliers et le corridor des loges; des latrines de chaque côté de la salle, soit au niveau du parterre, ainsi qu'à tous les rangs des loges, éclairées et aérées par les dites cours; deux sorties latérales pour les débouchés du parterre lors d'une affluence ou dans le cas d'accident; deux escaliers latéraux que nous appelons *escaliers d'honneur,* à cause que leur usage sera pour des entrées distinguées ou particulières au gouverneur, au commandant et aux actionnaires; une loge de portier de chaque côté de la salle et au bas des escaliers d'honneur; une grande garde-robe pour les dames, d'un côté de la salle, au plain-pied des premières loges, et un corps-de-garde pour les officiers, de l'autre côté ; un petit salon octogone et un cabinet ayant cheminée, à la suite de la loge du gouverneur.

» *Théâtre.* La grandeur du théâtre est de 80 pieds de profondeur sur 76 de largeur ; sa hauteur totale, depuis le bas sol du théâtre jusqu'aux premiers entraits du comble, est de 100 pieds. Cette partie du bâtiment comprend un nombre considérable de pièces qui en sont dépendantes : une entrée particulière au théâtre ; une loge d'un portier pour cette entrée ; un escalier montant de fond pour les acteurs et autres personnages ayant relation au théâtre ; un autre escalier affecté au théâtre ; un autre escalier aussi affecté au théâtre ; une pièce qui précède le foyer du théâtre ; un foyer des acteurs ; une petite pièce à la suite du foyer, pour servir de dégagement ou communication avec la salle ; latrines et garde-robe à portée du théâtre ; un grand magasin pour les décorations et autres effets du théâtre ; une pièce pour les danseurs ; une loge pour un premier danseur ; trente-une loges d'acteurs et d'actrices ; une pièce pour les danseuses ; une loge pour la première danseuse ; un petit magasin pour les habits des danseurs et danseuses ; un logement pour un machiniste, composé de trois pièces ; un logement pour un concierge, composé de de trois pièces ; un grand magasin de tailleur ; des latrines à tous les rangs des loges d'acteurs et d'actrices ; un grand atelier du peintre pour les décorations du théâtre, ayant toute l'étendue du dessus de la salle; une sorbonne ou pièce pour l'apprêt des couleurs du peintre; neuf grandes pièces distribuées dans l'étage mezzanine, qui peuvent servir à différents usages, pour l'utilité du spectacle, pour loges d'acteurs, s'il en fallait en plus grand nombre; des magasins pour tenir bien des choses ou pour logements, etc., ainsi que les vides compris par les planchers et les combles; ils procureront des espaces à y placer une infinité de décharges.

» *Pièces pour l'administration.* Les pièces destinées pour l'administration de la comédie sont distribuées au premier étage du bâtiment; elles donnent du côté de la rue du Chapeau-Rouge; on y parvient par un des escaliers d'honneur, et aussi par le principal escalier, comme nous l'avons fait entrevoir plus haut; elles consistent en un grand palier d'arrivée, au premier étage de l'escalier d'honneur; une antichambre, une grande salle d'assemblée; un cabinet pour les livres de comptes; une grande pièce pour une bibliothèque, et qui peut servir en même temps pour les répétitions; et une salle d'accord.

» *Pièces pour le public du spectacle.* Les pièces pour le public du spectacle sont distribuées au bel étage du bâtiment; elles donnent du côté des allées de Tourny et des glacis du Château-Trompette. On pourra y parvenir quand on le voudra par l'escalier d'honneur, qui est dans cette partie; mais cependant la grande et véritable communication se fera par le principal escalier, ainsi qu'on l'a dit plus haut en expliquant un des vestibules en colonnades qui est à la suite de l'arrivée du grand escalier et qui précède les dites pièces, qui consistent en deux vestibules en colonnades, faisant l'arrivée du grand escalier, au premier étage, l'un à droite, précédant les pièces de l'administration, l'autre à gauche, précédant celle pour le public du spectacle et la salle de concert; un grand foyer public; un café; un grand palier qui dégage par l'escalier d'honneur, une grande galerie d'été.

» *Salle de concert.* La salle de concert est de même placée au bel étage et immédiatement au-dessus du vestibule d'entrée; elle est d'égale grandeur, composée d'un parquet-orchestre, trois rangs de loges et corridors de loges, les deux vestibules en colonnades qui accompagnent le principal escalier servant également de première entrée à cette salle, ainsi que les deux escaliers particuliers dont nous avons parlé.

» *Souterrains dépendants de la comédie.* Les souterrains sont immenses; il y en a sous toute l'étendue du bâtiment, et leur disposition est telle par rapport à la situation des lieux, que le niveau de leur sol se trouve au rez-de-chaussée de la rue qui est derrière la salle, ce qui rend ceux que l'on destine à être mis en location beaucoup plus avantageux pour les particuliers qui les prendront. Ceux qui seront dépendants du spectacle sont : Une pièce voûtée à l'usage des gardes, figurants et autres représentants de spectacle; deux petits emplacements où sont les puits, tant au niveau de la rue qu'au fond du théâtre. (*Nota :* Pour procurer une quantité d'eau considérable, on a exécuté un canal ou espèce de réservoir souterrain qui communique à tous les puits, ayant environ 50 pieds de longueur et un volume d'eau de 9 à 10 pieds de profondeur en tout temps, fourni par plusieurs sources très-vives que l'on y a ramassées lors de ce travail.) Des latrines affectées aux gens du théâtre, une cave sous le perron public, une autre cave, une autre cave, les dessous des corridors du parterre, les dessous de l'avant-scène et du parterre, une cave sous le café du parterre, les dessous des cours, six grandes caves dans les dessous de la partie du grand escalier, trois caves pour le régisseur ou contrôleur des portes, trois autres caves pour le suisse ; un corps-de-garde des soldats, qui pourra être, si on veut, extérieur et indépendant du théâtre, au cas qu'il soit regardé comme étant du ressort de la police. On l'a placé dans les souterrains, mais au rez-de-chaussée de la rue de la Comédie. On a toujours pensé que cet endroit était plus convenable pour loger des soldats que de les avoir établis au devant de l'entrée du spectacle. Ce corps-de-garde est voûté, a une cheminée et son entrée du côté de la dite rue ; il se trouve, par sa position, voisin et à portée du jeu des pompes qui puiseront dans les réservoirs et puits.

» On vient d'expliquer toutes les distributions qui forment en général la partie du spectacle de la nouvelle comédie, et, d'après ce détail, on trouve qu'elle comporte le nombre de 168 pièces.

Par lettres-patentes du 4 septembre 1773, il fut concédé à la ville de Bordeaux, à titre d'accensement et de propriété incommutable, une partie des terrains ci-devant compris dans les glacis du Château-Trompette, pour y bâtir une nouvelle salle de spectacle, avec l'autorisation de vendre l'excédant de ce terrain pour s'indemniser des frais de cette construction (1), à la charge cependant de construire la dite salle dans l'espace de deux ans, et de payer une somme annuelle de 5,200 livres, pour être affectée en partie à une augmentation du traitement des officiers du Château-Trompette; pour sûreté de laquelle somme les jurats seraient tenus de déposer, dans la caisse du trésor, la somme de 100,000 livres.

(1) Cette vente produisit 839,233 livres; les emplacements 41, 42 et 43, adjugés à Boyer-Fonfrède, furent payés, les deux premiers, 420 livres la toise, et le dernier, 501 livres. (5 août 1774).

Le juif Peixotto, au nom d'une société, voulait prendre les terrains à raison de 400 livres la toise, ce qui aurait produit 1,012,000 livres; son offre fut repoussée.

CHAPITRE IV.

Concession faite aux jurats et aux actionnaires.— Louis est mal vu du corps de ville et du Parlement.—Plaintes des jurats.—Le contrôleur général envoie un inspecteur ; Correspondance des jurats à ce sujet.— Mémoire de Louis aux jurats ; Délibération prise à ce sujet.— Turgot parvient au ministère ; Mesures qu'il prend contre le corps de ville ; Sa lettre aux jurats.— La ville perd ses octrois ; M. de Clugni les lui fait rendre.

Le Roi s'était réservé, par un article de ces mêmes lettres-patentes, le pouvoir de disposer, pendant trente années, de la dite salle, ainsi qu'il le jugerait à propos, sans que la ville pût prétendre, pour raison de ce, à aucune indemnité. Aussi, par un arrêt du conseil, du 25 décembre 1773, usa-t-il largement de cette faculté, en accordant la salle de spectacle aux actionnaires de l'ancien Waux-Hall, pour en jouir pendant trente années ; le tout gratuitement et sans aucune espèce de redevance. C'était plus qu'ils n'avaient demandé (1).

Le corps de ville se trouvait ainsi lésé dans ses droits. Obligé en outre de reporter sur les travaux de la salle, une partie d'un emprunt fait à Gênes, pour la reconstruction de l'Hôtel-de-Ville, projet qu'il fut aussi obligé d'abandonner ; pressé d'un autre

(1) Cet arrêt fut ensuite révoqué par celui du 30 mars 1775.

côté par le domaine, qui avait déjà réussi à dépouiller la ville de ses fiefs, et la privait de la meilleure partie de ses revenus; subissant de plus une augmentation de contribution; forcé de rembourser 563,156 livres, et obligé, pour activer les travaux du théâtre, de faire un nouvel emprunt de 200,000 livres, prescrit par les lettres-patentes du 4 septembre; telle était la situation exceptionnelle dans laquelle se trouvaient les jurats lors de l'arrivée de Louis à Bordeaux. *On conçoit que le nouvel échec que ces officiers municipaux venaient d'éprouver par le choix de cet architecte, joint à tous les embarras dont nous venons de parler,* ne dut pas attirer à Louis un accueil et un concours bien amical; aussi fut-il en butte, dès les premiers jours de son arrivée, à des tracasseries, à des contrariétés sans nombre. Une allée d'arbres servant de prolongement à celles de Tourny, et s'étendant jusques à la grille du Chapeau-Rouge, occupait une partie du terrain où Louis devait bâtir; il proposa aux jurats de la faire disparaître; ceux-ci qui n'attendaient qu'une occasion de querelle, jetèrent les hauts cris à cette proposition, et ayant recruté une partie de la bourgeoisie et quelques membres du Parlement, ils s'opposèrent formellement au projet de l'architecte, qui n'eut d'autre ressource que de s'adresser au maréchal de Richelieu. Le gouverneur dissimula, fit rassembler la nuit suivante deux cents ouvriers qui abattirent et enlevèrent les arbres. Cet acte d'autorité du gouverneur dut exciter, comme on le pense bien, des plaintes et des murmures; mais le fait était accompli, et rien ne semblait plus devoir s'opposer aux travaux de l'architecte, lorsqu'il survint encore d'autres entraves. Écoutons Louis lui-même dans le travail qu'il a publié en 1782, et qui renferme les plans gravés de sa salle de spectacle : « La fondation » d'un édifice est un travail trompeur, parce qu'on » ne peut pas juger d'avance de la nature des fonds, » ni de tout ce que recouvrent les surfaces. Celles-ci » cachaient les fondements d'un monument antique à » détruire (les Piliers de Tutelle); un chenal aussi » très-ancien, qui recevait les eaux de la rivière, » présenta des obstacles auxquels il fallut remédier » par des épuisements pénibles, des pilotis nombreux » et des grillages, et en les comblant d'un amas de » pierres considérable. Enfin, dit Louis, il nécessita » de regagner, par des constructions, une pente que » l'instabilité du sol avait encore augmentée. Tous » ces objets produisirent des dépenses inattendues, » mais qui n'étaient pas faites pour arrêter; aussi » bientôt tout est détruit, les fondations, et les sou- » terrains de la salle de spectacle se construisent » avec autant de solidité que de promptitude, et » l'ouvrage est prêt à sortir de terre, mais ici Louis XV » meurt, et tout va s'arrêter. »

Dans une entreprise aussi importante que celle qu'il dirigeait, l'architecte n'avait pas voulu assumer sur lui toute la responsabilité. Il avait associé à ses travaux plusieurs hommes de l'art. Bonfin, comme architecte de la ville, fut nommé contrôleur des travaux de la salle de spectacle; les frères André Durand et Ga-

briel Durand remplirent les fonctions d'appareilleurs;
Maquet devint l'inspecteur des travaux ; Dufart, à qui
nous devons notre Théâtre-des-Variétés, fut employé,
ainsi que Lhote, comme dessinateur; Godefroy et Chalifour, comme entrepreneurs.

Ces précautions ne suffisaient point à Louis. Prévoyant tout ce que la cabale et l'intrigue pourraient
imaginer d'entraves et de déboires contre lui, il partit
pour Paris vers le commencement de janvier, afin
d'obtenir du contrôleur général Terray qu'il voulût
bien envoyer à Bordeaux un homme de l'art qui pût
vérifier et certifier tout ce qui avait été fait ou qui
restait à faire des travaux de la salle, ainsi que les
devis et marchés faits avec les entrepreneurs et
les artistes ; comme aussi les ressources financières
de la ville pour soutenir son entreprise.

Louis, en agissant ainsi, ne se dissimulait point
combien sa démarche allait contrarier les jurats, si
jaloux de leurs prérogatives, et, sans aucun doute,
redoubler leur mauvais vouloir à son égard ; mais il
croyait devoir prendre ses précautions à tout événement.

Le maréchal de Richelieu appuya vivement sa demande, et les jurats reçurent, sous la date du 2 avril
1774, un avis du contrôleur général, pour leur annoncer l'envoi à Bordeaux du sieur *Pâris*, *architecte
très-versé dans la partie des calculs*, *pour lui rendre
un compte exact de tout ce qui concernait les travaux,
faits ou à faire, à la salle de spectacle, enjoignant
aux jurats de lui fournir tous les renseignements uti-*

les, et de ne s'opposer en rien à la surveillance qu'il croirait devoir exercer.

Les jurats, furieux et atteints dans leurs priviléges, perdirent toute réserve. Ils s'adressèrent successivement au maréchal de Richelieu, au président de Gascq et enfin au contrôleur général lui-même.

« 9 avril 1774.

» *A Monseigneur le Maréchal de Richelieu.*

» Monseigneur,

» Nous venons de recevoir, dans le moment, une
» lettre de M{er} le Contrôleur général, dont nous avons
» l'honneur d'envoyer une copie à Votre Grandeur.
» Nous n'avons pas besoin de vous faire des obser-
» vations sur le sujet de cette lettre, et le départ du
» courrier ne nous le permet même pas. Vous pen-
» serez sûrement d'où vient l'entreprise. Depuis bien
» des jours, nous avions eu quelques avis des rai-
» sonnements qu'on avait faits, chez le commissaire
» départi, sur le fait de la salle et sur les éclaircis-
» sements qu'on faisait prendre sur toutes nos démar-
» ches relativement à cet objet, sur lequel on cherche
» à nous gêner, comme sur tous les autres.

» Nous sommes, etc. »

« 11 avril 1774.

» Monsieur de Gascq, premier-président,

» Nous avons reçu, samedi, de M{er} le Contrôleur
» général, une lettre relative aux opérations du bâ-

» timent de la salle de spectacle, dont nous avons
» cru que vous seriez aise de connaître les dispositions.
» La copie en est ci-jointe. Nous vous annoncerons,
» Monsieur, qu'à la première lecture que nous en
» avons prise, elle a fait sur nous une impression vive
» de sensibilité et de mortification ; il s'en faut même
» qu'elle soit entièrement détruite. Cependant, comme
» toutes nos vues et nos soins ne tendent qu'au plus
» grand bien de la chose, il s'en faut beaucoup que
» nous ayons à craindre qu'on cherche à s'en convain-
» cre par les plus grands détails ; le concours de
» l'homme proposé par M. le Contrôleur général, s'il
» ne blesse pas d'ailleurs d'autres vues, ne pourra
» jamais que contribuer à nous faire donner plus
» d'éloges.

» Nous sommes, etc.

« 19 avril 1774.

» *A Monseigneur le Contrôleur général.*

» Monseigneur,

» Nous avons reçu, le 9 de ce mois, la lettre que
vous nous avez fait l'honneur de nous écrire le 2.

» Nous attendons le sieur Pâris, que vous envoyez
» pour vérifier l'entreprise de la salle de spectacle.
» Nous voyons, Monseigneur, avec le plus grand
» plaisir, que vous voulez bien vous donner la peine
» de faire vérifier, par les comptes que le sieur Pâris
» sera en état de vous rendre, les moyens que nous

» avons employés et ceux dont nous nous proposons
» de faire usage pour conduire, par les voies les plus
» économiques, l'édifice à sa perfection. Cette atten-
» tion de votre part ne sert qu'à nous assurer de
» plus en plus de l'intérêt que vous prenez à ce qui
» concerne notre ville, et nous donne la confiance la
» plus flatteuse en votre protection, parce que notre
» administration ne peut que gagner beaucoup par
» tous les détails dans lesquels le sieur Pâris sera en
» état d'entrer et de vous rendre compte.
» Nous sommes, etc. »

Le président de Gascq fut le premier à répondre. On voit qu'il cherche à concilier les deux partis :
« Le ministre des finances, écrit-il aux jurats,
» n'est-il pas dans le droit de se faire rendre compte
» de ce qui tient directement ou indirectement à son
» département? Si vous ne vous trouvez pas en situa-
» tion, comme il n'y a que trop lieu de le craindre par
» la position des affaires de la ville, de fournir aux dé-
» penses nécessaires pour mettre vos bâtiments en état
» de perfection, Mgr le Contrôleur général ne sera-t-il
» pas obligé d'y pourvoir au nom du Roi? Il me sem-
» ble que dans cette occasion, comme dans toutes les
» autres, il agit en bon père de famille, etc., etc. »

Le maréchal de Richelieu leur écrit à son tour :
« .... Vous ne pouvez que gagner, je crois, aux
» éclaircissements qu'on vous demande. Vous devez
» être fort aises des précautions qu'a prises M. le

» Contrôleur général, et je suis persuadé que M. Louis,
» de même, n'en pourra être fâché....... »

En lisant la lettre adressée par les jurats au Contrôleur général Terray, il n'est pas difficile, à travers la flatterie et l'obséquiosité du style, de découvrir encore le dépit qu'éprouvaient ces magistrats ; mais, enfin, il fallait bien se calmer et rendre justice pour le moment aux talents de l'habile architecte. Jamais peut-être la réputation et le mérite de Louis ne reçurent un hommage aussi complet que celui qu'on peut voir dans la délibération du 25 juillet 1774, prise en jurade, pour répondre à un mémoire fort bien fait, dans lequel Louis prie le corps de ville de vouloir réglementer son traitement.

Nous offrons ici quelques extraits du mémoire :

« .... Deux décisions du conseil, savoir, une
» du 18 octobre 1748 et une du 18 juin 1752, et
» plusieurs arrêts rendus depuis le 7 juin 1768, fixent
» à un sol pour livre les honoraires qui doivent être
» alloués aux ingénieurs des ponts-et-chaussées char-
» gés des bâtiments du Domaine à Bordeaux. Or, il
» faut observer, 1° que ces ingénieurs jouissent en
» même temps d'appointements relatifs au grade qu'ils
» occupent dans leur corps et aux diverses opérations
» dont ils sont chargés ; 2° que les travaux du Domaine
» qu'ils conduisent ne les empêchent point de se livrer
» aux autres devoirs de leur état et ne les obligent
» point à des dépenses extraordinaires puisqu'ils de-
» meurent toujours sur leurs foyers ; 3° que les ingé-

» nieurs ne sont jamais exposés à négliger ou à aban-
» donner d'autres occupations particulières et lucra-
» tives, puisqu'ils sont absolument consacrés à celles
» que le ministre leur confie......................... »

» La position du sieur Louis, eu égard à la nouvelle
» salle de spectacle, est absolument dans ce dernier
» cas. Lorsque le zèle de M. le Maréchal pour l'em-
» bellissement et l'utilité de la ville de Bordeaux,
» lui eut fait obtenir la concession des terrains où se
» construit cette nouvelle salle, et lorsque les bontés
» dont il honore le sieur Louis le lui eurent fait choisir
» pour en être l'architecte, cet artiste se livra dès
» lors à cette seule occupation : son amour pour l'art
» qu'il exerce, l'espoir d'augmenter son bien-être, et
» sa reconnaissance pour les bontés de M. le Maréchal,
» ne lui permirent plus d'en suivre d'autres.

» M. le Maréchal sait que le sieur Louis, après
» s'être livré pendant sept à huit mois à la composition
» des projets de la nouvelle salle, vint à Bordeaux,
» l'année dernière, pour faire toutes les préparations
» à l'exécution de ce projet. La connaissance particu-
» lière du local, qu'il prit alors, et qu'il n'avait pu
» se procurer plus tôt, l'obligea à changer plusieurs
» parties essentielles de ses premiers plans ; et comme
» l'instant de l'exécution pressait, il se concentra ab-
» solument dans cette besogne, renonça à la pour-
» suite de quelques travaux qu'il aurait pu avoir ail-
» leurs, et abandonna à d'autres ceux qu'il se trouvait
» alors chargé de diriger lui-même. Ce déplacement
» était, à la vérité, indispensable pour seconder avec

» activité les vues de M. le Maréchal et de Messieurs
» du corps de ville ; mais il a dû nécessairement causer
» beaucoup de dérangements dans les affaires du sieur
» Louis.

» Arrivé à Bordeaux, le sieur Louis se proposa deux
» choses : célérité dans l'exécution et économie dans
» les moyens. Quant à la première, il croit y avoir
» satisfait, puisque ces messieurs ont paru contents
» de l'avancement des travaux depuis le peu de temps
» qu'ils sont commencés et les difficultés qu'il a fallu
» vaincre. A l'égard de l'économie, voici comme il
» s'est conduit :

» Le sieur Louis s'est toujours proposé pour pre-
» mière loi, l'estime de lui-même, et quoique ses
» honoraires, tels qu'ils soient fixés, ne puissent lui
» être avantageux qu'à proportion des dépenses, il
» espère mettre dans peu, sous les yeux de Messieurs
» du Corps de ville, un état de celles qui ont été faites
» jusqu'aujourd'hui, qui prouvent combien son intérêt
» propre cède aisément à celui de l'affaire importante
» qui lui est confiée.

» En voici des preuves :

» Comme c'est surtout dans le détail de la menui-
» serie, des décorations et des machines relatives au
» théâtre que les dépenses peuvent devenir exorbi-
» tantes, puisqu'il n'y a point de règles là-dessus, le
» sieur Louis a amené avec lui un homme singuliè-
» rement au fait de ce genre d'ouvrage. Cet homme
» dirigera, sous lui, cette partie très-compliquée et
» très-importante, en occupant des ouvriers qu'on

» paiera à la journée. On en fera de même pour la
» charpente. Cet arrangement produira peut-être une
» différence de plus de deux cents mille livres sur ce
» qui arriverait, si l'on avait fait venir à grands frais
» des machinistes, ainsi qu'on en a usé lors de la con-
» struction du théâtre de Lyon. On est aussi en état
» de prouver que les dépenses surabondantes faites
» encore, à cet égard, à l'Opéra de Paris, n'ont eu
» lieu que parce qu'on a négligé tous les moyens éco-
» nomiques de l'espèce de celui-ci.

» Le sieur Louis observe maintenant que les dé-
» penses auxquelles ses voyages à Paris pourront
» l'obliger, lui deviendraient très-onéreuses si son
» traitement n'y était pas proportionné. Les voyages,
» d'ailleurs, ne seront pas pour lui seul, et quand
» même ses affaires personnelles ne l'obligeraient pas
» à en entreprendre, il serait toujours forcé d'en faire
» pour toutes les choses qui ont rapport à la décora-
» tion de la nouvelle salle de spectacle, les marchés
» pour toute la sculpture intérieure et extérieure,
» pour la peinture et maintes autres choses qui ne
» peuvent être faites qu'à Paris. Ce n'est que dans la
» capitale qu'on peut trouver des artistes capables,
» et où la concurrence des gens à vrais talents peut
» faire espérer des conditions meilleures de leur part.
» Il y a, à cet égard, bien des arrangements écono-
» miques à chercher, et les voyages du sieur Louis le
» mettront à portée de tirer avantage de toutes les
» circonstances favorables.

» Le sieur Louis a encore d'autres raisons qui prou-

» vent combien son déplacement lui deviendrait à
» charge, si son traitement ne l'en dédommageait
» pas. Indépendamment de quelques affaires particu-
» lières d'intérêt qui périclitent pendant son absence,
» le sieur Louis a sa famille à Paris. Il y tient une
» maison ; c'est un arrangement dont il ne peut se
» dispenser, et toutes ces dépenses extraordinaires
» diminueraient considérablement, à la longue, le bé-
» néfice qu'il peut espérer de l'affaire de Bordeaux,
» si les bontés de M. le Maréchal et de Messieurs du
» Corps de ville n'étaient pas un sûr garant du traite-
» ment qu'il a lieu d'en espérer.

» D'après ces considérations, le sieur Louis propose
» donc de supporter tous les frais de voyage qu'il fera
» à Paris, tant ceux qu'il fera pour lui-même que
» ceux qu'il sera forcé d'entreprendre pour l'utilité de
» la Comédie ; et il demande les deux sous pour livre
» des dépenses auxquelles monteront généralement
» les travaux nécessaires pour porter la nouvelle salle
» de spectacle au point de perfection assigné dans le
» projet et dans les plans arrêtés par M. le Maréchal
» et par MM. les Maire, Lieutenant de Maire et Jurats,
» gouverneurs de la ville.

» Bordeaux, le 2 juillet 1774.

» *Signé* V. Louis. »

Nous donnons ici le considérant dont les jurats
firent précéder la délibération par laquelle ils accordèrent à Louis un sol et demi pour livre, *pour ho-*

noraires, appointements et gratifications de ses peines, soins et frais :

« *Lecture faite du dit mémoire, et considérant, soit la grandeur, la beauté et l'importance de cet édifice, soit la complication des détails immenses qui en sont les suites, les frais et sacrifices qu'exige du sieur Louis son déplacement presque continuel de Paris, où il habite ordinairement, les dépenses de voyages et frais de séjour à Bordeaux; enfin, les talents supérieurs de la composition des plans, joints à l'intelligence et aux moyens économiques de leur exécution de la part d'un artiste aussi célèbre, dont la réputation est publiquement reconnue,*

» *A été délibéré, etc., etc., etc.* »

Nous verrons plus tard les jurats se dédommager de cette contrainte et déclamer contre Louis avec autant d'empressement qu'ils en mettaient alors à lui rendre justice. (*Voir la Note* D.)

Louis XV, ainsi que nous l'avons dit plus haut, venait de mourir (10 mai 1774). Turgot, devenu contrôleur général sous le nouveau prince, voulut se rendre un compte exact de la situation financière de la ville de Bordeaux, qui lui avait été signalée par l'intendant de la province. A la suite de cet examen, ce ministre fit suspendre tous les travaux entrepris par les jurats, et particulièrement ceux du Grand-Théâtre; et, par un arrêt du Conseil du 11 décembre 1774, M. Esmangard, nouvel intendant de la province, fut commis à la surveillance de ces mêmes travaux et à la délivrance des fonds à payer, toutes choses dont les jurats seuls s'étaient mêlés jusque-là. Cette suspension de travaux portait un tort irréparable à l'architecte ; car les ouvriers, les artistes qu'il avait amenés de Paris ne pouvaient et ne voulaient point supporter les conséquences ruineuses d'un semblable chômage, et exigeaient journellement, ou la continuation des travaux, ou le prix intégral des journées qu'ils étaient obligés de perdre. Près de trois mois se passèrent ainsi. Louis se transporta encore à Paris, et l'arrêt du 7 mars 1775 permit enfin la réouverture des chantiers. Turgot le manda lui-même à l'intendant :

« Je vous envoie, lui écrit-il, l'arrêt du Conseil
» que S. M. a jugé à propos de rendre pour ordon-
» ner la continuation des travaux de la salle de spec-
» cle de Bordeaux, suivant les plans qu'elle a ap-
» prouvés. S. M. vous confie, par un arrêt, la direc-
» tion de ces ouvrages, par rapport auxquels vous
» vous concerterez avec les officiers municipaux...
» . . . .
» Vous aurez soin, Monsieur, de m'instruire exac-
» tement de la vente des terrains, de l'avancement
» des travaux, et de m'envoyer chaque mois, comme
» le prescrit l'arrêt, l'état des ordonnances que vous
» serez dans le cas d'expédier, sur le receveur gé-
» néral des domaines et bois, pour les diverses dé-
» penses auxquelles ces ouvrages vont donner lieu.
» . . . .
» Vous pouvez donner au sieur Louis, dès ce mo-

» ment, si vous le jugez à propos, ordre de repartir
» pour Bordeaux, à l'effet d'y diriger les travaux,
» et je vous prie de lui donner toutes les facilités qui
» sont entre vos mains pour qu'il puisse les suivre
» avec l'activité dont il est capable.

» Comme il est intéressant, non seulement de pro-
» fiter de la belle saison, mais même, pour que la
» vente des terrains soit avantageuse, d'établir la
» confiance que la suppression des travaux pourrait
» avoir altérée, je donne ordre aux officiers muni-
» cipaux de tenir à votre disposition, sur les fonds
» de l'emprunt fait à Gênes, une somme de 60,000
» livres que vous aurez soin d'employer aux pre-
» miers travaux qui vont se faire, etc., etc., etc. »

L'arrêt du 11 décembre 1774 avait déjà excité le mécontentement des jurats. La lettre du contrôleur, dont ils reçurent copie, mit le comble à leur irritation :

« Cet arrêt, Monseigneur (disent-ils dans leur
» dépêche), est en effet si contraire à tout ce qui
» s'est pratiqué jusqu'à présent dans notre ville, il
» blesse ou détruit d'une manière si dangereuse tous
» les droits de son administration, et se trouve si fort
» opposé, soit avec les lettres-patentes du mois de
» mai 1767 qui l'ont consacrée, soit avec celles du
» 4 septembre 1773, par lesquelles le feu Roi a
» fait concession à la ville des terrains pour la con-
» struction de cette salle, que nous trahirions les de-
» voirs de nos places ou la confiance de nos conci-

» toyens, et que vous-même n'auriez de nous que
» l'opinion la plus désavantageuse, si nous n'osions
» prendre le respectueux courage de vous en repré-
» senter les dangers et les inconvénients. . . . . . .
» . . . .
» La construction de la nouvelle salle serait le
» premier exemple contraire, et tout s'oppose, soit
» par les faits, soit par les conséquences, à une pa-
» reille violation des usages et des règles, etc., etc. »

Les jurats ne se contentèrent pas de cette protestation ; ils joignirent les actions aux paroles, et se posèrent comme étrangers à tous les travaux qui s'exécutaient, affectant de séparer les intérêts de la ville de ceux de l'entreprise théâtrale. Ils apportèrent encore une telle négligence, un tel désordre dans les jours de convocation de leurs séances et dans la rédaction des délibérations qu'ils y prenaient, que le registre de 1773 à 1776, déposé aux archives de la ville, offre un grand nombre de lacunes, de transposition de dates, et conserve seulement toutes les preuves d'une négligence évidemment calculée.

Turgot ne leur laissa pas le temps de s'applaudir de leurs manœuvres. La lutte était engagée, et déjà l'architecte, qui était devenu le bouc expiateur des injures de la jurade, avait été malmené par celle-ci et forcé de recourir à l'intendant, lorsqu'arriva la réponse foudroyante de Turgot ; elle n'était que le précurseur d'une rigoureuse mesure :

« Versailles, le 22 avril 1775.

» Messieurs,

» Depuis la lettre que je vous ai écrite le 13 du courant, M. l'Intendant m'a envoyé une copie de votre délibération du 31 mars dernier au sujet de 60,000 livres que je vous avais marqué de prendre sur l'emprunt de Gênes, pour fournir aux premières dépenses de la nouvelle salle de spectacle, à la charge de vous rembourser de cette somme sur les produits de la vente des terrains.

» Je vois, par cette délibération, que vous avez proposé au sieur Louis de lui remettre cette somme *en totalité ou en partie sur ses récépissés, ou enfin en la forme pratiquée jusqu'à présent.*

» Il me semble, Messieurs, qu'il ne peut pas y avoir d'alternative à cet égard. Les 60,000 liv. en question doivent rester dans la caisse de votre trésorier. A mesure que les travaux avanceront, le sieur Louis arrêtera les mémoires des entrepreneurs et ouvriers; et sur ces mémoires, vous délivrerez des ordonnances qui seront versées par M. l'Intendant, et ensuite acquittées par votre trésorier, etc., etc...

» . . . .

« Au reste, Messieurs, je ne puis vous dissimuler mon mécontentement de la mauvaise volonté que vous mettez dans tout ce que le Roi et son Conseil croient devoir faire pour le bien de l'administration qui vous est confiée. Je vois que vous ne vous disposez nullement à exécuter l'arrêt du 7 mars dernier. On m'assure que vous n'avez point encore fait mettre d'affiches pour la vente des terrains ; que vous n'avez point fait parapher par M. l'Intendant le registre sur lequel les enchères doivent être écrites ; enfin, que vous n'avez encore rien fait de ce qui est ordonné par l'arrêt du 7 mars.

» Je dois vous prévenir que si vous continuez à vous conduire d'une manière aussi peu conforme aux véritables intérêts de la ville de Bordeaux, je ne pourrai me dispenser d'en rendre compte au Roi et de lui proposer de remettre entièrement à M. l'Intendant la conduite de la salle de spectacle, de lui attribuer le pouvoir d'en ordonner les travaux, de les payer et de vendre les terrains sans votre participation. Je vous ai dit, par ma lettre du 13 du courant, qu'on aurait pu l'ordonner ainsi par l'arrêt du 7 mars, et je vous en ai détaillé les raisons. Si le Roi et son Conseil ont cru devoir vous faire concourir dans cette opération avec M. l'Intendant, c'est parce qu'ils espéraient que vous justifieriez cette déférence par votre zèle pour les intérêts de la ville ; mais si, au contraire, vous ne montrez, comme vous l'avez fait jusqu'à présent, que des vues directement opposées à celles qu'on avait droit d'attendre de vous, Sa Majesté ne pourra se dispenser de prendre les mesures nécessaires pour assurer le succès de cette opération et pour rappeler l'administration municipale aux principes qui doivent la diriger.

» Je suis, Messieurs, votre très-humble et très-affectionné serviteur. *Signé* TURGOT. »

La ville fut ensuite privée de ses octrois. Ce fut à la fois une calamité pour les jurats et pour l'architecte, car les fonds provenant de l'emprunt de Gênes étaient épuisés, et l'argent même qu'avait produit la vente de quelques emplacements se trouvait absorbé. De sorte que Louis, privé de ses ressources ordinaires, et pour ne pas suspendre encore ses travaux, se vit obligé de contracter des emprunts en son nom et de compromettre la sûreté de ce qu'il avait de fortune.

Les travaux n'avançaient que lentement, et cet état de choses menaçait de se prolonger, lorsque M. de Clugny parvint au ministère des finances. Ce ministre avait été antérieurement intendant de notre généralité. Il connaissait les besoins et les ressources de la ville de Bordeaux. Il portait de l'intérêt à Louis, ainsi qu'au monument que celui-ci avait entrepris. L'artiste devait donc tout espérer d'un semblable protecteur. Son attente ne fut point vaine, et le premier acte de M. de Clugny fut de faire rendre à la ville ses octrois par un arrêt du Conseil du 24 novembre 1776, à la charge cependant de laisser de côté, chaque année, une réserve de 150,000 livres destinées à l'achèvement de la salle de spectacle, et successivement à d'autres constructions d'utilité publique. La ville put ensuite faire un nouvel emprunt de 394,349 livres 19 sous 3 deniers, et enfin les travaux reprirent avec une nouvelle vigueur, pressés surtout par le nouvel intendant Dupré de Saint-Maur, homme capable, ami des arts, et les cultivant lui-même.

CHAPITRE V.

Le duc et la duchesse de Chartres à Bordeaux. — Les jurats toujours injustes à l'égard de Louis. — Ressentiment de la Cour des Aides contre les jurats. — Remontrances au Roi faites par cette Cour, qui demande la suspension des travaux du théâtre. — Exigence des jurats. — Lettre de l'intendant Dupré de Saint-Maur. — Passage du comte d'Artois, de Monsieur et de l'empereur Joseph. — Arrêt du 26 février 1779. — Achèvement du Grand-Théâtre. — Les artistes qui ont secondé Louis. — Appréciation de Louis.

Le duc et la duchesse de Chartres venaient d'arriver à Bordeaux (12 avril 1776), et cette ville s'était empressée, non seulement de leur rendre les honneurs dus à leur rang, mais encore de leur procurer les plaisirs qui pouvaient leur faire passer agréablement le peu de jours qu'ils avaient à rester dans nos murs. Plusieurs fêtes leur furent données par les francs-maçons d'abord, et ensuite par l'intendant, qui avait chargé Louis d'en dresser les détails. Louis nous apprend, à cette occasion, que la fête donnée à l'intendance, et dont on lui devait l'organisation, satisfit pleinement les princes et fit même un certain bruit, et qu'il dut à cette circonstance l'honneur qu'il obtint plus tard de devenir le premier architecte du duc de Chartres. Louis ajoute que ce prince ainsi que son épouse voulurent mettre le comble à leur bonté en posant la première pierre de son édifice. Or, nous ne pensons pas que Louis ait voulu se vanter seulement en avançant ce dernier fait, s'il n'avait pu, d'ailleurs, le prouver par de nombreux témoins qui existaient encore lorsqu'il écrivait. Que penser alors du silence que les jurats en ont gardé ! Que l'on consulte le registre de jurade de cette année : on y trouvera bien le passage du duc et de la duchesse; la description de la fête donnée par la ville à Bardineau, avec le soin de citer l'architecte Bonfin comme l'ordonnateur de cette fête; la mention de celle de l'intendance, mais *sans description* et sans nulle mention de Louis; quant à la pose de la première pierre pour l'élévation du Grand-Théâtre, les jurats n'en font nulle mention, bien que cette cérémonie dut avoir alors quelque retentissement. Ils se contentent de dire (sans doute par distraction) que le prince posa la première pierre d'une loge maçonnique. Cette petite malice n'a pas dû, il faut le croire, causer beaucoup de souci à notre architecte, qui était, comme nous l'avons dit, destiné à en éprouver bien d'autres. En voici une nouvelle preuve :

A l'occasion du passage du duc et de la duchesse de Chartres, et des fêtes qui leur furent données, les jurats n'avaient pas cru devoir, dans leurs invitations aux divers corps constitués, comprendre dans la même faveur la Cour des Aides, qui, aux termes de l'étiquette arrêtée par le duc de Chartres lui-même, devait en être absolument exclue. Cependant, grâces aux soins de M. de Noé, maire de Bordeaux, et de M. de Clugny, huit des principaux officiers de cette cour, représentant la députation, furent admis. Mais la Cour des Aides, bien loin de se montrer reconnaissante de cette prévenance, garda un profond ressentiment de ce qu'elle regardait comme une insulte. Elle manda, quelques jours après, les jurats, les admonesta vivement sans vouloir admettre leurs explications, et attendit l'occasion favorable d'une vengeance plus complète.

Cette occasion se présenta bientôt, et Louis en reçut, comme toujours, le contre-coup. Par arrêt et lettres-patentes du 24 novembre 1776, le Roi venait d'accorder aux jurats la prorogation de plusieurs droits anciens et l'établissement de plusieurs droits nouveaux. La Cour des Aides en prit occasion d'adresser des remontrances au Roi. Nous en extrayons le passage où cette Cour, relevant l'objet de la destination du nouvel impôt sur le sel, s'exprime ainsi :

« Votre Majesté sait qu'on élève à Bordeaux un
» théâtre aux frais de la ville; mais elle ignore peut-
» être, et nous devons le lui dire, que l'énorme dé-
» pense qu'il occasionne effraie les habitants ! ! !

» Édifice d'un luxe scandaleux ! certainement dis-
» proportionné à l'étendue de la ville et aux facultés
» de ceux qui l'habitent, c'est là qu'iront s'engloutir
» des millions. C'est là, on ne nous désavouera pas,
» c'est là la principale cause de l'épuisement du re-
» venu de la ville de Bordeaux. Et c'est là que l'on
» eût versé une imposition prise sur la subsistance du
» pauvre ! Et pourquoi, si les fonds sont épuisés, re-
» courir à des impôts destructifs? Pourquoi ne pas
» remonter à la cause même du mal, suspendre pour
» quelque temps cette entreprise dévorante, mettre

» au moins plus de lenteur dans les travaux de sa
» construction ? » (1)

En mai et juin 1777, des hôtes illustres séjournèrent dans notre ville : le comte d'Artois (2) et Monsieur (frère du roi); l'empereur Joseph, sous le nom de comte de Falkeinstein. Si nous faisons mention du passage de ces princes, c'est pour ne rien omettre de ce qui peut se rattacher à notre architecte. Le duc et la duchesse de Chartres, le comte d'Artois et Monsieur ne manquèrent point d'adresser des compliments à Louis, sur les belles proportions et la disposition de toutes les parties du théâtre qu'il élevait alors. Il n'en fut pas de même du comte de Falkeinstein, prince aussi vaporeux que bizarre, et qui mettait un certain amour-propre à ne rien faire comme les autres. Laissons parler l'auteur d'une relation sur le séjour de l'empereur Joseph à Bordeaux, et nous serons assez bien renseignés sur le caractère de ce monarque.

(28 juin 1777) : « L'empereur *(comte de Falkeinstein)*
» est parti de Bordeaux pour Bayonne, peu regretté
» des Bordelais, mais surtout des femmes, envers
» lesquelles il n'a été rien moins que galant, parti-
» culièrement envers la présidente Virazel et Madame

---

(1) Le libraire Labottière fut interdit et condamné à une amende pour avoir imprimé ces remontrances.

(2) A l'occasion du passage de Monsieur et du Comte d'Artois, on donna au théâtre une pièce fort jolie, en un acte, de Desforges le comédien, intitulée *la Voix du Cœur*. On joua également *l'Amoureux de quinze ans*, *la Feinte par amour*, *les Racoleurs*, et *le Barbier de Séville*. (Cette dernière pièce, disent les Mémoires du temps, fut beaucoup mieux jouée qu'à Paris. — *Voir la note* D bis).

» Daugeard, qui, pour le mieux voir, avaient attendu
» plusieurs heures sur son escalier. Il leur dit : Mes-
» dames, je suis fort étonné que vous soyez si cu-
» rieuses de m'envisager, car je ne suis ni Adonis ni
» Cupidon.

» Une autre fois, il faisait annoncer qu'il irait au
» spectacle; les loges se louaient, puis il ne sortait
» pas. Aussi on écrivait de Bordeaux : Ce prince n'a
» pas plu ici, et a paru sauvage. On a comparé sa
» conduite à celle de Monsieur, qui, loin de critiquer
» la Bourse, ainsi que l'a fait l'empereur, dit au ma-
» réchal que s'il restait à Bordeaux, il voudrait loger
» en ce lieu, tant il le trouvait beau.

» Le jour où l'empereur a été à la nouvelle Comédie,
» les jurats n'osaient se montrer, à cause de la diffi-
» culté qu'avait faite ce prince d'admettre personne.
» Ils étaient cachés dans une loge. En sortant, cepen-
» dant, le maréchal lui dit : *Monsieur le Comte, voici*
» *les jurats de Bordeaux, qui désirent avoir l'honneur*
» *de vous saluer*.... Mais il ne se donna pas la peine
» de les regarder.

» En un mot, tout son séjour s'est ressenti de la
» mauvaise humeur qu'il avait contractée dès le pre-
» mier jour, de se voir découvert et entouré de la mul-
» titude qu'il ne peut souffrir.

» Le samedi, après midi, en sortant du Château-
» Trompette, il s'est rendu à la nouvelle salle de
» Comédie, dans laquelle il n'a pas voulu permettre
» qu'on laissât entrer les femmes mêmes des jurats.
» Il a beaucoup critiqué ce bâtiment et a humilié

» l'architecte Louis. Le dimanche, il a vu la Bourse,
» qu'il a critiquée sans ménagement. »

Les récriminations de la Cour des Aides atteignaient l'architecte Louis, plus encore que les jurats, et ceux-ci affectant de se tenir à l'écart, semblaient se mettre à l'abri de tout reproche. L'intendant Dupré de Saint-Maur n'en jugea point ainsi; il apprit à Paris, où il se trouvait alors, que les jurats avaient exigé de Louis un compte détaillé de toutes ses opérations. Louis, tout en conciliant le respect qu'il devait à ces magistrats, avec les prescriptions que lui imposaient les instructions ministérielles, se contenta de porter à l'Hôtel-de-Ville un *état en bloc* des ouvrages faits et de ceux qui restaient à faire; et comme les jurats exigeaient davantage, M. Dupré de Saint-Maur, prévenu de leurs entreprises, leur écrivit par le courrier suivant :

« Messieurs,

» . . . . . . M. Louis n'a pas manqué à ce qu'il peut vous devoir en se dispensant d'entrer, vis-à-vis de vous, dans des détails que le ministère sous lequel il est employé, est seul dans le cas d'exiger de lui.

. . . .

» Au surplus, Messieurs, pour en revenir à vos vues économiques, il n'y a personne qui ne connaisse les dits moyens que vous proposez d'employer. Ils ont déjà été discutés sous mes prédécesseurs, et n'ont pas été adoptés, parce qu'ils sont réellement impraticables pour des édifices tels que celui dont il s'agit, soit à raison de ce que, dans une entreprise aussi vaste, il y a une multitude de détails et d'événements qui ne peuvent pas être soumis à un calcul aussi précis, soit parce qu'on manquerait de sujets assez avancés ou assez hardis pour s'en charger, à moins qu'on ne leur présentât des bénéfices immenses. D'ailleurs il est reconnu que les ouvrages qui s'exécutent par régie, sont tous autrement durables que ceux qui ont été donnés au rabais. En effet, si l'on doit appréhender d'être trompé par des ouvriers, c'est bien plutôt lorsque leur bénéfice peut s'augmenter en proportion de la mauvaise qualité de leur besogne et de l'adresse qu'ils emploient à en cacher les vices, que quand on les met dans le cas de n'avoir aucun intérêt à mal faire.

» Vous pensez que cette méthode a l'inconvénient d'être trop favorable à la cupidité de celui qui dirige l'entreprise. On vous a tout d'abord mis à portée de les surveiller, en créant, avec de bons appointements, un emploi de contrôleur pour le sieur Bonfin, votre architecte et votre homme de confiance. Croyez-vous que si mes prédécesseurs n'eussent cherché à prévenir de pareils soupçons, *peu honnêtes cependant vis-à-vis d'un homme à talents, tel que celui qui est à la tête de ce grand ouvrage*, ils se fussent prêtés à une dépense aussi inutile. Les mêmes égards m'ont empêché de la supprimer. Vous conviendrez pourtant vous-mêmes de la qualification que je lui donne, si vous faites réflexion que le sieur Bonfin ne nous a encore déféré aucun abus, ce qui paraît prouver qu'il n'y en a pas eu ou qu'il ne les a pas aperçus, ou enfin qu'il aurait manqué à son devoir en ne les dénonçant pas aux personnes faites pour y remédier, ce que je ne puis me persuader. . . . .

» Vous regrettez que l'on ne fasse pas plus d'usage des gens du pays, et qu'on paraisse leur préférer les étrangers ; les motifs qui ont dû décider sur ce point, sont assez frappants : 1° au prix où en est déjà la main-d'œuvre à Bordeaux, tout propriétaire qui a à bâtir était surement dans le cas de désirer qu'un atelier aussi considérable que celui de la construction de la salle de spectacle, ne se formât pas aux dépens des ateliers de maçons ou autres entrepreneurs de la ville. Il fallait pour cela admettre des ouvriers étrangers ; 2° cette admission était encore plus utile pour former le goût des ouvriers du pays et exciter leur émulation. J'en dirais davantage si je ne craignais de choquer votre délicatesse, car il me semble que plusieurs arts sont presque encore dans leur enfance à Bordeaux, notamment celui du trait et de la coupe des pierres, l'art de la charpente, etc. ; j'en appelle à tout connaisseur qui donnera un coup-d'œil aux maisons que l'on bâtit encore aujourd'hui dans les différents quartiers de votre ville, etc., etc. »

L'estime d'un grand nombre de personnes de qualité et de mérite pouvait à la rigueur consoler Louis de toutes ces injustices. La jalousie et le mauvais vouloir ne pouvaient rien ôter à son talent, mais devaient souvent paralyser la marche des travaux, par le manque ou l'insuffisance de fonds. Toute l'an-

née 1778 se passa ainsi en alternative de cessation, reprise ou ralentissement de l'ouvrage; mais enfin l'intendant Dupré de Saint-Maur voulant mettre un terme à toutes ces lenteurs, persuada aux jurats d'adresser un mémoire au Roi pour en obtenir la jouissance et propriété de la nouvelle salle, leur promettant d'appuyer leur demande. Les jurats suivirent son conseil et n'eurent pas lieu de s'en repentir. Par arrêt du 26 février 1779, le Roi accorda « à la ville
» de Bordeaux la jouissance de la dite salle et de ses
» dépendances, nonobstant et sans avoir égard à
» la réserve que le feu Roi avait faite de pouvoir
» en disposer pendant trente années, par les dites
» patentes du 4 septembre 1773, auxquelles Sa Majesté a dérogé et déroge à cet égard seulement; en
» considération du présent don, Sa Majesté ordonne
» que la dite ville paiera à compter du jour qu'elle
» jouira de la dite salle et de ses dépendances, et en
» retirera le loyer, et par année, savoir : à l'hôpital
» Saint-André, la somme de 6,000 livres, et pareille
» somme de 6,000 livres à l'hôpital des Enfants-
» Trouvés, à titre de secours, et en rapportant quit-
» tance des préposés des dits hôpitaux, et ordonne,
» Sa Majesté, que les maire et jurats de Bordeaux feront travailler sans retardement à la dite salle de
» spectacle pour la porter à sa perfection au plus tôt;
» et les autorise en conséquence à emprunter au denier
» le plus avantageux, et qui ne pourra excéder le
» denier vingt, jusqu'à la concurrence de la somme
» de 450,000 livres, sur laquelle somme sera resti-

» tuée celle qui a été avancée des deniers appartenant
» à Sa Majesté, par le sieur Carcy, et le surplus sera
» employé aux ouvrages restant à faire, après toute-
» fois qu'ils auront été incessamment constatés par un
» devis estimatif, fait et arrêté entre le sieur Bonfin,
» architecte de la ville, et le sieur Louis, architecte
» chargé de la construction de la dite salle ; un dou-
» ble duquel devis sera remis aux dits maire et jurats
» et l'autre au sieur intendant et commissaire départi
» dans la généralité de Bordeaux, etc., etc. »

L'extrait que nous donnons suffit pour nous prouver combien les jurats durent se trouver heureux de recouvrer leurs droits sur un monument dont ils ambitionnaient le patronage, bien qu'ils se montrassent les ennemis acharnés de Louis. Dès lors, tout marcha avec rapidité vers le dénoûment. L'emprunt se fit, l'activité dans les travaux redoubla, et, vers la fin de 1779, l'œuvre de Louis était arrivée à son terme. Désormais, il pouvait montrer à ses amis comme à ses ennemis ce fruit de sept années de labeurs, de chagrins, de dégoûts de toutes sortes, et dire aux premiers : Vous m'avez encouragé, soutenu, approuvé, voyez si j'ai tenu mes promesses. Prononcez ! Aux autres, il pouvait dire aussi : Vous avez semé les entraves sous mes pas, vous m'avez calomnié, vous m'avez refusé tout concours, toute justice; j'ai marché sans vous et malgré vous, j'ai élevé ce monument dont la postérité me tiendra compte. Vous pouvez critiquer, médire, supposer, mon théâtre est achevé; il est là ! C'est la seule réponse que je veuille et que je doive vous faire.

C'est qu'en effet ce monument grandiose, sur lequel tous les talents et tous les arts ont imprimé leur cachet, sera toujours la meilleure réponse que l'on pourra opposer aux détracteurs de Louis.

Ici doivent naturellement se grouper les noms de tous les artistes employés par notre grand architecte :

Le sculpteur Berruer avait été appelé de la capitale ; mais cet artiste, obligé de quitter Bordeaux, et occupé de travaux importants pour la cathédrale de Chartres, n'eut que le temps de sculpter les quatre figures qui se trouvent au-dessus et au centre du péristyle. Les huit autres furent sculptées par Titeux et Vandandris, d'après les modèles de plâtre et de carton que Berruer expédia de Paris.

Les quatre premières furent payées..	7,200 liv.
Les armes du Roi de l'avant-scène où figurent deux renommées...............	8,000 »
Les deux cariatides de l'entrée des premières loges, représentant la Comédie, la Tragédie et les armes du Roi au-dessus.	6,000 »
TOTAL payé à Berruer....	21,200 liv.

Au sculpteur Prévot :

Plafond du péristyle..................	3,600 liv.
Armes du Roi au devant...............	600 »
66 chapiteaux pilastres corinthien...	7,980 »
12 chapiteaux colonnes........ ..,.....	4,320 »
2 autres engagés.....................	540 »
Intérieur de l'escalier, 8 chapiteaux ioniques..................,..·.........	1,840 »
TOTAL payé à Prévot......	18,880 liv.

Le peintre Robin.

Robin avait déjà obtenu d'unanimes suffrages au salon d'exposition de 1779. Ce fut lui qui peignit le plafond et les pendentifs de notre Grand-Théâtre.

Le plafond lui fut payé.............. 30,000 liv.
Les pendentifs, cent louis............ 2,400 »
                                    Total............. 32,400 liv.

(*Voir la Note* E.)

Taconet, artiste spécial dans ce genre, venu de Paris, reçut, pour la peinture et dorure, 31,000 livres.

Désiré fit la sculpture des chandelles, culots et cannelures des colonnes de l'intérieur.

Niquet fut le machiniste.

Berinzago, Lemaire, Restout, furent chargés de peindre les décorations.

Veut-on savoir ce que Louis pensait du premier de ces artistes? Nous copions ce qu'il a écrit :

« A l'ouverture du théâtre, le 7 avril 1780, le sieur Restout, peintre de Paris, avait remis les décorations dont il était chargé, savoir : Un jardin, une forêt, un hameau, les Champs-Élysées, l'Enfer, un rideau de mer, dix plafonds.

» Le sieur Lemaire, autre peintre de Paris, avait fini les trois décorations et autres accessoires dont il était chargé : Un temple, la prison, la chambre de Molière.

» Le sieur Berinzago, peintre italien résidant à Bordeaux, fut chargé de sept décorations. Il remit à l'ouverture du théâtre : Le grand salon ; entrée d'un superbe palais, ordre corinthien ; la Place publique, la Chambre rustique, l'intérieur d'un palais brillant, le Désert ; un péristyle, ordre dorique.

» Le palais d'ordre corinthien avec l'acrotère et plafonds d'histoire, tous les ornements rehaussés en or, ainsi que les canelures des colonnes, diverses parties en marbre brèche violette.

» Cette décoration va jusqu'à 12 châssis, estimée........	3,000 liv.
» L'intérieur d'un palais représentant divers mouvements de plans d'architecture, d'ordre dorique et autres ordres dans le lointain........	2,000 »
» La Chambre rustique allant jusqu'à 6 châssis, ornée de tous les accessoires nécessaires, peinte en bois, plâtre et briques........	800 »
» Chambre simple portant 5 châssis, décorée sans architecture, le fond peint en gris et les ornements et moulures réchampies........	1,200 »
» Une place publique formant rues, composée de différents bâtiments, le tout peint en pierre........	800 »
» Un salon d'appartement doré, composé de 5 châssis d'ordre ionique, et différents ornements dont partie en argent	2,000 »
» Un rideau de ville........	500 »
» TOTAL........	10,300 liv.

» Toutes les décorations ci-dessus sont du sieur Berinzago, et n'ont point à redouter la concurrence des peintres venus de Paris. Berinzago a peint les décorations du théâtre de Lyon, celles de celui de La Rochelle. Il a été l'architecte et le décorateur du théâtre de Rochefort, et cette salle lui fait honneur. Il a peint à Paris les décorations de l'Opéra. Enfin, nous avons tous les jours sous nos yeux ses décorations dans *la vieille salle*, *la boutique du maréchal-ferrant*, *la prison de Warwic*, *son palais gothique*, *le camp d'Iphigénie en Aulide*, *l'escalier de la Bourse*, et tant d'autres qui parlent en sa faveur et qui témoignent de sa capacité (1). »

Un ordre du Roi avait fixé l'ouverture de la salle au 3 avril 1780. Les travaux n'étaient cependant pas encore terminés, grâce à la défense du Parlement, qui s'opposait à ce qu'on y travaillât le dimanche ; mais le maréchal ayant ordonné la plus grande diligence, on passa outre sur cette prescription, et l'ouverture du théâtre eut lieu le 7 du même mois. L'*Athalie* de Racine y fut représentée trois jours de suite. Laissons parler un de nos concitoyens contemporains de cette solennité :

« Il n'y a point à Paris et dans l'Europe, dit-on,
» de salle de spectacle qui approche de la beauté de
» celle-ci ; elle est même trop superbe pour la pro-
» vince. Il y doit débuter demain un nouvel acteur,

---

(1) La salle de concerts fut peinte et décorée par Franceschini, peintre de Paris.

» dont on assure que l'organe est supérieur à celui
» du sieur Legros. Nous avons des gens en état d'en
» décider ; car Jeliotte, Chassé, M. et Mme La Ruette
» sont à Bordeaux. L'affluence d'étrangers attirés par
» l'ouverture de la salle est immense.

» Notre troupe se monte supérieurement. On dit
» que nous allons avoir Ponteuil, qui quitte Paris.
» Les actionnaires ont offert à Mlle Sainval l'aînée
» 14,000 livres. Elle demande 20,000 liv. ; on ira,
» je crois, jusqu'à 15,000.

» Le marquis de Saint-Marc, ancien officier aux
» gardes, a composé des vers en faveur de Louis,
» qu'il lui a envoyés le jour de l'inauguration de notre
» salle. Les voici :

» Quel spectacle enchanteur ! Quel monument pompeux !
   » Sous ces voûtes retentissantes,
» Les Arts parés de fleurs, les Muses triomphantes
» Invitent les mortels à s'unir à leurs jeux.
» Ce jour enfin, Louis, au temple de Mémoire,
» Voit inscrire ton nom et tes nobles travaux;
   » Nos neveux ainsi que l'histoire
   » Ne pourront parler de Bordeaux
   » Sans parler aussi de ta gloire.
» Vainement contre toi dirigea ses serpents
   » La fourbe et criminelle Envie;
» La main de la Justice a pris la faux du Temps
   » Et les a fait tomber sans vie.
   » Bientôt, vers cent climats divers,
   » La Nayade de la Garonne,
   » En se jouant sur le cristal des mers,
» Ira s'enorgueillir, aux yeux de l'univers,
   » Des lauriers dont on te couronne.

» Jouis de ton triomphe, entends de toutes parts
» Honorer en toi le grand homme,
» Par qui l'heureuse France, asile des beaux-arts,
» Ne doit plus envier ni la Grèce, ni Rome.

Louis répondit ainsi au marquis de Saint-Marc :

» Marquis, j'ai lu vos vers et flatteurs et charmants.
» Je sais que, favori des Muses et des Grâces,
» Vous avez, en suivant leurs traces,
» Surpris tous leurs secrets, acquis tous leurs talents.
» Plus d'une fois Melpomène et Thalie
» Ont redit votre nom au parterre enchanté;
» Pour vous elles ont ajouté
» Le laurier de Délos aux roses d'Idalie;
» Et du Parnasse enfant gâté,
» Vous n'avez connu ni l'Envie,
» Ni les traits de la Calomnie
» Et leur poison si redouté !
» Si vers le temple de Mémoire
» Vous vouliez bien guider mes pas,
» Cher marquis, je n'en doute pas,
» En dépit de ma pauvre histoire,
» J'aurais aussi ma part de gloire.....
» Vous êtes si connu là-bas ! »

Appréciation de Louis.

Ce serait une erreur grossière de croire que Louis fut seulement un architecte habile. Sans parler ici de toutes les connaissances accessoires qui rentrent dans cet art et que devrait toujours posséder celui qui veut dignement l'exercer, il faut encore accorder à Louis le talent d'avoir su écrire et surtout d'avoir su rendre clairement sa pensée. Il suffirait, peut-être, pour s'en convaincre, de lire le discours préliminaire qu'il a placé à la tête de son recueil des plans du théâtre, si d'ailleurs une grande quantité de mémoires, de correspondances, etc., etc., émanés de lui, ne nous donnaient une juste idée de son instruction et de sa facilité. Peu d'architectes ont produit autant de projets; bien moins encore, en ont conçu de plus riches ou de plus grandioses. Une partie de son portefeuille est devenue la propriété de la mairie de Bordeaux ; une autre partie a été vendue à Paris, et plusieurs de ses productions doivent aussi se rencontrer dans les mains de quelques curieux. Mais de quelque façon qu'on envisage ce qui nous reste de lui, on y retrouvera toujours le faire d'un homme supérieur.

Soit qu'au milieu des grandeurs déchues de la Pologne, il veuille reconstituer la majesté du trône ou la tenue imposante des assemblées, soit que, pénétré plus vivement encore des grandes images du trépas, il fouille les nécropoles profanes ou chrétiennes et en exhume tout ce que l'art et la foi ont produit de plus touchant et de plus remarquable, il n'excelle pas moins dans toutes ces oppositions.

La salle des Nonces, avec sa somptueuse colonnade, ses frises admirables, son trône, ses statues de rois, sa coupole élevée, inspire à la fois l'étonnement et l'admiration. *Son projet de tombeau* révèle tout ce qui germait d'extraordinaire dans ce merveilleux cerveau.

Ses *projets de ponts, de restauration de divers édi-*

fices de la capitale, ainsi que de quelques églises, font concevoir, à la simple vue, la haute capacité qui a voulu en les traçant se jouer quelquefois des difficultés. Il n'est pas jusqu'à ses salons Pompadour, ses cheminées, ses plafonds, ses frises, ces panneaux où se jouent, au milieu des fleurs et des fruits les cupidons, les satyres, les nymphes, auxquels le peintre et le sculpteur doivent ensuite prêter la vie, il n'est pas jusqu'à ses moindres caprices jetés sur le papier, qui n'attachent le regard, n'appellent l'intérêt et ne décèlent le génie. (*Voir la Note* F.)

Au reste, Louis n'était étranger à aucun des beaux arts : ou il les cultivait, ou il les voyait cultiver chez lui. Mme Louis, excellente musicienne, était en même temps compositeur; et nous citerons à ce sujet une anecdote que les papiers de l'époque nous ont conservée.

L'abbé de Voisenon, membre de l'Académie, avait fait un opéra-féerie intitulé : *Fleur d'Épine*. Il était fort lié avec la comtesse de Turpin, et l'avait instituée sa légataire universelle pour ses manuscrits et productions littéraires. Après sa mort, Mme de Turpin ayant trouvé cet opéra dans ses papiers, proposa à Mme Louis, épouse de l'architecte, d'en faire la musique. Le 23 août 1776, cette pièce fut jouée et obtint un grand succès. La musique surtout en fut fort applaudie.

Dans les *Petites-Affiches de la Cour* (1784), nous trouvons également l'annonce d'une pièce attribuée à M. Louis, de l'Académie royale d'architecture. Cette pièce est intitulée : *Le Prince dupé*.

Louis était intimement lié avec Grétry. Celui-ci l'emmena avec lui à Liége, où il était attendu. S'étant rendus le soir au théâtre, ils y furent fêtés tous deux par les musiciens et par le public qui prit part à cette ovation. Le lendemain, Louis reçut de la société d'Émulation de la même ville, une patente d'associé honoraire.

CHAPITRE VI.

Place de la Comédie. — Reproches adressés à Louis. — Cet architecte n'est point à blâmer. — Comment on doit expliquer sa conduite dans cette occasion. — Projets divers pour la décoration de cette place. — L'animosité du corps de ville subsiste toujours contre Louis. — Projets divers pour le Château-Trompette. — Concession faite à Louis, puis à Montmirail. — Révocation de cette dernière. — Réclamations de Louis repoussées. — Sa correspondance. — Date vraisemblable de sa mort.

On a longtemps critiqué et l'on critique encore de nos jours, l'exiguité et le manque de profondeur de la place du Théâtre. On a accusé de ce défaut l'impéritie ou l'imprévoyance de l'architecte. C'est à nous de le défendre de ce reproche en répondant par des faits. Lorsque Louis construisit la salle de spectacle, il savait parfaitement que la ville ne pouvait disposer que d'une surface de 4,830 toises carrées, dont le théâtre ne devait occuper qu'une partie, l'excédant devant être vendu pour couvrir les frais de l'entreprise. Louis avait déjà calculé l'étendue qu'il voulait donner à son monument, savoir, 265 pieds de long (44 toises 1 pied) sur 140 de large (23 toises 2 pieds). Il lui restait à déterminer le point précis où serait jetée la façade de son théâtre, car il aurait pu la reculer en donnant plus de profondeur à la place; mais alors, il diminuait forcément la superficie des terrains à vendre et s'exposait à des reproches d'autant plus fondés qu'il s'attaquait aux finances de la ville, qui n'étaient déjà que trop épuisées. Il y avait d'ailleurs un second motif qui dut le déterminer à agir comme il l'a fait : Louis voyait déjà en perspective la distribution des terrains du Château-Trompette, de la vente duquel on s'entretenait alors. Il voulait, si le plan qu'il avait composé pour le château était adopté, que son théâtre ne se trouvât pas trop en recul et du cours de Vergennes qui devait aboutir de la place de la Comédie au cours du Jardin-Public, des allées de Tourny et de la rue Sainte-Catherine.

Les terrains à vendre et concédés par l'État ne pouvaient s'étendre au delà de la grille du Chapeau-Rouge, suffisant motif pour ne pas empiéter sur cette étendue ainsi limitée. Le théâtre devait se rencontrer au point de jonction des ouvertures des cours, promenades, rues qui débouchaient sur la place ; plus en recul, il eût été en partie caché par le massif des maisons qui devaient s'élever, d'après les plans de Louis, entre la quatrième rue et le cours de Vergennes, de façon qu'un spectateur, arrivant sur ce cours ou sur celui de Tourny, n'eût aperçu le théâtre qu'en ligne diagonale.

Restait un dernier moyen de donner à la place plus de profondeur : c'était de soumettre au recul toutes les masures qui se trouvaient faire face au théâtre et formaient le fond de la place ; mais ici se présentait encore un inconvénient insurmontable. Les propriétaires de ces masures, connaissant toute la valeur que le voisinage de la nouvelle salle allait communiquer à leurs immeubles, n'eussent pas manqué de réclamer de très-fortes indemnités, ce qui ne pouvait s'accorder avec l'épuisement des finances municipales.

Le raccordement de la place à la ligne de la rue Sainte-Catherine et des maisons des allées de Tourny ne permettait pas, d'ailleurs, l'emploi d'un semblable moyen.

Louis, comme on le voit, avait tout à combattre, et les obstacles que nous venons de signaler l'empêchèrent d'agir autrement qu'il ne l'a fait. Voyons, maintenant, les rivalités qu'il eut à combattre.

Trois projets concoururent pour la décoration de la place : 1° celui de Louis; 2° celui de Lhote, architecte de la voierie; 3° celui de Bonfin, architecte de la ville.

« Projet de Louis.

» Ce plan fixe la place à 22 toises 4 pieds 6 pouces parallèlement à la façade du péristyle de la salle de spectacle. Quoique cet alignement fût saillant de 4 pieds 8 pouces pour l'angle des maisons de Tourny joignant la rue Mautrec, Louis répétait l'obliquité de cet angle par un pan coupé, de 51 pieds, à l'encoignure du cours de l'Intendance.

» Les arcades du soubassement de sa décoration avaient sept pieds et demi de large; ses constructions étaient uniformes, et chacune des maisons formant la place bâtie dans le goût de celle du comte de Rolly, que Louis éleva ensuite à l'angle de la rue Mautrec (maison Pagès, aujourd'hui café de Bordeaux.)

Projet de Lhote.

» Ce projet fixe aussi la place à 22 toises 4 pieds 6 pouces, et termine sa façade aux deux bouts, par des pans coupés de 8 pieds.

» Sa décoration offrait, pour notable inconvénient, des œils-de-bœuf éclairant les entresols.

Projet de Bonfin.

» Cet architecte regardait l'angle des maisons de Tourny, au coin de la rue Mautrec, comme le point auquel il fallait se raccorder, et dont la distance parallèlement mise à la colonnade du péristyle, devait faire l'alignement du fond de la place, au devant de la nouvelle salle de spectacle.

» Pour éviter à sa décoration l'inconvénient résultant, pour les arcades, de l'inégalité de largeur des maisons comprises dans la façade, l'architecte imagina de donner pour débouché à la rue Mautrec, une porte de 11 pieds et demi de large sur 16 de hauteur ; laquelle porte se trouvait répétée à l'autre extrémité, du côté de la rue de l'Intendance, et prises, chacune, dans un avant-corps en pavillons qui devaient flanquer et terminer la décoration à chaque bout.

» A l'extrémité de la porte figurée à l'angle de la place et de la rue de l'Intendance, se trouvait un pan coupé de 30 pieds.

» La décoration présentait alternativement de

grandes et petites arcades; les grandes ayant 8 pieds de large et les petites 5. »

Ces trois plans furent envoyés par les jurats au ministre Bertin, qui chargea Soufflot de lui en dire son avis. Les jurats n'avaient point manqué d'accompagner ce plan d'un mémoire fait par eux, et dans lequel ils s'efforçaient d'apprécier à leur point de vue le mérite des trois projets, plaçant, bien entendu, celui de Bonfin au-dessus des deux autres. Quelques réflexions intercalées dans ce mémoire, et qui prouvent la haine vivace que ces officiers municipaux conservaient encore pour Louis, nous ont paru mériter d'être reproduites.

« Cet architecte (disent-ils en parlant de Louis) doit bâtir la maison à l'angle, sur la rue Mautrec, dont la position, suivant l'alignement ci-contre, ne doit changer que de quelques pouces.

» Il n'y a point de symétrie entre le pan coupé de la rue de l'Intendance et l'obliquité des maisons de Tourny, sur la façade projetée : l'alignement donné s'y oppose, le pan coupé sur la rue de l'Intendance ne rend point exactement la même ouverture d'angle que les maisons de Tourny, et la rue Mautrec intercepte toute espèce de rapport et de liaison. Les arcades du soubassement sont étroites ; elles n'ont que 7 pieds de large, et il en faut davantage pour le passage d'une voiture.

» Avant de jeter les fondements de la salle de spectacle, on n'a point fait arrêter un plan général de tous les alentours. Il eût été à désirer qu'on eût rempli ce préalable. La place qui est au devant de ce grand édifice serait beaucoup plus spacieuse qu'elle ne pourra l'être, et on n'aurait pas le regret de l'avoir manquée, si le maire et les jurats eussent conservé sur les ouvrages relatifs à la salle, toute l'influence qu'ils auraient dû avoir. »

Cette attaque des jurats était d'autant plus déloyale, que nous avons démontré l'antériorité du plan de l'architecte Lhote sur le plan de Louis; l'approbation qu'y donnèrent les jurats dont M. Darche devint l'interprète. Le silence gardé jusque-là par ces mêmes jurats qui n'eussent pas manqué de mêler ce reproche tardif aux plaintes qu'ils avaient adressées autrefois contre Louis, si véritablement cet architecte leur avait paru coupable d'un semblable oubli. Nous avons de même vu que l'architecte Lhote, dans son projet de théâtre, se proposait de donner à la place une forme circulaire, quelque difficulté que présentât cette forme, à cause du raccordement de la rue Sainte-Catherine aux angles des rues Mautrec et de l'Intendance. Pourquoi donc les jurats ne citent-ils point dans leur mémoire le projet de cet architecte, et l'approbation qu'ils y avaient donnée? Ils se bornent à vanter le projet de Bonfin, et répondent à ceux qui le trouvaient disgracieux, que toutes nos places publiques avaient des vices semblables; que la place Royale, la place Bourgogne, les faubourgs des Chartrons offraient de semblables issues; que la rue Mautrec n'était qu'un ignoble trou, et que la porte que l'on projetait d'y élever en cacherait la saleté et l'aspect repoussant. Pendant ce débat, l'avocat que la ville entretenait auprès du Conseil, sollicitait Soufflot et lui faisait envisager le projet de Bonfin comme ayant déjà l'approbation de toute la ville. Soufflot, dont nous ne voulons pas attaquer la droiture et le talent, mais qui n'avait peut-être pas oublié la rivalité de Louis, se prononça dans le sens des jurats. Ceux-ci triomphaient déjà, lorsqu'un nouvel incident vint compliquer la question, ou plutôt y donner une solution toute contraire. Le comte de Rolly, fatigué d'attendre une permission de faire construire, qu'il avait depuis longtemps sollicitée des jurats, venait tout récemment de s'adresser aux trésoriers de France. Il réussit dans sa démarche, et Louis, chargé d'élever le nouveau bâtiment, se mit aussitôt à l'œuvre. Un conflit d'attributions s'élève entre les jurats et les trésoriers : les premiers soutiennent que les seconds n'ont pu agir sans eux, et que leur permission est nulle. Les trésoriers écrivent en Cour, et joignent à leur requête une réclamation signée de tous les voisins ou habitants des rues Mautrec, de l'Intendance, de Tourny, qui demandent la continuation des travaux et leur prompt achèvement par *l'architecte de la Comédie;* et le ministre, fatigué de tous ces débats, garde le silence, et laisse à Louis le temps de terminer la construction commencée. Ici se termine ce que nous avions à dire sur la place du Grand-Théâtre. Notre but a été seulement de prouver que Louis ne peut être responsable du manque de profondeur qu'on reproche à la perspective de son monument.

Avant de parler de l'entreprise du Château-Trompette et des nouvelles déceptions que devait y rencontrer Louis, nous devons mentionner les travaux remarquables auxquels cet architecte prit part dans notre cité, et les demeures élégantes qu'il y éleva. Il faut d'abord placer en tête :

L'hôtel Saige (aujourd'hui la Préfecture);

L'hôtel du comte de Rolly, place du Théâtre et rue Mautrec;

L'hôtel Nairac, près le Jardin-Public;

La maison Fonfrède, à l'angle de la place Richelieu et du Chapeau-Rouge;

La maison de M. Legris, trésorier de France, dans la rue Esprit-des-Lois;

Maison de M. Saige, rue Esprit-des-Lois;

Maison à M. Lamolère, conseiller au Parlement, angle de la rue Esprit-des-Lois et de la place Richelieu;

La nouvelle grille du Chapeau-Rouge.

Nous ne devons pas oublier encore le redressement de la rue de l'Intendance à la Bourse.

On nous pardonnera d'abandonner un moment notre Grand-Théâtre, afin de suivre Louis dans une dernière entreprise qui causa sa ruine, et qui est trop intimement liée à l'histoire de ce célèbre architecte pour que nos lecteurs ne s'y intéressent pas.

Château-Trompette.

Le Château-Trompette, cette vieille médaille de nos discordes civiles, était regardé, vers la fin du

XVIIIe siècle, comme un non-sens. Insuffisant pour la défense et sans utilité reconnue, il était devenu le point de mire des faiseurs de projets et des aventuriers de la finance. Dès l'année 1784, plusieurs architectes qui avaient entendu parler de l'aliénation de cette forteresse, et de la démolition probable qui en serait la suite, avaient, stimulés par des capitalistes, tracé des projets de distribution de ces terrains. Louis fut un des premiers sur la brèche, et son plan longuement mûri, largement tracé et renfermant, comme toutes ses productions, des beautés de premier ordre, passa bientôt sous les yeux du ministre Calonne.

Un concurrent vint lui disputer la palme. Ce fut encore l'architecte Lhote. Les autres rivaux de Louis n'osèrent se mêler à la lutte, et le laissèrent en présence de son ancien adversaire. Les deux plans furent soumis à un concours préalable (1783, 1784), et Louis l'emporta de nouveau. Donnons quelques détails sur la disposition des deux projets et sur ce qui précéda le résultat du concours.

« *Projet de Louis.*

» Ce projet consistait à établir, sur partie de cet emplacement, une place publique qui devait être dédiée au Roi, et formant un demi-cercle du diamètre de 900 pieds et de la profondeur de 450.

» Au pourtour de la place devaient être construites des façades uniformes, élevées de deux étages, avec attique au-dessus, ornées et décorées d'un ordre d'architecture composite. La place devait être percée de treize rues de 54 pieds de largeur chacune, formant treize rayons dirigés sur son centre; lesquelles rues devaient être réunies et liées aux façades de la place, et s'y ouvrir par treize arcs de triomphe. D'autres rues transversales et de communication devaient être ouvertes au milieu des terrains, et tout le surplus était destiné à être couvert de constructions au moyen desquelles le quartier des Chartrons devenait le plus beau et le mieux habité de la ville de Bordeaux.

» Au centre de la place s'élevait une colonne ludovise de 180 pieds de hauteur sur 15 pieds de diamètre, qui devait supporter la statue pédestre du Roi. Le piédestal devait être orné de bas-reliefs où seraient représentées les principales actions de son règne; le tout de la composition de Louis.

» Projet de Lhote.

» Cet architecte crut donner plus d'importance à son plan en donnant plus d'étendue à sa place, au détriment du terrain nécessaire à la construction des maisons. La place devait représenter un carré-long très-profond. Les maisons établies sur deux lignes parallèles offraient une suite de masses égales, à peu près dans le style des constructions de notre place Royale.

» Au centre de la place, Lhote avait supposé un bas-fond avec jardin et pièce d'eau, et de loin en loin des massifs d'arbres en quinconces, qui étaient, dit la critique de l'époque, plus propres à un jardin qu'à une place publique. On lui reprochait encore d'avoir divisé ses massifs de maisons par trop de rues, qui, en rompant la symétrie, en faisaient autant de masses isolées, et d'avoir donné une telle profondeur à sa place, que, d'après les lois de l'optique, il eût fallu donner au moins 90 pieds d'élévation aux constructions à établir ; de n'avoir tenu aucun compte de l'humidité qui règne à Bordeaux une grande partie de l'année, en établissant un jardin et une pièce d'eau en contre-bas de la place, ce qui devait en faire un cloaque à de certaines époques.

» Et enfin, en élargissant l'ouverture de la place du côté de la rivière, d'enlever par là un grand nombre de croisées des façades sur le quai. »

Tandis que les plans envoyés au concours étaient encore soumis à l'approbation des hommes de l'art nommés par le ministre, l'architecte Lhote s'était transporté à Paris, afin de se rapprocher du théâtre de la lutte, et de ne rien épargner d'ailleurs de ce qui pouvait le servir. Sa sœur Constance Lhote, restée à Bordeaux, l'instruisait à chaque courrier de l'effet produit dans notre ville par les diverses nouvelles colportées de la capitale. Nous extrayons d'une partie de sa correspondance tombée entre nos mains, quelques détails qui prouveront toute l'importance qu'attachait Lhote au succès de cette affaire.

« Bordeaux, 23 septembre 1784.

» Mon cher ami,

» Les propos que l'on tient à Bordeaux, sont partagés; l'un assure que vous êtes toujours à la tête de ce projet, comme pour moitié; l'autre ne parle que de M. Louis; mais l'on prétend que l'exécution de son plan souffrira quelque difficulté, et que l'on ne laissera point prendre Tourny sans se défendre.

» M. Rauzan était venu me voir plusieurs fois pour savoir la décision de cette affaire. Le jour où j'ai reçu la mauvaise nouvelle, je lui en ai fait part, et il a paru très-sensible au mauvais choix; mais il est persuadé que vous êtes pour quelque chose dans l'affaire et que vous devez être dédommagé......

» M. Louis a écrit ici et a mandé que ce qui avait été la cause que votre plan n'avait pas été agréé du Roi, c'est que vous mettiez des maisons dans les fossés du Château. C'est un ami de M. Labottière qui a vu la lettre et qui rit de cette bêtise. Il m'a assuré que tout le monde était fâché que ce ne fût pas votre plan qui eût lieu.

» Je ne peux pas me souvenir qui m'a dit que vous feriez bien de faire réussir votre projet de rue Sainte-Catherine, et que plusieurs personnes qui ont des fonds à placer les mettraient là, n'ayant pas surtout de confiance dans M. Louis; que sûrement vous vous dédommageriez (1).................

(1) Il s'agissait de l'alignement de la rue Sainte-Catherine, que Lhote, à la tête d'une compagnie, avait proposé de rectifier.

» Je vous avoue que depuis le plus petit jusqu'au plus grand, il n'y a qu'une voix sur votre compte. Je vous l'avoue, mon amour-propre est bien flatté ; du moins si vous n'avez pas réussi, tout le monde en est aussi fâché que vous ; c'est une consolation. »

« Ce 28 septembre 1784.

» Eh bien ! cher ami, notre sort est-il décidé ? le Roi a-t-il trouvé votre plan beau ? vos désirs sont-ils satisfaits ? le malheur ne vous a-t-il pas poursuivi ? M. Louis ne l'aurait-il pas emporté ? Que je crains, je ne sais pourquoi cet ennemi ! Je vous l'avoue, je suis dans la plus grande inquiétude. . . . .

» M. Labottière est venu samedi en me demandant si j'avais reçu des nouvelles ; il m'a dit avoir vu M. Cabarrus, qui lui avait montré une lettre par laquelle on lui mande que le plan devait être présenté au Roi ; que M. Louis, malgré qu'il eût part au gâteau, voulait absolument que son plan eût lieu ; mais que l'on espérait que le vôtre aurait la préférence ; que le sien n'avait pas le sens commun ! »

« 17 novembre 1784.

» . . . . Voilà donc cette affaire terminée, et M. Louis est vainqueur. Ah ! cher ami, il y a longtemps que j'ai craint ce rival ! Mais ce qui me console, c'est que vous prenez votre parti. J'avoue que j'étais dans une grande inquiétude quand j'ai reçu de vos nouvelles, craignant que vous ne soyez malade. D'après la certitude que j'avais que je devais recevoir de vos nouvelles le samedi, et n'en recevant pas, je m'étais persuadée que vous étiez hors d'état d'écrire, et la joie de recevoir la certitude de votre bonne santé m'a fait supporter ce coup avec plus de courage..... Je prends mon parti comme vous. L'espoir que vous me donnez m'aide beaucoup à le prendre. Et soyez tranquille, telle peine que j'en aie, il n'en paraîtra rien, et les Bordelais ne pourront pas juger sur la mine de la peine intérieure, et je suivrai à la lettre vos conseils.

» M. Louis a déjà écrit sa victoire, et l'on ne parle que de cela. Mais ma réponse est que tous les jours deux personnes courent à la victoire, mais que le plus heureux l'emporte ; que cela arrive tous les jours ; et je tâche d'avoir l'air plus gai qu'à l'ordinaire, sans affectation.

» Constance Lhote. »

Ces quelques lignes nous font connaître tous les petits moyens, les sourdes intrigues qu'on dut employer pour supplanter Louis.

Son projet avait été adopté, ainsi que nous l'avons dit, mais ce ne fut qu'au mois d'août 1785 (15 août) que parurent les lettres-patentes qui concédaient au sieur Mangin de Montmirail le Château-Trompette et ses dépendances, à la charge par lui d'en opérer la démolition, de faire ensuite exécuter, à ses frais, les façades de la place ; celles des deux parties latérales, conformément au plan de Louis, et, enfin, de pourvoir au remplacement des logements de la garnison *actuellement établie dans le Château-Trom-*

pette. Il était dit que le sieur de Montmirail serait tenu de faire construire des casernes et autres établissements militaires, soit au fort du Hâ, soit en tel autre emplacement qui serait jugé convenable. Tous ces ouvrages devant être exécutés sous la conduite et inspection du sieur Louis, architecte, commis à cet effet.

Le sieur de Montmirail, qui est qualifié dans cette transaction de grand audiencier de France et de conseiller à la Cour des Aides de Paris, offrit ensuite de se rendre adjudicataire des matériaux de démolition du dit Château, moyennant la somme de 7,400,000 livres, qu'il porta, trois mois après, à 7,500,000 livres. En conséquence de cette proposition, survinrent deux arrêts du Conseil, du 15 août et du 14 décembre 1785, qui, tout en acceptant les offres du sieur de Montmirail, lui imposent les conditions suivantes :

1° Que, sur les 7 millions 500,000 liv., la somme de 500,000 liv. serait affectée à la construction des nouvelles casernes et établissements militaires qui devaient être faits au fort du Hâ, et payée entre les mains du trésorier en exercice, et les 7 millions de surplus versés au trésor royal, entre les mains du garde en exercice en quatre années, savoir :

Le 30 décembre 1787................	2,000,000 liv.
Le 30 décembre 1788................	1,600,000 »
Le 30 décembre 1789................	1,700,000 »
Le 30 décembre 1790................	1,700,000 »
TOTAL............	7,000,000 liv.

Avant de poursuivre, et afin de bien comprendre la cause du procès et de la ruine de Louis, il est bon de reprendre les faits d'un peu plus haut et de relater la part que cet architecte dut prendre aux actes qui précédèrent et suivirent plus tard la concession faite à Montmirail.

Le ministre de Calonne, charmé de l'ensemble et des détails du plan de Louis, l'autorisa à choisir lui-même une compagnie qui pût se charger de son exécution.

Louis proposa le sieur Reboul au ministre des finances, et le nom du sieur Reboul fut désigné dans le *bon* du Roi pour cette concession, à charge des conditions qui seraient réglées.

Le sieur Reboul, muni de ce *bon,* donna sa confiance au sieur de Montmirail, que sa fortune apparente et son état faisaient regarder comme un bailleur de fonds et un associé solide. Louis, uniquement occupé de la partie de son art, se livra à l'impulsion du sieur Reboul pour adopter le sieur Montmirail, et alors ils firent un acte de société, expédié triple en brevet chez Bancal-Desissarts, notaire, le 27 février 1785, et depuis modifié par l'effet des conventions ultérieures.

L'objet principal de cet acte de société était de régler que le sieur Reboul serait tenu de faire une moitié des fonds et le sieur de Montmirail l'autre ; que le sieur Louis, créateur de l'affaire, concessionnaire réel, auteur des plans, chargé de leur exécution, de la surveillance générale, ne fournirait point de fonds, et que néanmoins les produits et les résultats seraient partagés également et par tiers entre les sieurs Louis, Reboul et Montmirail.

Bientôt, Reboul prétendit n'avoir pu, malgré toutes ses démarches, se procurer les fonds qu'il devait fournir, et il en prit occasion de faire désirer sa renonciation pour la mettre à prix. Montmirail mit de l'empressement à l'obtenir, et Louis, à qui cette négociation particulière paraissait indifférente, puisque ses droits restaient dans leur entier, n'y apporta aucun empêchement. Il fut donc réglé par un acte que le sieur de Montmirail abandonnerait au sieur Reboul une somme de 20,000 liv. qu'il avait remise entre ses mains; qu'il lui paierait une rente viagère de 10,000 liv.; et qu'au moyen de ce, le sieur de Montmirail réunirait à la portion d'intérêt, dans l'affaire du Château-Trompette, celle qu'avait le sieur Reboul.

A la suite de la retraite de celui-ci, il y eut un nouvel arrangement entre le sieur de Montmirail et le sieur Louis, et il fut convenu entre eux que l'intérêt du sieur Louis serait évalué à une certaine portion de terrain. Ainsi, le sieur de Montmirail resta seul maître de la spéculation. Louis prit le soin de faire rédiger par acte authentique les conventions qui devaient régler définitivement la portion à laquelle il restreignait son intérêt dans la spéculation.

Montmirail s'associa alors au sieur Gaudran. Dans l'acte passé entre eux le 14 décembre 1785, on fixe à la somme de 100,000 liv. les honoraires de Louis pour ses plans, et, de plus, 3,869 toises de terrain du Château-Trompette *pour le remplir* (est-il dit), *tant de ce qu'il aurait droit de prétendre pour ses services passés, présents et futurs que de ce qui pourrait lui revenir et appartenir en vertu du dit acte dans les bénéfices et produits de la concession, quels qu'ils puissent être.*

Trois conditions furent cependant apposées à ce traité. Par la première, les sieurs Montmirail et Gaudran se réservent la faculté de rentrer dans les trois portions dont il s'agit à titre de réméré, en payant au sieur Louis, comme forfait, la somme de 900,000 livres. La durée de l'exercice du réméré fut limitée à trois mois à partir de la date de la réception des ouvrages. Par la seconde, les trois portions de terrain restent affectées à l'exécution des engagements de Louis. Par la troisième, enfin, outre la clause du réméré, les sieurs Montmirail et Gaudran se réservent le droit de vendre ces trois portions eux-mêmes, pourvu que le prix ne soit pas moindre que les 900,000 liv. que ces terrains représentent; et, en tous cas, ils se soumettent à laisser, pour servir de sûreté à Louis, le montant de cette vente entre les mains des acquéreurs, et enfin, par un dernier acte du 25 octobre 1786, les sieurs Montmirail et Gaudran déterminèrent Louis à consentir que cette somme de 900,000 liv. fût réduite à 800,000 liv. seulement. Ils parvinrent également à lui faire donner quittance des 100,000 liv. convenues avec lui par l'acte du 14 décembre (1).

Louis entreprit les premiers travaux de démolition au commencement de janvier 1786; mais les mêmes haines qui l'avaient poursuivi durant l'érection du Grand-Théâtre et de la place, se réveillèrent alors plus fortes et plus vivaces.

La Cour des Aides, on se le rappelle, avait déjà fait paraître des protestations contre les dépenses occasionnées par le Grand-Théâtre. Elle fit paraître, le 8 avril 1786, de nouvelles remontrances contre la démolition du château et les projets de Louis.

« Sire, dit-elle, la Cour des Aides croirait manquer à un de ses devoirs les plus essentiels si elle ne dévoilait à Sa Majesté la surprise qui lui a été faite en l'engageant à autoriser par ses dites lettres-patentes (août 1785) un projet conçu par l'intérêt particulier déguisé sous les apparences de l'intérêt public . . . .

» Il paraît que les auteurs de ce projet l'ont présenté au monarque comme l'objet du vœu des habitants de Bordeaux, quoique leurs désirs fussent contraires ;

» Que c'est évidemment dans la vue d'empêcher que leurs vrais sentiments ne fussent connus de Sa Majesté que les auteurs du projet ont obtenu les dites

---

(1) Voyez *Précis pour le sieur Louis, architecte du duc d'Orléans, contre le sieur Gaudran et le contrôleur d'État du Conseil;* Paris, Nyon, imprimeur, 1790.

lettres-patentes, sans convocation préalable de l'assemblée des Cent-Trente. . . . .

» Qu'en comparant l'annonce faite dans le plan annexé aux lettres-patentes, de l'érection d'une colonne ludovise de 180 pieds d'élévation, avec le défaut d'énonciation parmi les engagements du cessionnaire d'ériger ce monument à ses frais, on est porté à croire qu'il a voulu se ménager les moyens d'éluder un jour l'accomplissement d'une offre dont il se fait honneur aujourd'hui . . . .

» Que si les habitants de Bordeaux avaient été préalablement consultés, ils auraient représenté que, si jamais il s'élevait une nouvelle ville sur les vastes terrains accensés, la valeur que pourraient acquérir ces nouveaux quartiers ferait déchoir d'autant la valeur de ceux de l'ancienne ville . . . .

» Qu'en favorisant aujourd'hui l'accroissement excessif de cette ville, ce serait provoquer une nouvelle dépopulation rurale, consommer la ruine des propriétaires fonciers, tarir la source des denrées territoriales, et diminuer, par une suite nécessaire, le produit légitime des impôts. . . . .

» A arrêté en outre, la dite Cour, que, sous le bon plaisir de Sa Majesté, et jusqu'à ce qu'elle ait fait connaître à sa dite Cour ses intentions ultérieures, il sera sursis à l'enregistrement des dites lettres-patentes, etc., etc., etc. »

Tandis que la Cour des Aides lançait ainsi son réquisitoire contre Louis, et que cet architecte, absorbé par la multiplication des détails, se livrait avec ardeur à la réalisation de son rêve chéri, ses deux associés, Montmirail et Gaudran, allaient, soit maladresse ou mauvaise foi, compromettre irréparablement l'avenir de cette entreprise.

En effet, par acte du 6 octobre 1786, les sieurs Montmirail et Gaudran reconnurent avoir emprunté du sieur Marie-Joseph Regnier, conseiller en la Cour des Aides de Paris, la somme de 7 millions 500,000 livres en *espèces sonnantes d'or et d'argent ayant cours*, pour être employée en entier au paiement de la dette contractée envers le Trésor. Le sieur Regnier fut donc ainsi subrogé aux droits du Roi.

Cette somme de 7 millions 500,000 livres fut portée le lendemain 7 octobre, au trésor royal, par les sieurs Montmirail et Gaudran, assistés de deux notaires au Châtelet de Paris, qui en constatèrent le versement par un procès-verbal du même jour.

Le sieur Savalette de Lange, garde du trésor royal, reçut cette somme et en donna quittance; elle est datée du même moment que le procès-verbal du notaire, et a figuré au procès.

Cette quittance fut enregistrée le 11 octobre au contrôle général, et se trouve signée de Calonne.

Bientôt le sieur Regnier se substitue divers *créanciers subrogés*, qui tous se trouvent avoir en gage la possession de l'avenir de l'entreprise. Il semble que, dès lors, les fonds étant faits, la position régularisée, les obligations bien comprises, tout devait marcher avec rapidité vers un but identique; mais loin de là: un obstacle, qu'on ne pouvait ni prévoir ni renverser, rendit infructueuse la bonne volonté de l'architecte, et donna naissance aux empêchements plus sérieux qui surgirent ensuite et ruinèrent tous les projets. Un ordre du ministre de la guerre, qui refusait d'approuver les opérations relatives au déplacement des troupes casernées au Château-Trompette, vint tout à coup arrêter les travaux.

Près de trois ans s'écoulèrent sans que le ministre parût vouloir approuver les plans des nouvelles casernes ; et lorsqu'enfin il céda aux vives réclamations des intéressés, les esprits, déjà frappés de l'imminence d'une crise gouvernementale, avaient perdu la plus grande partie de leur confiance dans l'entreprise ; et prêteurs et acquéreurs, redoutant d'autres déceptions, se pressèrent autour de Montmirail et lui demandèrent de nouvelles garanties. Les jurats mirent encore à profit ce moment d'hésitation. Le ministre Calonne était tombé, et le mépris public, qui faisait justice des opérations de ce haut fonctionnaire, enhardit les jurats à recommencer leur système d'attaque contre Louis et ses co-associés. Ils adressèrent une supplique dans ce sens au nouveau ministre, M. de Brienne.

Après avoir, dans cet écrit, protesté contre la vente du Château-Trompette consentie aux sieurs de Montmirail et consorts, et réclamé pour eux-mêmes la propriété de ces terrains, les jurats accusent M. de Calonne de les avoir trompés *par des raisons captieuses et par des vues de cupidité impossibles à prévoir.*

Un peu plus loin, les jurats disaient :

« On a commencé à démolir le château, et le sieur Montmirail, entrepreneur téméraire d'un projet dont il ne connaissait ni l'étendue ni l'inconséquence, vend ces matériaux ou les emploie à faire les fondements de la seule maison qu'on a osé tenter de bâtir.

. . . .

» Le sieur Montmirail, non content de la concession du terrain immense du Château, du glacis et de l'esplanade, limité, toisé dans les qualifications de la vente et sur les plans annexés ; sûr d'obtenir tout ce qu'il voudrait, s'est fait adjuger postérieurement, par un arrêt du Conseil, un terrain qui ne pouvait en aucune manière y être compris, qui est au devant de la porte Royale et de la grille du Chapeau-Rouge. Il sert à former la plus belle cale de la ville. . . . .

» Cette cale est indispensable pour le commerce ; c'est là que se chargent et se déchargent presque tous les navires venant des colonies, etc....

» Les réclamations sont déjà connues du Gouvernement. Elles ont commencé à faire connaître l'excès de l'injustice commise envers la ville, et en faveur de qui ? D'un particulier hors d'état de remplir pas un de ses engagements, pour qui nul citoyen ne peut avoir de la confiance, qui cherche en vain à en imposer par ses propos, et qui ne séduit personne. . . . . .

» Les débris de cette démolition ont arrêté l'écoulement des eaux des fossés à la rivière ; la stagnation répand déjà la putridité dans l'air ; la contagion multiplie les maladies et annonce la destruction ; des chaussées, élevées aux dépens des fonds voisins, préparent pour l'hiver des cloaques qui produiront les mêmes effets . . . .

» Et c'est ainsi qu'il fait de ces terrains un lieu de désordre et de libertinage, le repaire des malfaiteurs, un asile de sauvegarde contre la police. . . . .

» Quelle dégradation affreuse ! Quelle horreur dans le plus beau quartier de la ville ! Avec quelle douleur nous voyons que ce chaos, ce bouleversement ne fera qu'augmenter, que ce projet ne s'exécutera jamais; qu'il n'est pas possible qu'il s'exécute ; que l'ouvrage, à peine commencé, demeurera imparfait et impoursuivi pendant des siècles ! Et il n'est plus possible que ces terrains redeviennent ni esplanade, ni glacis. Tout est dévasté, tout est détruit (1) ! »

C'est à l'aide de ces amplifications mensongères que les jurats espéraient amener quelque conflit qui arrêterait ou du moins paralyserait les opérations. Les événements surgirent d'eux-mêmes, et ne servirent que trop bien leurs desseins.

Montmirail, pressé par ses créanciers, que toutes ces interruptions plongeaient dans l'inquiétude, et n'ayant pu réaliser lui-même les ventes des terrains

(1) Louis n'avait encore fait abattre que les deux bastions des deux angles donnant sur la rivière et tous les ouvrages avancés environnant le château, sans toucher à la clôture, et il avait alors jeté les fondements de l'une des façades, commencé à fouiller l'autre, et fondé en retour quelques-uns des arcs de triomphe destinés à former l'ouverture, sur la place, des treize rues qui devaient y aboutir. Les premières assises de quelques maisons étaient près de s'élever ou d'être terminées; de ce nombre étaient les maisons Gobineau, Desplan, Lussac.

à cause de la suspension forcée des travaux, prit le parti désespéré de convoquer tous les créanciers, et de leur faire l'abandon du Château-Trompette et de tous ses droits.

Ces créanciers formèrent une union au mois de juillet 1788. Ils traitèrent avec Louis l'architecte, auquel il fut vendu un terrain de 5,000 toises, à la charge par lui de construire les nouvelles casernes à ses frais.

Les travaux reprirent; mais au mois de janvier 1789, le contrôleur des *bons d'État*, excité par le sieur Gaudran, qui, ne faisant plus partie de l'association ne cessait de la déprimer, se pourvut au Conseil pour demander qu'il fût sursis à toutes opérations quelconques qui pourraient être faites en vertu de la concession du terrain du Château-Trompette.

Des propos, qui parurent d'abord calomnieux ou exagérés, se répandirent en même temps et finirent par prendre de la consistance en devenant des actes ministériels.

Il est faux, disait-on, que jamais le sieur de Montmirail ait versé un sol au trésor royal pour le prix des terrains et des matériaux du Château-Trompette.

Le prêt de 7 millions 500,000 livres par le sieur Regnier, et la numération d'espèces sonnantes dont fait mention la quittance du trésor royal, ne sont qu'imaginaires. Cette quittance et la déclaration en faveur du sieur Regnier n'avaient pour but que d'opérer un privilége pour lequel il n'a rien déboursé. Il n'a été réellement fourni par le sieur de Montmirail que des billets pour la somme de 7 millions 500,000 livres, billets qui, attendu la faillite de ce débiteur, ne présentent aucune ressource.

D'après le résumé de ces faits, le contrôleur des *bons d'État* conclut à la nullité de la quittance donnée par le garde du trésor royal, et à ce que le sieur de Montmirail fût tenu de payer les termes échus du prix de 7 millions 500,000 livres.

Le contrôleur des *bons d'État* poursuivant toujours l'affaire, obtint un arrêt du Conseil qui ordonne la communication de sa requête au sieur de Montmirail et fait défense de faire aucune démolition, disposer des matériaux et passer outre à aucune opération, vente et aliénation quelconques des terrains du Château, sinon en présence du contrôleur des bons de l'État. *(Mémoire pour le sieur de Montmirail; Paris 1790.)*

Les ouvriers furent, aussitôt après, expulsés, la démolition suspendue, tous les travaux arrêtés, et un procès, tout à la fois scandaleux pour le Gouvernement et ruineux pour les parties, s'engagea entre le contrôleur des bons de l'État joint à l'administrateur des Domaines, et les créanciers et acquéreurs (1).

Le 24 août 1790, survint un arrêt qui déclara « nuls et de nul effet la cession, abandon et accensement du terrain occupé par le Château-Trompette et

---

(1) L'administration des Domaines revendiquait le Château-Trompette comme faisant partie du domaine de la commune, dont il n'avait pu être séparé par une aliénation *faite sans formalités et à vil prix.*

ses dépendances, faits au sieur Montmirail par l'art. 7 des lettres-patentes du mois d'août 1785, comme faite sans qu'aucune formalité préalable ait été observée ni ordonnée, et à des conditions qu'aucune évaluation ne peut mettre en proportion avec le véritable prix du dit terrain, a ordonné et ordonne, en conséquence, que les dites lettres-patentes seront rapportées, etc. »

Cet arrêt, en annulant tous les faits antérieurs, établissait par là l'entière et pleine disponibilité de ce domaine, comme le remarque fort bien Louis dans la soumission qu'il présenta quelques jours plus tard : *Il est clair, dit-il, que le champ est redevenu libre aux spéculateurs, et que la soumission d'acquérir cet emplacement, si elle se rapproche de sa valeur, est dans le cas d'être agréée.*

Dans la soumission dont nous venons de parler, faite aux noms des sieurs Louis et Reboul, associés dans cette entreprise, notre architecte s'exprime ainsi :

« Jaloux de concilier et l'avantage des habitants de cette ville et celui qu'ils espèrent tirer de l'exécution de ce monument; persuadés qu'ils ne peuvent en adopter un qui les conduise plus sûrement à remplir ce double objet que la distribution du plan terrier tracé par le sieur Louis, ils commencent par se soumettre à suivre cette distribution. »

Louis, après ce préambule, demande : 1° que l'on rende un décret pour qu'il leur soit consenti une vente et aliénation, à titre perpétuel et irrévocable, du Château-Trompette et de ses dépendances; 2° que cette vente soit exempte de tous droits seigneuriaux ; 3° que le Gouvernement se chargeât d'indemniser les précédents acquéreurs qui auraient déjà bâti sur ces terrains ; 4° que tous les matériaux existants et résultant des démolitions faites ou à faire, ainsi que les fondements déjà jetés, soient compris dans la vente ; 5° que dans trois mois, le château sera évacué par la garnison qui l'occupe ; 6° que sous ces conditions, les deux associés portent le prix de la vente à 9,500,000 livres, payables comme suit :

» Les sept premières années sans rien payer ; un million à la fin de la huitième, et deux millions par chacune des quatre années suivantes. »

Louis termine ainsi la série de ses propositions :

« La grande expérience que les sieurs Reboul et Louis ont acquise dans ces sortes d'acquisitions, et l'intérêt personnel qu'ils doivent avoir à réaliser le plus tôt possible les jouissances qu'ils ont droit de s'en promettre, sont autant de moyens qui, en accélérant les reventes, opéreront infailliblement le rapprochement des époques du paiement, et cette considération, jointe à leur soumission de ne rien recevoir jusqu'à leur entière libération, doit faire apercevoir que les termes qu'ils demandent n'ont rien qui puisse jeter la défaveur sur leurs offres et sur les conditions dont ils les accompagnent. Ils ont eux-mêmes le plus grand intérêt à n'être point forcés de jouir de ces longueurs. »

Louis, comme on peut le croire, n'avait nullement trempé dans toutes les transactions plus ou moins occultes, plus ou moins indélicates qui avaient, dès le principe, compromis la sûreté de l'entreprise. Sa bonne foi était entière dans le choix de ses associés, et la justice que rendait à son caractère et à ses talents le Gouvernement qui le dépouillait prouve qu'il était plus malheureux que coupable, plus confiant qu'intéressé. Nous allons le suivre dans ses derniers efforts, ou plutôt dans ses dernières déceptions.

Sa formule de soumission fut remise par lui à la direction du comité des Domaines. Cette administration la renvoya à la municipalité de Bordeaux pour fournir ses observations. Or, Louis put, dès ce moment, pressentir la perte de ses espérances. En effet, la municipalité, qui, on se le rappelle, avait des prétentions sur la propriété du Château-Trompette, ne pouvait, dans l'intérêt de ses réclamations, donner un avis favorable à un projet quel qu'il fût, et bien moins encore à une proposition qui tendait à la dépouiller, et dont l'auteur était l'objet de son aversion. Dans cette occasion cependant, elle eut recours, avant de formuler son opinion, à un moyen bien assuré de la faire valoir : ce fut de transmettre la proposition et les offres de Louis à l'académie de peinture, sculpture et architecture civile et navale de Bordeaux.

On concevra tout ce qu'il y avait de méchant et d'injuste à vouloir s'étayer de l'avis de cette académie, quand on saura que l'architecte Lhote, cet éternel antagoniste de Louis, en était le président-directeur.

L'Académie épousa chaudement, comme on va le voir, le ressentiment des municipaux. Seulement, nous agirons en ceci comme nous l'avons fait précédemment, nous contentant, vu l'étendue de ses observations, d'en rapporter les passages les plus saillants :

« EXÉCUTION DU PLAN.

» Après en avoir exalté la beauté et les avantages, les soumissionnaires ne s'obligent purement et simplement qu'à suivre la distribution du plan terrier, et ne disent rien ni de l'exécution des façades sur le quai et la place, ni de l'érection des treize arcs de triomphe, ni de la construction du mur de quai au devant de la dite place, comme si les quatorze masses en pointes étroites et en forme de coin, coupées et divisées entre elles par les treize rues qui viennent aboutir au point de centre, ne présentaient pas un ensemble de petits dés, qui ne devient supportable à la vue que par l'espoir de les voir se lier entre elles par les treize arcs de triomphe projetés, lesquels ne doivent former du tout qu'une seule et même masse, et compléter par leur liaison un demi-cercle de décoration sans aucune ouverture ni interruption, liaison sans laquelle aucun artiste jaloux de sa réputation ne se permettrait d'avouer les dispositions d'un tel plan.

» Si l'engagement de construire ces treize arcs de triomphe tenant nécessairement à l'exécution du plan (objet d'une dépense d'environ 3 millions avec le mur de quai), est un oubli de la part des soumissionnaires, il est trop majeur pour qu'ils ne soient pas reçus à le relever et à articuler clairement leurs intentions à ce sujet. . . . .

» Il résulte de ces différentes considérations que la soumission communiquée à l'Académie lui a paru dérisoire et dénuée de tous les caractères nécessaires à de pareils actes; que sa contexture, que les omissions quant aux charges à prendre par les soumissionnaires, et que le paiement effectif qui n'y est pas offert en annuités consenties par des cautions de toute solidité, suffisent pour qu'elle doive être considérée comme invalide et incapable de produire aucun effet, ni même de pouvoir obtenir de priorité sur tout autre, même sur la soumission d'acquérir que pourrait faire à tout instant la municipalité, d'après l'estimation qu'elle a le droit d'en faire faire; acquisition qui doit lui devenir d'autant plus précieuse, qu'elle obtient par cela même la faculté de distribuer et disposer ce local de la manière la plus convenable au civisme dont elle a donné les plus grandes preuves, en consacrant à la gloire de la Révolution et à l'utilité publique telle place, tel monument qu'elle jugera convenable, et que, sur les bénéfices qu'elle a lieu d'espérer par les reventes, le seizième lui appartiendra, et que ce bénéfice augmentera encore par son heureux emploi la jouissance des citoyens particulièrement, et celle de tous les Français en général, dont la constitution nous a rendus frères. »

Cette sortie de l'Académie était accompagnée de la note suivante, qui lui servait de complément :

« La circonstance présente de la vente du château offre des avantages bien moins considérables qu'elle ne l'était en 1785. La concurrence établie entre la vente des biens nationaux qui est à même de se réaliser, et dont une partie majeure des terrains est située dans le voisinage de la forteresse, dans un quartier fait; les frais de construction qui ont augmenté de plus d'un tiers; ceux qu'il faudra faire nécessairement pour fonder tant de terrains aussi voisins de la rivière, tout concourt à diminuer aujourd'hui la valeur de cet emplacement immense. . . . .

» La construction d'un aussi grand nombre d'édifices particuliers ne serait-elle pas un malheur réel pour cette cité, puisque les anciens quartiers, dans une position moins heureuse, se dépeupleraient nécessairement, ce qui causerait la ruine d'un grand nombre de familles ?

» Il n'y a donc que la commune seule à qui une entreprise aussi importante puisse convenir. »

Telle fut, en substance, la réponse de l'Académie, délibérée le 15 décembre 1790, et signée : LHOTE, *directeur-président;* BATANCHON, *secrétaire.*

A chaque phrase, à chaque réflexion, à chaque interprétation, on s'aperçoit que c'est un adversaire qui parle, un adversaire qui juge, et qui, peu soucieux de fournir des armes contre lui-même, oublie qu'il a concouru pour ce même plan qu'il déclare aujourd'hui impraticable (1), qu'il a donné le dessin de maisons *aussi voisines de la rivière*, et qu'il n'en a pas alors exagéré la dépense; qu'il n'a pas craint, alors qu'il se proposait pour l'exécution, l'influence qu'une nouvelle ville exercerait sur l'ancienne, et qui, enfin, laisse trop apercevoir le besoin qu'il a de se rattacher aux intérêts de la commune et la passion haineuse et jalouse qui l'anime contre Louis, pour paraître impartial dans l'examen d'une semblable question.

La commune voulait être armée de toutes pièces. L'Académie venait de lui transmettre sa délibération. Elle fit assembler une commission composée de deux ingénieurs et six architectes, dont aucun, bien entendu, n'était intéressé dans l'œuvre de Louis. C'étaient : MM. Teulère, président; Combes, Darbelet, secrétaires; Lartigue, Sabarau, Corcelle, Roux, Chalifour, commissaires adjoints.

Si cette commission n'oublia pas que Louis se trouvait seul chargé de l'exécution de cette immense entreprise, elle n'oublia pas non plus les intérêts des membres qui la composaient.

Après avoir parlé de l'immoralité de la concession faite à Montmirail, de l'impossibilité où se trouverait

---

(1) En l'année 1787, il y eut dans notre ville une exposition de l'Académie des arts de Bordeaux, dans la galerie de l'hôtel de la Bourse. L'architecte Lhote y avait exposé son plan concernant le Château-Trompette. Il fut l'objet de la critique générale. (Voyez la brochure de vingt pages publiée à cette époque et à ce sujet, intitulée : *L'Amateur et le Négociant au Salon*, etc., etc.)

Louis de se procurer les capitaux nécessaires, du temps énorme qu'il mettrait à élever ces constructions, la commission conclut que les sieurs Louis et Reboul ne sont point recevables dans leur proposition, *et qu'il serait à désirer qu'il fût fait d'autres plans où l'on tâcherait de mieux ménager les intérêts des citoyens.*

La commission se rappelait la fable du chien qui porte le dîner de son maître ; plutôt que de céder cette entreprise à un autre, elle eût préféré se la partager.

Les observations que la municipalité présenta ensuite au comité d'aliénation des domaines (5 février 1791) ne justifièrent que trop ce que nous venons d'avancer. Ces observations, qui couvrent dix-huit pages, se divisent ainsi :

1º Examen de l'offre des sieurs Louis et Reboul ;

2º Nécessité de morceler cet emplacement et de l'aliéner par parcelles ;

3º Réclamation particulière de la commune de Bordeaux sur une grande partie de ces emplacements.

Dans la première partie, les officiers municipaux reproduisent les objections déjà émises par l'Académie et la commission, en ajoutant seulement que, « quant à la préférence que MM. Louis et Reboul sollicitaient à raison de la première acquisition qu'ils avaient faite de ce même local, la commune ne pensait pas que les traités passés avec le Gouvernement dans l'ancien régime pussent être envisagés comme des motifs de préférence en faveur des particuliers qui ont eu la faiblesse d'y souscrire ou de les solliciter. »

Dans la seconde partie, la commune trouvait que le capital nécessité pour une acquisition aussi vaste éloignerait les concurrents, et qu'il valait mieux diviser le terrain en petites parties, afin d'en obtenir une plus facile défaite.

Quant aux plans de la distribution des terrains, la commune trouvait l'idée de celui de Louis *fort belle, sans doute; mais tous les intérêts n'étaient pas également ménagés.*

En conséquence, la commune proposait, au Comité d'aliénation et à l'Assemblée nationale, un autre plan auquel elle croyait devoir donner la préférence : c'était celui du sieur Combes, architecte, *qui réunissait tous les avantages possibles.*

Enfin, dans la troisième partie de ses observations, la commune, après avoir énuméré tous les droits que la ville pouvait faire valoir sur la propriété du château, concluait qu'elle devait être remise en possession, à moins que le domaine ne préférât lui accorder en échange une indemnité équivalente. Réclamations et projets n'obtinrent aucun résultat.

La révolution qui s'était déjà faite dans les esprits se fit bientôt dans les choses. Il ne fallait plus songer à élever des monuments, puisqu'on s'occupait alors à les détruire. Le vent n'était pas aux grandes entreprises artistiques; dans un moment où les muses pouvaient passer pour aristocrates, il était prudent de garder le silence. Louis se tut et attendit. Les matériaux divers qu'il avait accumulés à ses frais, pour ses premières constructions, furent pillés, dispersés, et, jusqu'aux fondations, tout disparut. Le Château-Trompette, en partie démantelé, redevint une sorte de forteresse ou de prison, servant, tantôt de caserne aux troupes, et tantôt de lieu de dépôt pour des prêtres arrêtés et attendant la déportation.

Mais enfin le moment arriva où *le fort de la Révolution* put reprendre son premier nom, et fixer de nouveau l'attention. Dans la séance du 3 nivôse an IV, le conseil des Cinq-Cents, sur la proposition de Boudin, arrêta que le Château-Trompette et ses dépendances seraient mis à la disposition du Directoire exécutif, « qui serait libre de les faire vendre dans les
» formes prescrites par les lois sur l'aliénation des
» biens nationaux, soit en numéraire, soit en assi-
» gnats, de la manière qu'il jugerait la plus utile et
» la plus profitable à la République. Le produit en
» devait être versé à la trésorerie nationale. »

En l'an V (25 germinal), Trouillé fit, dans la même assemblée, un rapport sur le Château-Trompette. Il conclut à la vente immédiate de cette forteresse, en faisant droit toutefois aux réclamations des premiers acquéreurs qui auraient acheté en vertu des lettres-patentes du dernier roi. Ceux-ci devaient être maintenus dans la possession des terrains qu'ils avaient acquis, avec des indemnités pour le temps qu'ils en avaient été expropriés; de pareilles indemnités seraient accordées à ceux qui, sous la garantie de l'ancien Gouvernement, avaient commencé des travaux particuliers ou avancé des fonds pour subvenir aux frais des ouvrages publics; et vu l'injustice commise envers le premier concessionnaire, par la dépossession qu'il avait éprouvée, il conviendrait de lui accorder la préférence, en cas d'égalité de proposition entre lui et les autres soumissionnaires, afin de lui donner plus de facilité pour rentrer dans son ancienne propriété.

L'orateur, après avoir rappelé le concours de 1784, à l'occasion des plans de Lhote et de Louis, et la *juste préférence accordée à ce dernier*, ajoute : que les circonstances n'étant plus les mêmes, ces deux architectes ont dû modifier leurs plans; que le plan de Louis, en conservant l'ancienne distribution, a subi des changements dans la décoration extérieure; que celui de Lhote se trouvant établi sur les dispositions primitives des projets de Louis et n'en étant qu'une modification, il ne pouvait ravir à ce dernier le mérite de cette belle composition, ni le droit qu'il avait acquis d'en diriger l'exécution; que d'ailleurs le citoyen Lhote avait prévenu lui-même la Commission, *que son intention était de concourir seulement à la perfection de la chose, et nullement celle d'enlever au citoyen Louis le fruit de son travail et de son génie.*

Trouillé termine son rapport en exprimant le vœu de voir admettre, avec les modifications proposées, le plan de Louis, *dont l'aspect imposant est revêtu du caractère convenable aux monuments d'une grande nation.*

La proposition combattue par Labrouste fut renvoyée au 5 floréal, puis discutée et adoptée avec amendement, dans la séance du 13. Il y fut arrêté :

Que la forteresse et ses dépendances seraient vendues, et que, sur l'emplacement qu'elles occupaient, il serait érigé, dans le lieu le plus apparent, un monument consacré au triomphe des armées de la République et à la paix; les frais devant en être pris sur le produit de la vente.

Le plan d'élévation du monument et de ses accessoires serait arrêté par le Directoire exécutif, qui serait aussi chargé de la vente et des conditions. Ne devaient point être compris dans la dite vente les terrains acquis par contrats publics, du premier concessionnaire, avant l'arrêté du Conseil, du 24 août 1790, sauf à faire prononcer par les tribunaux sur les ventes qui pourraient être entachées de fraude, etc.

Comme il avait été fait des amendements à la proposition de Trouillé, le Conseil des Cinq-Cents voulant s'éclairer davantage, chargea le représentant Ysabeau, assisté de quatre autres membres, de lui préparer un nouveau rapport sur cette affaire.

Ysabeau lut son rapport dans la séance du 4 thermidor an V, et dans celle du 21 fructidor de la même année, où il fut approuvé.

Dans ce rapport sont rapportés les faits que nous connaissons déjà sur l'inutilité du Château, la vente faite à Montmirail, et la participation à cet acte de l'architecte Louis.

« Cette opération, dans son origine (dit Ysabeau),

fut véritablement honorable pour l'illustre architecte qui l'imagina, et pour les capitalistes qui y coopérèrent.

» Le citoyen Louis, aussi recommandable par ses qualités personnelles que par ses talents distingués, voulait ajouter à la gloire qu'il avait acquise par la construction de la salle de spectacle de Bordeaux, l'honneur d'unir les deux parties de cette brillante commune par un monument civique consacré à l'indépendance des Américains.

» Louis, dans un simple imprimé de huit pages, intitulé : *Nouvelles observations du citoyen Louis, architecte,* qu'il fit paraître alors, indiqua les changements qu'il avait fait subir à son plan. En conséquence, il avait rendu la place projetée infiniment plus spacieuse que dans son premier projet. Elle devait former un demi-cercle s'ouvrant sur le port par un diamètre de 200 toises. Du centre, on aperçoit d'un coup-d'œil quatorze rues qui, s'élevant en pente douce, viennent y aboutir. Ces rues n'interrompent pas les édifices qui entourent la place. Elles sont liées entre elles par quatorze portiques ou arcs de triomphe en mémoire des hauts-faits des quatorze années de la République. Les attiques des maisons seront ornées de trophées d'armes, et les arcs seront accompagnés de bas-reliefs destinés à éterniser nos victoires. Une riche balustrade couronnera toutes ces constructions, et, par un accord d'ornements réguliers, ajoutera encore à la grandeur de cette enceinte immense. Deux corps de bâtiments, en retour sur le quai, seront symétriquement liés à l'ensemble de l'intérieur de la place ; ils présenteront chacun treize croisées de face.

» Au milieu du diamètre sera érigée une colonne de 150 pieds, qui portera, sur son entablement, la figure colossale de *Minerve pacifique*. Cette colonne, placée en avant sur le quai, s'apercevra de tous les points du magnifique croissant que forme le port renommé de la ville de Bordeaux, depuis Lormont jusqu'à la Manufacture. . . . .

» Le quai, à l'endroit où seront élevés les corps de bâtiments qui termineraient le diamètre de la place, aura 30 toises de large. La chaussée qui bordera les maisons de l'enceinte, en aura 25. Trois portions circulaires de gazon, séparées par deux fontaines jaillissantes, entoureront à leur tour l'espace sablé du milieu de cette place. Ces espèces de boulingrins rempliront un espace de 180 toises de développement, sur 50 toises de large.

» Dans ses premiers dessins, le citoyen Louis avait pris deux espaces dans les terrains propres à bâtir, pour y placer deux marchés. En les laissant subsister dans le plan qu'il s'agit aujourd'hui d'examiner, on sent combien ils ajouteront à la valeur des emplacements à vendre.

Louis termine ainsi son petit exposé :

« Ce n'est que par des masses grandes et simples, tant dans le plan que dans les élévations, que la place de Bordeaux produira un effet soutenu dans les vastes espaces au milieu desquels elle doit être érigée.

L'union d'un tel principe avec une nation unique dans l'univers, en formera probablement le premier monument qui existe en ce genre, et il attestera à la postérité que, si la révolution française a enfanté des monstres dévastateurs, il a été aussi un temps où ils sont restés muets, et où le nouveau Gouvernement a su sentir et faire exécuter le projet d'une place digne d'une grande ville et d'une grande nation. »

Malheureusement pour Louis, les événements politiques qui se succédaient alors avec rapidité, la journée du 18 fructidor qui vint ébranler le gouvernement directorial, l'expédition d'Égypte qui attirait tous les regards, l'épuisement des caisses de l'État, étaient autant de causes qui détournaient l'attention et mettaient obstacle au succès de ses réclamations ; il avait perdu tous ceux dont le crédit l'avait si bien servi jusque-là. Le roi Stanislas, le maréchal de Richelieu, le duc d'Orléans étaient morts; il comptait bien au nombre de ses amis des hommes de mérite, tels que Martignac, Le Picard, Legris, Broquens, Darrieux ; mais le mérite alors ne pouvait remplacer la puissance, et la justice suivait le cours des événements.

La lettre suivante, adressée à son ami M. Darrieux, de Bordeaux, prouve que Louis travaillait encore, en l'an VI, à la poursuite de son projet :

« Paris, ce 19 prairial an VI.

» Permettez, Monsieur, que je m'adresse à vous
» pour vous prier de prendre possession des trois por-

» tions de terrain qui m'ont été aliénées par la com-
» pagnie Montmirail. J'ai fait relever de dessus mon
» contrat les articles qui constatent mes droits sur ces
» dits terrains. Si vous aviez cependant besoin du
» contrat original, j'en ferai faire une copie en règle ;
» mais M. Coupy, mon notaire et mon ami, m'a dit
» que cela était inutile. Vous voudrez bien me mettre
» en règle le plus tôt que vous pourrez. Je profite de
» l'occasion de la femme d'un serrurier qui va à Bor-
» deaux, pour vous faire passer mes papiers. Si vous
» avez besoin de plus amples renseignements, ayez
» la complaisance de m'écrire rue de la Michaudière,
» n° 12. . . . .

» J'ai cru, il y a quinze jours, que j'allais partir
» pour me rendre à Bordeaux ; car je ne vous cache
» pas que le Directoire veut que j'aie la conduite et
» l'inspection de cette grande affaire. J'ai de bons ca-
» pitalistes qui paieront bien les ouvriers, ainsi que
» les fournisseurs. J'espère vous écrire bientôt que
» cette affaire-là est terminée à ma satisfaction, mal-
» gré les cabales de tous les petits artistes qui ont
» présenté des projets ; mais je vous assure que je n'ai
» vu aucun de ces rivaux-là qui ait fait un projet
» passable. D'ailleurs, les gens à argent ont tous dé-
» claré qu'ils ne voulaient que mon projet, et que
« leur soumission serait nulle si ce n'était pas mes
» projets qui fussent exécutés. Je vous le répète, je
» ne quitterai point Paris que cette affaire ne soit
» décidée. Croiriez-vous que les artistes ont encore
» demandé trois jours de prolongation pour pouvoir

» terminer leurs projets? Je pense qu'on n'accordera
» pas ce délai. Une partie du moins du Directoire me
» l'a promis. Je vous envoie un plan général de tout
» l'emplacement du Château-Trompette; les trois por-
» tions de terrain qui sont à moi sont teintes en rouge,
etc., etc. » ....

M. Darrieux, qui ne voyait pas les choses au travers du même prisme que l'artiste, lui répond à son tour :

« Vous me demandez de prendre possession de vos trois parties de terrains ayant dépendu du Château-Trompette, sans me prescrire le mode. Voici l'observation, à ce sujet, que je vous invite de soumettre à M. Coupy, votre notaire. Votre terrain, comme celui de tous les acheteurs, est sous la main de la nation depuis l'arrêt du Conseil de 1790, qui vous évinça. La révolution du 14 floréal an V, acceptée aux anciens le 24 fructidor suivant, qui ordonne la vente de la forteresse, excepte bien (art. 6) les terrains acquis par contrat public, du concessionnaire, avant l'arrêt de 1790; mais l'article 9 prescrit que ce sera l'administration qui rétablira les acquéreurs en possession. Ainsi, Monsieur, je demande si vous devez et si vous pouvez faire autre chose que ce que j'ai fait pour le sieur Morin, c'est-à-dire produire vos titres de propriété à l'administration de notre département, avec une pétition tendante à être rétabli par elle dans la propriété et jouissance de votre local? Je me chargerai de ce soin quand vous voudrez; et qu'en résultera-t-il encore? Soyez prévenu qu'il y a huit mois que j'ai produit les titres du citoyen Morin, le mieux en règle avec sa position, et qu'il n'a pas encore plu au département de prononcer, *malgré une lettre* ad hoc *du ministre. Je n'y conçois rien*.........»

Louis suivit le conseil de son ami ; il adressa une pétition à l'administration centrale. Cette dernière tentative resta sans réponse. En envoyant sa pétition, il écrivit en même temps à M. Darrieux :

« *..... Cette affaire-là est si intéressante pour moi, que pour réussir à rentrer dans mes terrains, je ferais les plus grands sacrifices. Je vous prie donc de me conduire sur tout ce que j'ai à faire, et comptez sur ma reconnaissance.*

» Salut et amitié. *Signé :* V. Louis. »

Enfin, une décision du ministre des finances, du 21 germinal an VIII, vint faire cesser les doutes et les espérances de Louis. Cette décision, en déboutant l'artiste de ses demandes, admettait que Louis devait se croire assez payé par l'indemnité, à laquelle il pourrait prétendre, d'une somme de 100,000 livres qui lui avait été consentie pour les plans qui n'avaient point été exécutés et pour ceux qu'il devait faire.

Cette décision, qui n'admettait plus d'appel, dut *frapper au cœur* Louis, ainsi qu'il le dit lui-même. C'était probablement pour lui une question de vie ou de mort ; car, d'après les pertes qu'il avait déjà supportées, les dépenses restées à sa charge, la disparition de sa riche clientelle, la cessation totale à cette époque de tous les travaux de luxe, les poursuites des divers fournisseurs, même de beaucoup de ceux du

Grand-Théâtre que la commune n'avait pu satisfaire, l'avenir qui était arrivé pour Louis avec les années, tout devait lui faire sentir plus vivement encore le dernier coup qui lui était porté. La lettre qu'il écrivit à ce sujet à M. Darrieux porte un cachet de tristesse qui ne lui était pas habituel. Il semble se courber désormais, sans résistance, sous l'arrêt de la destinée qui l'accable, et adresser un adieu d'abandon et aux hommes et à l'espérance.

« Paris, 2 floréal an VIII.

» Mon cher ami,

» Vous avez eu connaissance de la décision du ministre des finances, concernant mes terrains. Tout est fini...., ils m'ont frappé au cœur. Mes travaux, mes veilles, mon temps, mes sacrifices, tout devient nul, parce qu'il leur a plu de me croire payé, comme s'ils ne savaient pas que je n'ai pu rien recevoir de ces cent mille francs qu'ils font sonner si haut ! Ni Montmirail ni Gaudran n'auraient pu me les payer, et je me trouve, par-dessus le marché, à découvert pour tout le travail des casernes. Que faire ? Il est donc tout à fait inutile que je persiste davantage. Veuillez, mon cher ami, me renvoyer mes pièces; dites à M. Legris combien je lui sais gré de tous ses bons soins, pour lesquels je le prie d'accepter ma reconnaissance. Il est maintenant trop tard pour moi d'attendre que le jour de la justice arrive. Tout est dit.

» Adieu, je vous embrasse de tout mon cœur.

» V. Louis. »

Conclusion. — Ces dernières lignes résument toute la pensée de Louis : *Tout est dit*, écrivait-il ! et c'est en effet là que s'arrêtent sa correspondance et ses infructueux efforts. La lutte, nous devons, hélas ! le croire, ne dut plus exister chez lui qu'entre le besoin et la fierté ; mais quelle que soit la certitude morale que nous ayons de ses douleurs et de son indigence, nous n'irons pas, jusqu'à ce que nous puissions en fournir la preuve, affirmer que Louis soit mort à l'hôpital ; M. Gaulhieur-L'Hardy a, le premier, *que je sache*, avancé ce fait. M. Dussieux, dans son ouvrage intitulé : *Les Artistes français à l'Étranger*, est allé encore plus loin, et il veut bien nous apprendre que Louis, né à Paris en 1735, mourut à l'hôpital *le 7 mars 1807*. En présence de détails aussi précis, il est étonnant que ces deux écrivains n'aient pas donné la preuve d'un fait qui intéresse à la fois et l'art et l'histoire ; mais M. Gaulhieur-L'Hardy a avoué qu'il n'en avait pas, et nous pouvons être certain que M. Dussieux n'en a pas non plus. Il est même probable que l'un de ces deux écrivains aura, pour éviter des recherches, copié tout simplement son devancier, et c'est ainsi que les erreurs se perpétuent. Si donc nous ne pouvons désigner l'asile où Louis a terminé ses jours, nous croyons ne pas fausser la vérité en plaçant l'époque de sa mort dans la période comprise entre 1810 et 1811 (1). Le vide s'était fait

---

(1) Louis ne peut être mort avant 1810, puisqu'il figure encore au 30 juin 1810, dans l'arrêté pris à cette époque par le conseil général de liquidation de la dette publique. S'il eût été mort, cet arrêté, ainsi qu'il

autour de lui. Une nouvelle génération, une nouvelle langue, d'autres mœurs, d'autres usages, remplaçaient déjà tout ce qu'avait connu Louis, tout ce qu'il ne devait plus connaître. Peut-être eût-il vécu *incompris* dans la société qui surgissait ; peut-être eût-il eu encore à subir les avanies, les injustices, les humiliations, la pitié outrageante, qui s'attachent toujours au représentant malheureux d'un autre siècle. La mort lui devenait nécessaire, et il dut la voir s'approcher sans crainte.

Que maintenant le voyageur qui visite notre contrée, qui pénètre dans nos murs, qui admire nos monuments, en demande les auteurs? Quelques noms existent encore et on se hâtera de les lui désigner ; qu'il demande à voir leurs statues, il n'obtiendra pour plusieurs que le silence. Mais alors, en lui montrant notre Grand-Théâtre, en lui racontant ce que fut Louis, dites-lui que celui-là peut se passer de statues; que Warsovie, Paris et Bordeaux lui tiennent lieu de titres et d'inscriptions ; et répétez-lui ces mots si simples et si vrais, que les Anglais se sont contentés de graver sur la tombe du chevalier Chrystophe Wren, le célèbre architecte de l'église St-Paul, à Londres :

MONUMENTUM QUÆRIS, CIRCUMSPICE (1).

l'a fait pour plusieurs autres acquéreurs, n'eût pas manqué de relater sa veuve, ou ses héritiers ou ses ayants-cause. Au lieu de cette formalité, nous lisons : « Art. 5. — Les sieurs Reboul, de Villeneuve, Louis, architecte, et la dame veuve Crouzeilles n'étant pas réputés susceptibles d'être maintenus dans leurs acquisitions, il n'y a lieu de régler en leur faveur aucun droit à aucune créance éventuelle. »

(1) *Vous cherchez un monument à sa gloire, regardez autour de vous.*

CHAPITRE VII.

La salle du Grand-Théâtre placée sous la direction d'une compagnie d'actionnaires. — Cession de ce privilége à divers directeurs. — Entreprise du Grand-Théâtre affermée; conditions de la ferme. — Règlements, ordonnances, faits divers relatifs au théâtre. — M. de Noé, maire de Bordeaux, et le maréchal de Richelieu. — Disgrâce du premier. — Première représentation du *Mariage de Figaro*. — Larive et Mlle Raucourt. — Le désordre commence à s'introduire dans les théâtres. — Émeute à propos de la pièce de *Calas*. — Marc-Antoine Julien envoyé à Bordeaux. — Son portrait. — Règlement qu'il fait pour le théâtre. — Fête de la Raison. — Continuation des troubles au théâtre.

Par arrêt du 28 janvier 1780, la salle de spectacle fut placée sous la direction d'une compagnie d'actionnaires dont nous avons déjà parlé. La durée de leur privilége était de trente ans (1), à la charge par eux de payer à la ville, et annuellement, la somme de 56,000 livres pour le loyer de la salle et toutes ses dépendances; les chargeant en outre de tout l'entretien (sauf les cas fortuits et les grosses réparations), ainsi que des appointements de l'architecte de la ville et du pompier en sous ordre.

Il existe un règlement du 30 mars 1780 qui nous

---

(1) Ce privilége avait commencé le 24 janvier 1772.

Une ordonnance des maire et jurats, en date du 5 décembre 1786, après avoir défendu aux acteurs et actrices d'introduire des étrangers dans la salle pendant les répétitions, leur défend encore, sous des peines sévères, de se méfaire ni médire entre eux, ce qui leur arrivait très-fréquemment.

paraît très-sage et très-logique. Nous en extrayons ce premier article :

« Le nombre des spectateurs que la salle peut contenir étant parfaitement connu, il ne sera, en aucune occasion et sous aucun prétexte, délivré un seul billet en sus du nombre fixé pour chaque rang de loges, amphithéâtre, balcon ou parterre, *et le nombre des abonnés, s'il y en a, n'excédera jamais trois cents.* »

En l'année 1781, ces actionnaires firent cession de leur privilége et bail à MM. Hus, Gaillard et Dorfeuil. Cette cession fut confirmée par arrêt du Conseil d'État, du 29 juillet 1781.

Déjà, par lettres du 7 février de la même année, le roi avait permis de réunir les bals à la salle de spectacle, avec défense expresse d'y souffrir aucune espèce de jeux prohibés.

Les sieurs Hus, Gaillard et Dorfeuil rétrocédèrent, en 1783, le privilége de cette entreprise, d'abord aux sieurs Albert de la Joubertie, Loreille et Lanauve, puis au sieur Albert tout seul, à la charge de rembourser aux trois premiers cessionnaires une somme de 600,000 livres qu'ils avaient avancée; plus, 80,000 livres de faux frais, et ensuite de payer à chaque cessionnaire une somme de 120,000 livres, à titre d'indemnité.

Le sieur Albert créa une compagnie qui ne put réussir à faire les fonds. Les mauvaises affaires se compliquant, soit par l'infidélité ou le peu d'intelligence des directeurs qu'on avait mis à la tête de l'entreprise, on imagina, au mois de janvier 1788, de mettre l'entreprise en régie; mais cette régie ne remédiant à rien, on fut bientôt contraint de la supprimer.

Les sieurs Robineau de Beauvoir et Collineau de Coudaine se présentèrent alors pour acheter le privilége, le 12 avril 1788. Ils s'engageaient à payer une somme de 552,288 livres 6 sous 8 deniers, dans le terme de deux mois, faute de quoi ils pourraient être destitués du privilége, et le sieur Albert devait y rentrer de droit. Ces nouveaux venus, bien loin de remplir leurs conditions, achevèrent de mettre le désordre dans l'entreprise. Enfin le ministre, dégoûté par l'expérience de toutes ces concessions plus ou moins hasardées, maintint le sieur Albert dans son privilége, décida que l'entreprise des spectacles serait affermée, pour, le prix du bail, être employé au paiement des dettes, et que, jusqu'à l'adjudication, les jurats de Bordeaux auraient la régie des théâtres.

Par une lettre en date du 28 août 1789, le comte de Saint-Priest annonça aux jurats que le sieur Legros, ancien acteur de l'Opéra, et le sieur Blanchard, s'étaient rendus adjudicataires de la ferme du spectacle, sous les conditions suivantes : de payer annuellement 80,000 livres en donnant un quartier d'avance, et au 1er octobre les six mois échus; puis, au 1er avril 1790, un autre quartier d'avance, indépendamment du semestre courant, et les deux autres quartiers d'avance au 1er avril des deux années suivantes, toujours en sus des sommes échues, de manière qu'au bout de trois ans il y eût quatre années de payées. Ce bail devait durer quinze ans. Ces conditions, comme on le pense bien, ne furent pas remplies (1). L'anarchie régnait déjà dans le théâtre comme elle allait bientôt régner dans tout le royaume. Les créanciers surgissaient de toutes parts, les acteurs réclamaient leur traitement, le public s'ennuyait; les mémoires, les réclamations, les requêtes compliquaient la question sans l'éclaircir. La municipalité nomma deux administrateurs, Gallyot, régisseur, et Pacher, contrôleur, qui furent chargés, de concert avec le trésorier de la ville, des recettes et des paiements à faire aux divers intéressés. Cette mesure se soutint quelque temps. On payait les acteurs à chaque quinzaine, et le prix du loyer était chaque soir prélevé sur le montant de la recette. Tous ces changements, ces demi-précautions, ces alternatives toujours de plus en plus désastreuses, se prolongèrent assez pour se trouver face à face avec le mouvement révolutionnaire. En 1793, les anciens actionnaires s'étaient retirés; la municipalité nomma des administrateurs pour régir le Grand-Théâtre, qui prit alors le nom de Théâtre de la République. Comme nous n'avons pas prétendu faire la biographie des directions qui se sont succédé depuis cette époque, nous n'en parlerons qu'autant que leur nom pourra se rattacher

(1) Ce fut le 20 avril de cette même année (1790) que M. Desmirail, dans un rapport sur le Théâtre, proposa de faire assurer ce bâtiment pour un million, à Londres, pouvant obtenir la prime à un quart pour cent. Sa proposition n'eut point de suite.

aux particularités historiques que nous allons rapporter.

RÈGLEMENTS, ORDONNANCES, FAITS DIVERS RELATIFS AU THÉATRE.

D'après l'état dressé le 30 mars 1780, la salle du Grand-Théâtre de Bordeaux contenait 1,726 places, celle du théâtre de la Porte-Dauphine 1,436

Différence en plus. 290

Nous avons déjà parlé d'un règlement de cette même époque qui subordonnait le nombre de billets à celui des places; nous le livrons à la méditation des intéressés.

Voici maintenant un bordereau exact des recettes et dépenses de la Comédie de Bordeaux, depuis le 7 avril 1780, jour de son ouverture, jusqu'au 7 avril 1781, jour de la clôture et de la cession du privilége.

Dépenses. . . . . 514,455 liv. 8 s. 7 d.
Recettes. 450,674   16   3

Excédant de la dépense. 63,780 liv. 12 s. 4 d.

(*Voir la lettre* G.)

Quatre ans après l'ouverture du Grand-Théâtre, arriva un incident qui mit Bordeaux en émoi, et prouva combien le corps de ville tenait à ses priviléges que les rois de France avaient toujours reconnus et protégés en général, mais qu'ils attaquaient et enlevaient pièce à pièce quand l'occasion leur paraissait favorable. Les jurats avaient eu de tout temps le droit de faire la police dans le théâtre ; ce privilége semblait, en effet, devoir appartenir à des magistrats intéressés à la tranquillité de la ville, et responsables des désordres qui pouvaient y arriver. Le maréchal de Richelieu, gouverneur de la province, et qui se trouvait alors à Paris, entreprit de le leur enlever ; la chose lui était légalement impossible ; mais nous savons que ce seigneur n'était nullement embarrassé pour lever les difficultés (1) et qu'il ne fut pas toujours honnête dans les ressources qu'il employa. Dans cette occasion, comme on va le voir, il fut fidèle à ses principes. Il expédia de Paris un suisse qui, sous la qualité de portier, avait mission de refuser l'entrée du théâtre à Messieurs du Corps de ville, excepté au seul jurat de police. Cette réserve était d'autant plus extraordinaire, qu'aux termes des règlements, le jurat de police devait être perpétuellement fixé à l'Hôtel-de-Ville, et ne pouvait par conséquent assister au spectacle pendant le temps de son service. Une intrigue de coulisse, dans laquelle le maréchal se trouvait engagé, l'avait, dit-on, porté à ce coup d'autorité qui devait le délivrer d'une surveillance trop active. La mesure, rigoureusement exécutée, indigna les jurats, qui en référèrent au vicomte de Noé, maire

(1) Le vieux maréchal de Richelieu, aussi voluptueux qu'absolu, n'assistait, en été, aux représentations théâtrales, qu'après avoir, au préalable, ordonné que les portes ne fussent ouvertes qu'à son arrivée, ce qui avait lieu souvent à une heure fort avancée de la nuit. Peu lui importaient les murmures, pourvu qu'il savourât la fraîcheur.

(*Voir note* II.)

de la ville. Ce magistrat, qui arrivait de voyage, assemble les jurats; il leur rappelle le serment particulier qu'il a fait de soutenir de tout son pouvoir les droits de la ville; sur-le-champ il mande le suisse, il l'interpelle s'il n'a pas prêté serment dans les mains de ces mêmes jurats qu'il a outragés; il lui reproche les manquements qu'il a osé commettre, lui recommande d'être plus circonspect à l'avenir, et de ne jamais perdre de vue qu'il doit obéissance à ses supérieurs. Le suisse avait sans doute des ordres plus précis, puisque le même soir il renouvela encore la scène de la veille, avec cette différence qu'il voulut laisser entrer le maire, le lieutenant de maire et les jurats gentilshommes, mais qu'il repoussa les jurats avocats et négociants. Le maire, poussé à bout, fait arrêter le suisse et l'envoie en prison. Procès-verbal de cet événement est dressé par le Corps de ville et envoyé au ministre; mais on ne bravait pas impunément le maréchal, cet homme tout-puissant, qui fut heureux toute sa vie, quoiqu'il eût tout fait pour ne pas l'être. Le ministre ordonna de mettre le suisse en liberté, et le tribunal des maréchaux de France, se rendant compétent en cette affaire où il était juge et partie, condamna le vicomte de Noé, sans être cité ni entendu, à être interdit un an dans ses fonctions, et à faire des excuses au maréchal de Richelieu, qui, donnant à sa vengeance personnelle toute l'extension possible, fit insérer ce jugement dans les gazettes de France et de l'étranger. Le vicomte de Noé fut obligé de s'éloigner pour éviter les mortifications et les dégoûts que son puissant adversaire n'eût pas manqué de lui susciter. *(Note* II *bis.)*

En 1784 et en 1785, c'est-à-dire à un an d'intervalle, paraissent à Bordeaux deux objets qui firent sensation dans les esprits : un homme et une pièce de théâtre. Si nous parlons du premier, ce n'est pas que son nom se rattache en aucune sorte à l'histoire que nous écrivons, mais parce qu'il eut un côté dramatique qui pouvait à la rigueur devenir, comme il l'est devenu, la matière d'une spéculation théâtrale. Cet homme, c'était Cagliostro; cette pièce, c'était le *Mariage de Figaro*. L'un avec sa noblesse d'emprunt, son charlatanisme de gestes et de paroles, son jargon mystique et son cortége de dupes et de roués, ne représentait pas mal la dernière période du siècle putride qui s'en allait; l'autre, écrite toute de verve, franche et libre, trop libre peut-être dans ses allures, s'attaquant aux préjugés consacrés par des siècles, fustigeant les idoles de l'époque, et se servant du ridicule pour les renverser, pouvait également devenir le type de l'ère audacieuse et révolutionnaire qui s'avançait alors à grands pas. Le parlement de Bordeaux défendit de jouer la pièce, et cette interdiction dura jusqu'en 1789. *Figaro* eut ensuite les honneurs de quatre-vingt-cinq représentations, et se soutint à notre théâtre, grâce à son dévergondage d'idées et de langage, et surtout au jeu inimitable de Mlle Contat, qui, dans le rôle de Suzanne, obtenait les applaudissements les mieux mérités, comme les plus fructueux. *(Note* I.*)*

La nouvelle salle de spectacle amenait chez nous un grand nombre d'étrangers, et par suite les meilleurs acteurs de la capitale. Le *beau Larive*, cet élève de Le Kain, comme celui-ci l'avait été de Voltaire, attirait une foule immense qui venait l'admirer dans Tancrède, Vendôme, Warwick, Rhadamiste, Oreste, Bayard, Philoctète, tous rôles de sa création. La nature, ainsi que le disait Beaumarchais, avait fait un *tour de force* en créant Larive. Physique superbe, bel organe, âme de feu, il excitait tellement les transports de la multitude, que, à la sortie du spectacle, où il avait souvent recueilli jusqu'à deux cents couronnes, cet acteur trouvait les avenues de sa demeure toutes parsemées de lauriers.

Larive était, il est vrai, admirablement secondé par la célèbre Mlle *Raucourt*, et ce beau couple, qui n'avait rien à s'envier, semblait avoir été créé tout exprès pour cette époque et pour l'ornement de notre belle scène. Nos lecteurs ne seront peut-être pas fâchés de trouver ici trois lettres intimes de Larive, adressées à M. Soulé de Besin, directeur de notre Grand-Théâtre. (*Note* J.)

Dauberval et sa femme, Mlle *Théodore*, faisaient partie, à cette époque, du personnel de la troupe; le premier, en qualité de maître de ballets, et la seconde, comme première danseuse. Tous deux jouissaient, à ce titre, d'un traitement de 28,000 livres, et tous deux étaient extrêmement aimés du public. Nous voyons qu'en 1787, le départ de ces artistes étant annoncé, le peuple se mutina. Les jurats écrivirent en cour, et il leur fut ordonné, pour apaiser le désordre, d'obliger les administrateurs à engager de nouveau ce couple aimable.

Mme *Saint-Huberti*, première cantatrice de l'Académie royale de musique, qui se trouvait à Bordeaux, y partageait, avec les Dauberval, la faveur publique. Elle avait fait connaître aux Bordelais la belle musique de Rameau, de Gluck et de Sacchini, dans *Castor et Pollux*, *Iphigénie* et *Armide*, où elle se montrait à la fois bonne comédienne et grande cantatrice. Nous n'examinerons pas si les talents qui produisaient à cette époque de si beaux résultats égalaient ou surpassaient les talents d'aujourd'hui. Cette question sera toujours mieux décidée par le temps que par les hommes, car le même principe d'amour-propre qui rattache les vieillards au passé, fait aussi tenir au présent la jeunesse. Laissons donc à chacun ses préjugés sur cet article, et croyons plutôt que les talents sont de toutes les époques et de tous les pays (1).

Relatons comme assez curieuse une permission accordée au sieur Jean-Baptiste Dorte, rédacteur du *Journal de Guienne*, de faire l'analyse des pièces de théâtre et de parler du jeu des acteurs, sur la pro-

---

(1) N'oublions pas de mentionner que, par délibération du 5 avril 1781, les jurats permirent de placer au chauffoir du Grand-Théâtre le portrait du comédien Romainville, qui, pendant vingt années, charma la population bordelaise, comme une marque de reconnaissance, dit la délibération, et pour servir d'encouragement aux autres acteurs du spectacle.

messe de n'en parler qu'avec une grande circonspection, et de ne se livrer qu'à une critique douce et honnête, qui encourage les acteurs au lieu de les mortifier. M. de Tourny, dans une de ses lettres aux jurats, professait le même principe. « Il faut, écrivait-il, traiter avec indulgence les acteurs qui ne sont encore que médiocres, afin qu'ils puissent devenir bons, et ne pas les rebuter par trop d'exigence qui vous mette dans l'impossibilité d'avoir une troupe. »

La soirée du 8 août 1789 fut bruyante au Grand-Théâtre, mais le désordre ne s'y montra pas ; ce fut plutôt une ovation, une fête de famille. Voici ce qui l'occasionna :

George-Louis Marie Leclerc, comte de Buffon, major en second du régiment royal angoumois, infanterie en garnison à Bayonne, venant du dit lieu pour se rendre en Bourgogne, fut arrêté à l'une des portes de Bordeaux, par suite des précautions prises pour la sûreté de la ville et de ses habitants. Ayant été conduit devant la municipalité, il donna des témoignages si satisfaisants de ses sentiments patriotiques et de son attachement inviolable à la personne du Roi, que les administrateurs trouvèrent en lui (pour nous servir de leurs expressions) *le digne fils du Pline français, le successeur du vertueux et célèbre auteur de notre histoire naturelle, et à ces causes, ajoutent-ils, désirant lui donner des preuves des sentiments que nous inspirent et ses vertus personnelles et la mémoire de l'illustre auteur de ses jours, il a été délibéré de lui offrir des lettres de bourgeoisie, que M. Vilotte, avocat, jurat, député à ce sujet, a été chargé de lui offrir.*

Ces lettres furent remises à M. de Buffon, qui les reçut avec beaucoup de reconnaissance. M. de Buffon ayant ensuite été conduit à la Comédie, y fut accueilli par un applaudissement général. Après avoir donné au public des marques de la plus vive sensibilité, il se plut à montrer avec une sorte de fierté les lettres qu'il venait de recevoir, et protesta de son entier dévoûment à la ville qui l'avait si bien accueilli, et qui lui fit la même fête jusqu'à son départ.

Le théâtre de la porte Dauphine était demeuré fermé depuisque la foule se portait au Grand-Théâtre. A la fin de 1790, on permit aux actionnaires du Grand-Théâtre d'y faire jouer. Les acteurs ayant demandé la permission d'y donner des représentations à dix heures du soir, l'autorité, qui commençait à mettre le mot de morale à côté des actes les moins moraux, refusa aux acteurs leur demande, *attendu que les spectacles nocturnes sont contraires aux bonnes mœurs*. Il y a toute une époque dans cette réponse.

Nous trouvons également, dans une délibération du 26 décembre 1790, qu'il devait être expressément réservé pour les mères de famille et leurs filles, au grand spectacle, le rang en entier des premières et toutes les galeries jusqu'à l'amphithéâtre exclusivement, y compris les balcons.

Dans un état de la troupe du spectacle de Bordeaux, publié en 1790, nous voyons que cette troupe se composait de 92 sujets qui coûtaient 235,100 livres ainsi réparties :

Comédie et tragédie	90,500 liv.
Opéra	61,600 »
Chœurs	24,900 »
Danse	58,100 »
TOTAL	235,100 liv.

Martelly, premier rôle dans la comédie et la tragédie, recevait 7,000 liv.; Donnat, premier chanteur dans le grand-opéra, 10,000 liv.; Eugène Hus, premier danseur, 8,000 liv.; Mme Martelly, dans les premiers rôles comédie et tragédie, 3,000 liv.; Mme Clairville, première chanteuse dans l'opéra, 10,000 liv.; Mme Rochefort, première danseuse, 6,000 liv. L'orchestre, composé de 28 musiciens, recevait 35,720 liv.; il était dirigé par Beck, qui, en sa qualité de chef, touchait un traitement de 4,000 liv. Le résumé de toute la dépense, en y comprenant l'administration et les employés, se montait à 367,300 liv.

Nous ferons observer que les appointements étaient, à cette époque, regardés comme trop élevés, et que l'on proposait, dans le même état, de faire subir une diminution de 60,000 liv. sur le total de la dépense.

L'administration théâtrale, comme nous l'avons vu par ce qui précède, était bien loin, à cette époque, de faire des bénéfices. Les artistes n'étaient cependant point rétribués aussi fortement qu'ils le sont de nos jours; les bénéfices n'étaient pas aussi nombreux.

Les sommes payées à de certains acteurs appelés de la capitale n'offraient point la progression exorbitante que nous leur avons vu acquérir plus tard. Et pourtant, si, avec tous ces éléments de perte de moins, les directions antérieures n'ont pu longtemps se soutenir, que doivent et que peuvent-elles faire actuellement? Le public, si exigeant, si capricieux et souvent si injuste, qui ne pourrait supporter une augmention de prix dans les places, pourrait-il supporter un talent médiocre? Il veut voir passer devant lui toutes les grandeurs dramatiques de l'époque, sans se mettre en peine de ce qu'elles coûtent. Patience encore, si sa bienveillance pesait pour quelque chose dans la balance de la recette, s'il était conséquent avec lui-même, et s'il cherchait à assurer ses plaisirs au lieu de les détruire; mais il n'en est pas toujours ainsi; et dans quelques années, les troupes seront aussi difficiles à trouver pour un certain public que les directeurs à rencontrer pour de certains théâtres.

S'il était permis de séparer les hommes de la révolution des atrocités par eux commises, on ne pourrait s'empêcher de rire à l'aspect du Solon (Marc-Antoine Julien), membre de la Commission exécutive de l'instruction publique, envoyé par le comité de Salut public pour régénérer les théâtres de la République (an II de la République). Julien tenait beaucoup à justifier le choix qu'on avait fait de sa personne. Jeune et d'une santé débile, mais endurci au meurtre et se soutenant à l'aide de cette activité fiévreuse et sanguinaire que Marat avait léguée à ses disciples, il atteignait à tout, suffisait à tout. Écrivain, législateur ou bourreau, il remplissait à la fois ces fonctions, et ne s'acquittait bien que de la dernière.

Ce brave Marc-Antoine, qui composait parfois des pièces de circonstance qu'il obligeait les acteurs à jouer, composa aussi un règlement pour les artistes de nos théâtres. Ce règlement, trop long pour être rapporté, renfermait en substance : que l'administration des deux théâtres de Bordeaux (celui de la République et celui des Sans-Culottes) serait composée de neuf administrateurs sous la surveillance du Conseil général et du Bureau municipal.

Les administrateurs étaient pris parmi les artistes du Grand-Théâtre; il s'y trouvait sept hommes et deux femmes, au nombre desquelles était la Clairville. Ces administrateurs étaient chargés de l'examen des pièces nouvelles et de leur mise en scène. Il était défendu à tout artiste, sous peines sévères, de refuser un rôle quelconque, *ne voulant pas que l'on retrouvât dans les théâtres la rouille aristocratique dont ils avaient été si longtemps infectés sous le nom d'emploi sans partage ou avec partage, ces distinctions étant bannies par l'unité et l'égalité.* (Art. 5, 20 messidor an II de la République.)

» Tout artiste, continue le même règlement, qui ne marchera pas d'accord avec les principes du jour, sera aussitôt livré à la police (tout le monde sait ce qu'était la police de Julien).

» Le répertoire sera formé pour dix jours, et, une fois arrêté, il ne pourra être changé.

» Comme il est juste qu'un artiste soit exactement récompensé de ses peines et qu'il ne soit point inquiet sur le paiement de ses honoraires, la *caisse sera sous la surveillance de la commune, etc., etc.* »

Ce règlement philocomique, dont nous ne pouvons donner qu'un faible aperçu, embrassait la régénération du moral des artistes et leur bien-être physique. Nous doutons beaucoup que la République, avec ses vertus burlesques et ses vices atroces, fût capable d'accomplir le premier de ces projets; quant au second, voici ce qui arriva :

La commune, qui devait surveiller la caisse, s'en empara, et les artistes, administrateurs et autres, privés du strict nécessaire, adressèrent, à la date du 28 ventôse, 3ᵉ année républicaine, une demande à la municipalité pour obtenir de la chaussure, dont le manque les mettait dans l'impossibilité de continuer leurs services. Savez-vous quelle fut la réponse de cette bonne municipalité qui devait si soigneusement veiller au bien-être des artistes? La voici : *Il a été arrêté, l'agent national entendu, que les citoyens composant le corps des acteurs demeurent invités, et au besoin requis, au nom de la loi, de se rendre à la répétition et à la représentation de ce jour, afin d'y remplir leurs devoirs portés par leurs engagements.*

Jamais sans doute les théâtres ne furent les foyers de plus grands troubles qu'à ces époques de terreur et de réactions sanglantes. La commission militaire qui siégea à Bordeaux, qui fit tomber tant de têtes et qui ne cherchait partout qu'une agglomération de victimes, n'eut garde de laisser en paix les artistes de nos théâtres. Ils furent tous emprisonnés, et, ce qui pourrait paraître incroyable si les pièces n'existaient pour le prouver, c'est que tous ces législateurs plus ou moins entachés de vices et de crimes, qui vivaient dans le désordre et la crapule; eux qui, selon l'expression pittoresque de Babise, *crachaient à chaque instant la révolution;* qui auraient reproduit le chaos pour nier ensuite la création; ces mêmes hommes, enfin, sentirent leur pudeur effarouchée à la représentation d'une pièce de comédie. Tous les artistes du théâtre de la Montagne, au nombre de quarante-six, furent incarcérés et jugés. Le curieux paragraphe que j'extrais de leur jugement va nous déduire les motifs de leur arrestation.

Les dits acteurs ont été cités à la barre de la Commission militaire pour avoir tous contribué plus ou moins à la représentation de quelques pièces propres à alarmer la pudeur des âmes vertueuses et à corrompre les mœurs publiques par des tableaux de lubricité, notamment à l'époque où les dits acteurs jouèrent sur leur théâtre une comédie intitulée : La Tentation de Saint-Antoine, *pièce scandaleuse, qui tend à faire passer le vice par tous les sens en étalant des scènes entières de prostitution.*

Qui ne croirait, à la suite de ce préambule, que la Commission militaire n'ordonnât une punition sévère contre les coupables? Il n'en fut rien, grâce à l'adresse du directeur de la troupe, le citoyen Maycur, qui fit valoir la pureté de ses intentions, disant *n'avoir voulu, en mettant au théâtre* la Tentation de Saint-Antoine, *que verser le ridicule sur les préjugés religieux et peindre la vie hypocrite et vicieuse des dévots, et que son erreur provenait de son esprit et non de son cœur.*

Ils furent tous acquittés, et le président Lacombe, en les relaxant de la plainte, recommanda fortement au directeur de ne prendre pour son théâtre épuré d'autre devise que *la liberté et les mœurs.*

Écoutons maintenant le rapport fait par les représentants au ministre de l'intérieur, sous la date du 10 frimaire an II.

« La Commission militaire marche toujours révolutionnairement. La tête des conspirateurs tombe toujours sur l'échafaud. Les hommes suspects sont renfermés jusqu'à la paix; les modérés, les insouciants, les égoïstes sont punis par la bourse. Avant-hier, tous *les sujets du Grand-Théâtre, au nombre de 86, ont été mis en état d'arrestation.* C'était un foyer d'aristocratie; nous l'avons détruit. La veille, la salle de ce spectacle avait été investie au moment où plus de 2,000 personnes y étaient, et tous les gens suspects, qui s'y trouvaient réunis en très-grand nombre, ont été incarcérés. »

Cette arrestation en masse des acteurs du Grand-Théâtre aboutit comme la précédente, c'est-à-dire à un acquittement pour les personnes; mais Ysabeau et Tallien, par leur arrêté du 16 frimaire an II, supprimèrent le spectacle connu à Bordeaux sous la dénomination de *Théâtre de la Nation* (le Grand-Théâtre), et l'article 3 du même arrêté accorda aux artistes du théâtre ci-devant Molière la jouissance de la salle ou plutôt du local du ci-devant Grand-Théâtre, ainsi que de tous les objets de décorations ou autres renfermés dans les magasins. Les acteurs de Molière en jouirent gratuitement jusqu'à la fin de vendémiaire suivant.

Le Comité de surveillance et de salut public du département de la Gironde voulut à son tour faire acte de civisme. Il fit afficher, et particulièrement à la porte et dans l'intérieur de chaque salle de spectacle, que *tous les citoyens avaient la liberté de se vêtir et de tenir leur coiffure, soit en cheveux plats, longs ou ronds, en un mot, comme il plairait à chacun; et qu'il était fait inhibitions et défenses à tous citoyens de se permettre, sous aucun prétexte, de couper les cheveux à qui que ce fût, à peine d'être poursuivi extraordinairement.* (An II, 3me décade.)

Les femmes ne furent pas oubliées dans cette régénération. Il leur fut défendu de se présenter dans les spectacles et autres lieux sans être décorées de la cocarde tricolore; et si elles s'avisaient de la profaner, la même loi les frappait de six années de réclusion.

La fête de la Raison, célébrée le 20 frimaire an II, fut une image parfaite des anciennes bacchanales. Tout ce qu'il y avait dans la ville de misérables déguenillés ou d'êtres disgraciés par la nature fut choisi de préférence pour remplir un rôle dans cette ignoble farce. On emprunta, aux magasins du Grand-Théâtre et à la dépouille des églises et des malheureux condamnés, les costumes qui devaient recouvrir ces dégoûtants personnages. Les uns, destinés à représenter les rois, princes, seigneurs de l'ancien régime, étaient revêtus d'habits somptueux ; les autres étaient déguisés en pape, en évêques, en membres du parlement ou de la jurade. Leurs grimaces, leurs jurons et leurs gestes cyniques excitaient à chaque instant les ris et les clameurs de la populace, charmée surtout du grotesque tableau que lui offrait un nain appelé *Richefort,* que nous avons tous connu comme un objet de caricature, et qui, revêtu d'habits pontificaux, monté sur un grand cheval, en descendait quelquefois pour distribuer de droite et de gauche, à la multitude, de facétieuses bénédictions.

Derrière lui venait un israélite remarquable par sa haute taille, lequel, pour mieux faire ressortir la disparate, passait et repassait ses longues jambes sur la tête du nain. A la tête du cortége, et à demi nue, se montrait dans un char la comédienne Duchaumont, figurant la déesse de la Raison. Elle foulait aux pieds un crucifix, et aux angles, ainsi qu'aux roues de son char, étaient attachés des emblèmes de la religion et de la royauté déchues.

Le 7 prairial an II, parut une ordonnance de Julien, à propos de l'anniversaire du 31 mai. Dans le programme emphatique qui compose la description de cette fête, Julien s'exprime ainsi :

« La fête commencera à deux heures seulement, afin qu'on puisse se rendre vers trois ou quatre heures *au temple de l'Être suprême,* où des morceaux de musique seront exécutés *au milieu de la foudre et des éclairs,* pour rappeler les combats et les triomphes de la Montagne. »

La municipalité à laquelle était adressé ce programme, était digne de le comprendre. Voici ce qu'elle y ajouta :

« Il sera exécuté des symphonies de la composition du citoyen Beck, et, après le discours, il sera exécuté la musique triomphale du même citoyen Beck, dont les paroles seront analogues à la fête, avec les effets de la foudre et des éclairs.

» On ira, après cette fête, prendre ses places *au Théâtre de la République,* qui sera gratuitement ouvert ce jour-là, et où l'on représentera des pièces patriotiques.

» Le temple sera illuminé. Il y aura un orchestre sur la tribune pour y exécuter des airs de contredanse et autres, et les citoyens et citoyennes y pourront danser tant que cela leur fera plaisir. »

Le désordre et l'insubordination commençaient à faire partout des progrès effrayants : on s'avisa de jouer au Grand-Théâtre la pièce de *Jean Calas,* qui avait déjà été représentée à Paris. Une partie des spectateurs, choqués de certaines situations de ce drame, réclame à grands cris la chute du rideau. L'autorité le fait baisser; mais le parterre veut la continuation de la pièce, et on a la faiblesse d'y consentir. Cette première concession rend le parterre exigeant. Il demande que la pièce soit encore jouée le lendemain. La municipalité croit devoir s'y refuser et substitue à la pièce de *Jean Calas,* celle du *Médecin malgré lui.* Les mutins écrivent sur l'affiche : *Calas malgré lui,* et sur la proclamation qu'avait fait afficher la municipalité : *Calas malgré eux.* La pièce commence, on siffle les acteurs, on force l'orchestre à jouer l'air *ça ira,* et l'on accompagne en chœur. Non content de ce résultat, le parterre escalade les loges et se précipite sur la scène. En vain les officiers municipaux veulent parler, les séditieux leur imposent silence et demandent même que M. Jaubert, l'un de ces officiers, adresse des excuses au public. On traîne de force les acteurs sur la scène : *Calas* est joué, et la municipalité obligée de permettre au directeur de jouer *Calas* toutes les fois qu'il le voudrait.

En 1792, le Club national, qui se piquait de vouloir régénérer notre ville, s'avisa de demander l'inauguration du drapeau national, à la salle du Grand-Théâtre, *afin que les citoyens qui s'y rassemblaient pussent avoir continuellement sous les yeux ce signe de notre régénération et de notre liberté, et que le jour de cette cérémonie on jouât la tragédie de Brutus.* Or, comme le Club national était composé des plus ardents démagogues, et qu'il s'était déjà signalé par l'importante réforme de la livrée des suisses de la Bourse, de la Douane, de l'Hôtel de la Mairie et de la Comédie, on lui accorda sa demande. Le programme fut exécuté de point en point, et vu la grande affluence du peuple qui se porta au Grand-Théâtre, on répéta la même cérémonie le lendemain.

Cependant le régime de la terreur était sur son déclin ; en 1795 et 1796, une réaction générale se forma contre les anarchistes ; plusieurs individus désignés comme tels furent arrêtés, puis amnistiés. Mais la morgue qu'ils affectèrent en se montrant ostensiblement dans les promenades et aux théâtres ne tarda pas à porter ses fruits. Plusieurs furent tués, entre autres le nommé Parmentier (1), qui, en sortant du Grand-Théâtre, fut poignardé presque sous les yeux de l'autorité, sans qu'elle pût l'empêcher ni découvrir ensuite le meurtrier. (*Note* K.)

Une grande et forte mesure eut lieu cependant pour remédier aux troubles incessants du théâtre. Quelques philosophes auraient peut-être cru que la cause devait en être attribuée à cet esprit de désordre et de liberté anarchique qui avait depuis quelques années bouleversé les hommes et les choses ; mais la municipalité en jugea autrement ; en conséquence, elle défendit à la citoyenne Degrille, tenant un café dans l'intérieur de la salle, de vendre du punch aux spectateurs, parce que, dit le considérant de cet arrêté (arrêté du 26 frimaire, 3ᵉ année républicaine), le punch exalte les têtes de la jeunesse et l'excite au désordre.

Or la municipalité n'avait pas défendu aux jeunes gens d'en aller boire dehors, et le désordre continua de plus belle.

(1) Ce Parmentier était un ex-comédien du théâtre Molière, qui se trouvait membre de la commission militaire présidée par Lacombe.

Le 17 pluviôse, on avait représenté au théâtre la pièce intitulée l'*Espion autrichien.* Dans cette pièce, l'un des acteurs offre à son collègue un bonnet rouge pour s'en décorer. A ce moment, des sifflets et des cris tumultueux : *A bas le bonnet rouge!* se firent entendre dans le parterre et dans la plupart des loges. Les acteurs obéirent : ceux qui se trouvaient affublés de cette ignoble coiffure s'en dépouillèrent et quelques-uns même allèrent jusqu'à la fouler aux pieds, au bruit des applaudissements. Quelques protestations essayèrent bien de se faire entendre; mais elles furent aussitôt étouffées. Les républicains exaltés et les anarchistes se donnèrent rendez-vous pour le lendemain, afin de prendre une éclatante revanche. Ayant aperçu dans plusieurs loges des dames portant à leurs chapeaux des panaches blancs, les émeutiers imitèrent la tactique de leurs adversaires de la veille, et poussèrent des clameurs si bruyantes, que ces dames se virent obligées d'ôter leurs chapeaux; mais, soit l'effet d'un oubli ou plutôt d'un ordre supérieur, la toile s'étant levée, on vit l'actrice Clairville (1) paraître

---

(1) On lit dans un journal de Toulouse, l'*Anti-Terroriste* (prairial an V) :

« Dans son court séjour à Toulouse, Mme Clairville a été constamment applaudie et cinq fois couronnée. Sensible à un si grand talent, la municipalité elle-même n'a pu s'empêcher de permettre la lecture de vers adressés à ce digne objet de l'enthousiasme général.

» Dans une pièce de vers, on assurait Mme Clairville que *le vandalisme n'avait jamais infecté notre ciel.* Ce mot n'a pu que très-désagréablement affecter son cœur. L'auteur ignore sans doute que l'objet de ses éloges a failli être victime du monstre hideux du terrorisme. Il saurait

sur la scène avec un magnifique panache blanc. Des applaudissements partent de la loge des représentants et ils sont le signal de ceux qui se font entendre dans toutes les parties de la salle. Les dames reprennent alors leurs chapeaux, des coups de sifflets se font entendre. Treilhard se lève et déclare qu'il traitera avec toute la rigueur possible les hommes coupables qui voudraient perpétuer le système horrible de la terreur. Blutel parle dans le même sens et ajoute que chacun a le droit de se vêtir comme il lui plaît. Des applaudissements accueillent ces paroles.

On avait déjà joué à Paris une pièce de circonstance, intitulée : *L'Intérieur des Comités révolutionnaires, ou les Aristides modernes*, comédie en trois actes et en prose. Cette pièce, où ne sont guère ménagés les Aristides de 93, avait eu un grand succès à Paris et elle n'en n'eut pas moins sur notre théâtre. Les artistes la jouèrent *dans tout son hideux*. L'acteur Perroud, qui remplissait le rôle de *perruquier gascon*, provoqua un rire fou dans l'assemblée, lorsqu'ayant demandé la parole au président du tribunal, il s'écrie dans son accent gascon : *Président, bous lé boyez, nous sommés zinfluincés*. Les turpitudes dont se couvrent, dans cette pièce, ces agents de Robespierre, exaltèrent les têtes ; le parterre fit main basse sur les bonnets rouges des acteurs ; on les foula aux

*que longtemps menacée du dernier supplice, M*me *Clairville n'avait dû sa liberté qu'au plus triste courage ; qu'obligée de jouer dans Miltiade le jour où la tête la plus chère.............. Je m'arrête, cet écrit pourrait tomber dans ses mains !........* »

pieds, on les lacéra, aux cris de : *A bas les jacobins!* et on redemanda la pièce pour le lendemain.

Le lendemain, même tumulte que la veille. Les jeunes gens se portèrent devant le cercle de l'Académie, où l'on supposait que quelques anarchistes se rassemblaient encore. On y brûla plusieurs bonnets de la liberté, on y cassa des vitres, et la force armée qui survint empêcha de plus grands excès. La pièce fut ensuite défendue et l'effet cessa avec la cause qui l'avait produit.

Le punch était-il donc le seul coupable dans l'épidémie révolutionnaire? Quoi qu'il en soit du remède, nous le livrons tel quel à la sapience des directions actuelles. Cet arrêté vaut bien celui qui fut pris à l'unanimité le 13 germinal an V de la République :

« *Le Bureau central du canton de Bordeaux à ses concitoyens.*

» L'épuisement total des finances du Bureau central ne lui permettant plus de continuer l'illumination des réverbères, les citoyens qui désireront faire allumer les réverbères de leur rue pourront s'adresser directement au citoyen Soyer, demeurant rue Saint-Paul, n° 17, derrière l'Hôpital, qui est autorisé par le Bureau central à traiter avec eux à raison de 3 liv. 15 sous par bec pour chaque mois. »

Nous pourrions y joindre encore cet extrait d'un autre arrêté du 6 prairial an V, sur une pétition de la directrice Latapy, *portant sommation au nom de la* loi, *aux citoyennes Blondine, Dosnac, André et l'Espérance, artistes danseuses* (qui prétendaient manquer de chaussure), *à se rendre le même soir au Théâtre des Variétés pour y figurer dans le ballet de la Fille Hussard.*

Heureux temps ! heureuse municipalité, qui avait le loisir de s'occuper d'aussi petites choses !

Dans la soirée du 3 thermidor (an V) on pouvait remarquer dans la population ordinaire du théâtre une certaine animation, une prolixité de gestes et de paroles, des acclamations, des frémissements, et enfin tous les signes de quelque événement extraordinaire, dont on se racontait sans doute les péripéties. Il s'agissait en effet du meurtre de Groussac.

Groussac avait été maire de Toulouse pendant la Terreur, et malheureusement pour lui, sa conduite sanguinaire et les crimes dont il s'était souillé à cette époque, avaient amassé sur sa tête un anathème de malédictions et de haines atroces. Pressentant le péril dont il était menacé, et croyant le conjurer en s'éloignant de Toulouse, il se rendit à Paris, où il comptait encore des protecteurs et des amis. Quelque mystère qu'il eût mis à son départ, les habitants de Toulouse l'apprirent bientôt par le journal l'*Anti-Terroriste*, qui paraissait dans cette ville. Groussac, après un séjour de quelques semaines à Paris, et se confiant sans doute à la crainte qu'il pouvait encore inspirer à ses concitoyens, résolut d'effectuer son retour. Il arriva à Bordeaux dans la matinée du 4 thermidor an V, et s'entendit aussitôt avec Sauti, courrier de la malle de Toulouse, qui partait pour cette ville à l'heure de midi et demi.

Dans l'intervalle, un inconnu se présente à l'administration municipale du 3ᵐᵉ arrondissement, et fait la déclaration suivante : « Le jeune homme de Tou-
» louse qui va partir avec le courrier de ce jour,
» doit être assassiné à la sortie de Bordeaux, par un
» nombre assez considérable de personnes qui sont
» allées l'attendre sur la route. Je pense que pour
» éviter un pareil malheur, il faut prendre des me-
» sures promptes et surtout bien dirigées. »

Le Bureau central, prévenu de ce fait, suspend le départ du courrier; mais au lieu d'envoyer la gendarmerie sur la route où devait se commettre le meurtre, il s'occupe à discuter le plus ou moins d'opportunité de la mesure qu'il vient de prendre à l'égard du courrier, et laisse ainsi s'écouler le temps jusqu'au moment où il croit pouvoir lever la consigne qu'il avait donnée à Sauti. Celui-ci était dans la cour de la poste, ainsi que le voyageur Groussac, au moment où les ordres du Bureau central arrivaient; on invite Groussac à se rendre aussitôt devant les membres de cette administration. Il obéit, et là on lui fait part du danger qui le menace, et on l'engage à renoncer à son départ jusqu'à ce que l'administration ait pris des mesures pour sa sûreté. Groussac répond qu'il ne se connaît point d'ennemis; qu'il pense n'avoir rien à craindre, et qu'il ne veut ni ne peut retarder son départ. Le courrier Sauti affirme, de son côté, que Groussac ne court aucun risque avec lui, que

Groussac est un honnête homme, que rien de sinistre ne peut lui arriver, et que l'administration pouvait être tranquille. Mais, lui objecta-t-on, ce même Groussac, de la sûreté duquel vous répondez, a été maire de Toulouse pendant la Terreur; nous sommes sûrs que c'est à lui qu'on en veut, et nous avons la certitude qu'il sera égorgé s'il part avec vous. Nouvelles assurances du courrier, que le citoyen Groussac ne courait aucun risque avec lui; et comme les administrateurs insistent encore, Sauti exige un ordre écrit qui lui défende d'emmener Groussac. Les membres du Bureau central ne se croyant pas autorisés à donner un ordre semblable, laissèrent s'éloigner la malle-poste.

Il était environ deux heures, lorsque le même inconnu qui avait fait à l'administration municipale la déposition dont nous avons parlé plus haut, se présenta de nouveau dans les bureaux de l'administration et s'informa si l'on avait pris les mesures nécessaires pour prévenir le meurtre qu'il avait dénoncé. On lui rendit compte de tout ce qui avait été fait. Pourquoi, s'écria aussitôt l'inconnu, et avec toutes les marques d'un profond désespoir, pourquoi donc n'a-t-on pas fait partir la gendarmerie? Soyez-en certains, Groussac est perdu!!... Ces paroles portèrent l'inquiétude et l'alarme parmi les membres du Bureau. On fit partir, en bidet, le piqueur de la commune, afin de s'opposer au crime, s'il en était encore temps. La gendarmerie reçut l'ordre de monter à cheval, et de se porter, ventre à terre, au delà du pont de la

Maye, où l'on supposait que le courrier aurait pu être attaqué. Ces précautions furent prises trop tard : Groussac n'existait plus ! Voici ce qui s'était passé : Parvenue vis-à-vis le bois de Baret, la malle-poste avait été entourée par une vingtaine de cavaliers bien montés et armés jusqu'aux dents. L'un d'eux ordonna au courrier Sauti de faire descendre Groussac. Sauti prétendit lui avoir répondu que Groussac ne se trouvait pas au nombre des voyageurs. *Nous savons le contraire*, répondit le chef de la troupe; et ayant ouvert en même temps la portière, on trouva ce malheureux blotti sous des coussins. Il fut arraché de la voiture et jeté à terre. Tous ces hommes (dépose le courrier) avaient de larges mouchoirs et une partie de leurs cheveux qui recouvraient et rendaient méconnaissables leurs visages. Une voix forte, celle du même chef, ordonna à Groussac *de se mettre à genoux*. Celui-ci obéit. *Recommande ton âme à Dieu*, lui cria-t-on de nouveau, et en même temps un homme grand et robuste sortit du milieu de la troupe, s'avança vers Groussac et lui déchargea dans la tête le pistolet qu'il tenait ; puis, laissant leur victime se rouler dans les convulsions de l'agonie, la troupe, à un signal donné, s'éloigna au grand galop, après avoir ordonné au courrier de continuer sa route. Lorsque la gendarmerie arriva, elle ne trouva plus qu'un cadavre, et ne put se procurer aucun indice sur le chemin qu'avaient pris les meurtriers.

Cependant, sur les ordres réitérés du ministre, la police, qui n'avait pas su prévenir le crime, se mit en mouvement pour en découvrir les auteurs. On opéra quelques arrestations, entre autres celles des nommés Seccey et Meillac; celui-ci, rédacteur d'un journal de Toulouse, intitulé l'*Anti-Terroriste,* avait, comme nous l'avons dit, annoncé le premier le départ de Groussac pour Paris. On conclut de là qu'il ne devait pas se trouver étranger au complot. Le courrier de la malle fut aussi du nombre des personnes arrêtées, mais toutes ces recherches, tout ce grand appareil n'aboutirent qu'à quelques mois de détention préventive pour les accusés, et le public, affamé d'émotions nouvelles, oublia Groussac, et porta toute son attention d'un autre côté. (*Note* L.)

Le fameux arrêté contre le punch n'avait pu encore réussir à calmer les têtes le 18 nivôse an VI républicain, puisque le brave général Lannes, alors de passage à Bordeaux, fut insulté au théâtre, et faillit à devenir la victime d'un infâme guet-apens, organisé par quelques mauvaises têtes de l'époque. (*Note* M.)

Ce général montra, dans cette occasion, le sang-froid et la générosité qui caractérisèrent toute sa vie. Invité le lendemain par l'autorité à désigner ceux qui l'avaient outragé, il refusa de le faire, quoiqu'il en connût plusieurs, laissant, dit-il, au temps et à leur conscience le soin de le venger. (*Note* N.)

CHAPITRE VIII.

Garat et Beck; vers qui leur sont adressés. — Rapports de police : *la Descente en Angleterre*. — *Le Carnaval républicain* (chanson). — Mépris et décadence des formes républicaines. — Le Grand-Théâtre sous l'Empire. — Prat et Bojolay. — Bénéfices du petit théâtre. — Lettre du ministre Lainé en faveur de Bojolay. — Arrivée à Bordeaux de Joanny, de Mlle George, Lafont, Mlle Mars, Talma, etc.

Les réactions, avec leur cortége d'atrocités, et les événements qui surgissaient de toutes parts, ne pouvaient mettre une entrave aux plaisirs. Garat, Beck, Dacosta, Mmes Martin, Scio, Crétu, s'étaient donné rendez-vous dans notre ville, où ils avaient conquis les plus fortes sympathies. Beck, notre habile chef d'orchestre, relevait à peine d'une longue maladie. Un concert est organisé à son bénéfice. Tout Bordeaux veut revoir et entendre cet artiste bien-aimé. Beck est secondé par son ami Garat (1), Garat, dont

---

(1) Garat et Azévédo, de Bordeaux, avaient, par leur talent comme chanteurs, mérité les sympathies de l'infortunée Marie-Antoinette. Cette princesse avait fait délivrer à chacun d'eux le brevet d'une pension de 6,000 liv.

Garat recevait journellement une grande quantité de pièces de vers qui lui étaient adressées par les admirateurs de son rare talent. Comme ces poésies n'étaient pas toujours marquées au coin du bon goût, un de nos compatriotes lui en témoigna ses regrets de cette manière :

« *A M. Garat aîné.*

» Jadis fut déchiré, sur les bords du Riphée,
» Ce chantre dont la terre admirait les concerts.
» Tu vis, mais plus à plaindre, hélas ! nouvel Orphée !
» Car, même en prétendant t'élever un trophée,
» Sans cesse on t'assassine avec de méchants vers. »

le talent échappe à toute analyse, qui séduit, qui charme, qui transporte par la magie de son chant. Les couronnes pleuvent, Beck en fait une ample moisson, et Lamontagne aîné lui adresse les vers suivants, qu'il vient de composer pour lui :

« Ce favori du dieu de l'harmonie
» Par son aspect encor anime les talents ;
» De la même clarté le feu de son génie
   » Brille toujours au déclin de ses ans.
» Il cueille encor des fleurs nouvellement écloses,
» Et les Grâces, dansant au bruit de ses chansons,
   » Viennent mêler des myrthes et des roses
» Aux lauriers immortels dont nous le couronnons. »

Garat, à son tour, est rappelé trois fois, et trois fois on lui fait répéter sa délicieuse romance :

« Églé, sur le peu que je vaux
   » Sans raison tu t'alarmes ;
» Tu t'enivres de mes défauts
   » Autant que de tes charmes.
» Tu crois pouvoir te défier
   » De mon orgueil extrême ;
» Je vais, pour me justifier,
   » Avouer que je t'aime.

» Mais ne crois pas facilement
   » Régner sur ta conquête ;
» Je veux qu'à ton aveuglement
   » Je doive ta défaite.
» Je veux aussi fermer les yeux
   » Sur quelques ridicules ;
» Et plus nous serons amoureux,
   » Plus nous serons crédules.

» Trouve-moi donc franc et sans fard,
» Je te trouve adorable.
» Trouve-moi de l'esprit sans art,
» Et je te trouve aimable.
» Surtout, crois-moi beaucoup d'amour,
» Je te croirai sincère;
» Et prenons garde qu'un beau jour
» L'âge ne nous éclaire. »

Le thermomètre de l'opinion publique, à toutes les époques, doit se retrouver dans les rapports de police qui se rattachent aux théâtres. C'est là, en effet, que les manifestations se croient plus libres, parce qu'elles peuvent se compter. Les théâtres deviennent des espèces de Bourse où toutes les opinions, tous les intérêts, toutes les industries aiment à se produire. On y va chercher la nouvelle du jour, souvent même celle du lendemain; on s'y crée un comité d'affection, de haines et de pensées. Les cabales, les petites intrigues qui, en temps de paix, n'ont d'autre but que de soutenir un artiste ou de faire tomber un directeur, prennent, dans d'autres circonstances, un caractère politique. On applaudit une pièce ou on siffle un auteur, parce que l'homme ou la pièce est la représentation d'un principe.

L'agent qui surveille, qui épie et sait prendre des notes peut se renseigner avec certitude et marquer jour par jour, avec une précision presque musicale, le progrès ou la décadence d'une couleur et d'un parti. Or donc, que l'on parcoure ces mêmes rapports pendant les années V, VI, VII, VIII et suivantes de la République, on y rencontrera partout des faits et des appréciations dans le genre de ceux-ci :

« On a joué ce soir au Grand-Théâtre *Gaston et Bayard*, tragédie en cinq actes de Dubelloy. Dans le cours de cette pièce se trouve un passage qui a produit une vive sensation. C'est dans la quatrième scène du premier acte, entre Bayard et Urbin. Bayard s'exprime ainsi :

> « Dieu dit à tout sujet, quand il lui donna l'être,
> » Sers, pour mieux me servir, ta patrie et ton maître.
> » Sur la terre à ton roi j'ai remis mon pouvoir;
> » Vivre et mourir pour lui, c'est ton premier devoir. »

» A peine l'artiste eut-il déclamé le dernier vers ci-dessus, que les applaudissements les plus nombreux se firent entendre de presque toutes les parties de la salle, et furent prolongés assez longtemps. Au travers de ces applaudissements, nous entendîmes crier à différentes reprises : *Bravo! — Bis!* — etc.

» A la fin de la pièce du *Mariage du Capucin*, le citoyen Huby a chanté sur la scène *un air patriotique*. Nous avons été frappé de douleur du peu de zèle des artistes musiciens et chanteurs des chœurs ! Il n'y avait que trois ou quatre instruments pour accompagnement, mais pas un chanteur ; il a fallu que les artistes qui se trouvaient en scène, et que cela ne regardait pas, se missent de la partie et fissent chorus . . . .

» Nous, soussigné, commissaire de police de la section n° 17, de service au Grand-Théâtre, la toile ayant été levée à six heures et demie, on a joué *l'Heureuse Supercherie* et *Gulnare*. Au commencement de cette dernière pièce, de grands cris se sont aussitôt élevés : *Les bras couverts ! les bras couverts !* criait-on de toutes parts ; *à bas les Jacobins !*

Nous étant aperçus que ces cris s'adressaient aux artistes qui se trouvaient en scène, nous nous y sommes transportés, et avons reconnu que c'était le citoyen Desforges, un des acteurs de *Gulnare*, qui avait paru sur la scène les bras découverts jusqu'aux épaules. Nous étant informés des régisseurs pourquoi ils laissaient paraître sur la scène des acteurs mis aussi indécemment, il nous a été répondu *qu'ils n'avaient pas d'autres habillements que ceux-là à pouvoir leur donner ; mais que la prochaine fois les acteurs seraient plus décemment vêtus,* etc., etc. (1).

» *Signé :* Derville. »

« RAPPORT DE POLICE. (AN VI.)

» *La Descente en Angleterre, ou les Français à Plymouth, pantomime en deux actes.*

» Acte 1er. — Le théâtre représente l'intérieur de

---

(1) Un certain Daumale de Corsonville, professeur à l'École centrale, et auteur d'une mauvaise pièce intitulée : *Assassinat de Bonaparte, ou la Journée de Saint-Cloud*, s'avisa de la faire jouer à Bordeaux en l'an VIII, malgré la défense du ministre de la police. Cette pièce devint l'occasion d'un grand tumulte, au milieu duquel un commissaire de police fut presque assommé. Nous nous bornerons à dire que le personnage de Bonaparte était rempli par l'acteur Lequin, qu'il ne faut pas confondre avec le fameux Le Kain ; celui de Murat par Lafitte ; Lucien était représenté par Dumontey, et Arena empruntait les traits du comédien Pascal.

la prison de Londres. Sur le côté droit, on voit un chevalet, une palette, des pinceaux, une boîte à couleurs, etc., etc.

» Le concierge Darney s'entretient avec sa fille Héloïse, qui lui demande la permission de faire faire son portrait par Merval, jeune prisonnier français que le concierge a sous sa garde. Le père accorde son consentement et appelle Merval, qui paraît et jette des regards d'intelligence et d'amour à Héloïse. Elle s'assied; Merval la pose et lui ravit un baiser à l'insu de son père. Il ébauche ensuite le portrait de la jeune fille. Cette scène est interrompue par l'arrivée d'un prisonnier espagnol, qui, tenant sa guitare en main, joue un air national; mais pendant qu'ils goûtent tous le plaisir de l'harmonie, un grand tumulte se fait au dehors.

» Ce sont des ordres d'État pour que Darney envoie devant un conseil militaire des prisonniers anglais accusés d'avoir voulu rendre la liberté à leur pays. Des soldats se rangent des deux côtés de la prison, et deux héraults, sous les ordres d'un officier général, déploient un drapeau sur lequel est écrit en gros caractères :

» *Le Conseil militaire ordonne d'amener les Anglais conspirateurs.*

» Darney, après avoir reçu cet ordre, fait venir ces prisonniers anglais, à la tête desquels est Parcker; ils sont enchaînés. Les troupes défilent, Darney sort avec elles.

» Une partie des prisonniers revient; ils ont été

acquittés. Parcker seul a été condamné à mort; il arrive, sa femme le suit. Scène de douleur entre les deux époux, attendrissement de Darney et de Merval, étonnement de l'Espagnol, immobilité de tous les autres. Un des gardes remet en secret un papier à Lucrèce, épouse de Parcker; elle l'ouvre avec empressement, et y trouve l'arrivée des Français à Plymouth et leur entrée à Londres. Pleine de joie, elle montre cette lettre à son époux, qui en conçoit les meilleures espérances, ainsi que Merval, qui leur promet à tous une prochaine liberté. On apporte des brocs de vin pour célébrer cette heureuse nouvelle. Bientôt on entend le canon d'alarmes et le tocsin. Le *Chant du Départ* retentit au dehors. Des coups redoublés sont frappés à la porte de la prison; Darney y court et refuse d'ouvrir. Les prisonniers se révoltent et veulent se jeter sur lui. Sa fille accourt sur le théâtre et sert de rempart à son père. Merval vole à son secours. La porte de la prison est enfoncée, les soldats font feu; le peuple pénètre, ayant à sa tête l'épouse de Parcker, armée d'une épée. Elle vole dans les bras de son époux. Le peuple arme les prisonniers. Darney se joint à eux, et tous défilent au son des instruments français.

» *(Marche.)*

» 2me ACTE.—Le théâtre représente la place Saint-James.

» On y voit les Anglais en bataille et faisant des évolutions. Le canon ronfle toujours dans le lointain. Les troupes françaises arrivent, elles se rangent, le feu commence. Elles chargent à la baïonnette. Le peuple vient derrière les troupes anglaises qu'il désunit. Plusieurs combats singuliers ont lieu. Parcker se bat contre un officier général. Merval et l'Espagnol, suivis de pelotons de marins, poursuivent les fuyards. Les trois amis Parcker, Merval et l'Espagnol se pressent auprès du général français, qui a fait lui-même des prodiges de valeur. Ce général les embrasse et fait planter un drapeau tricolore sur lequel est écrit : *Guerre au gouvernement anglais ! Paix et liberté au peuple !*

» Le peuple anglais accourt près du drapeau et danse une ronde. Merval épouse la fille de Darney, qui prend la cocarde tricolore. Parcker, son épouse, Merval, l'Espagnol, Darney et sa fille confondent leur joie. Réjouissance générale.

» *(La toile tombe.)*

» Le public a vivement applaudi la pièce ; mais il est arrivé un incident qui a ensuite causé un grand scandale. Au moment où le général fait planter le drapeau tricolore sur lequel est écrit : *Guerre au gouvernement anglais ! Paix et liberté au peuple !* on s'est aperçu qu'on avait ajouté en lettres noires au-dessous de la seconde phrase : *Mort aux terroristes ! Paix aux honnêtes gens !* Des applaudissements frénétiques se sont alors fait entendre. Craignant que ces manifestations ne devinssent la cause de quelque querelle, nous nous sommes transporté sur le théâtre pour prendre des renseignements à propos de cette phrase. Le régisseur nous a affirmé que lorsqu'on avait déployé le drapeau, il ignorait absolument qu'on y avait ajouté ces mots, et que tous les artistes l'ignoraient aussi ; que ce ne pouvait être que quelque mal intentionné qui avait pu faire le coup. N'ayant trouvé d'autre éclaircissement, nous avons cru devoir nous abstenir, et nous nous sommes retiré. *Signé :* DERVILLE. »

Les acteurs, encouragés par le public, en étaient venus à supprimer le mot de *citoyen* toutes les fois que ce mot se présentait. Quelques affiches de théâtre avaient déjà, en l'an X, substitué les mots de *messieurs, mesdames,* à ceux de *citoyens, citoyennes.* Le préfet Dubois, qui n'osait prendre sur lui ce changement trop brusque de la forme républicaine, écrivit au commissaire général de police :

« En lisant l'affiche des spectacles de ce jour, j'ai remarqué, citoyen commissaire, que les artistes y étaient indiqués sous la dénomination de *messieurs.* Il n'y a aucune loi, aucun acte du gouvernement qui les autorise à se servir de cette qualification. L'employer est *un abus* que l'on ne doit pas tolérer. En conséquence, je vous invite à recommander expressément au directeur des théâtres de supprimer cette dénomination et de veiller soigneusement à ce que les artistes ne soient dorénavant désignés que sous le nom de *citoyens.*

» Je vous salue. DUBOIS. »

Le préfet oubliait que le bon sens public avait déjà fait justice du *tu* et du *toi*, sans qu'aucune loi le lui

eût ordonné, et que puisqu'il ne voyait qu'*un abus*
dans l'emploi du mot *messieurs*, cet abus expliquait
et la décrépitude du régime qui s'en allait et le relâ-
chement des moyens destinés à le soutenir.

Au reste on ne pouvait nier, en voyant les allures
des journalistes et des écrivains, que nous approchions
du terme de cette trop longue saturnale. La chanson
suivante, de J.-B. Pujouls, de Saint-Macaire, intitulée *le Carnaval Républicain*, et que l'on fredonnait
alors dans toutes les loges du théâtre, prouve suffi-
samment à quel point était portée la hardiesse et le
mépris du régime révolutionnaire.

LE CARNAVAL RÉPUBLICAIN.

Air : *Jeunes amants, cueillez des fleurs.*

On prétend que tout carnaval
Sur des mascarades se fonde :
Les masques furent le signal
De tous les carnavals du monde.
Je sais qu'au mardi-gras prit fin
Notre ancien carnaval de France.
Le Carnaval Républicain
Le lendemain, dit-on, commence.   *(Bis.)*

Je ne vois que masques partout
Depuis ce triste jour des Cendres;
Mais il en est pour chaque goût :
Les uns sont froids, les autres tendres.
Leur nombre encore s'accroîtra
Jusqu'à l'heure heureuse ou fatale
Où de droit on séparera
Toute assemblée électorale.   *(Bis.)*

Chut ! écoutons ce masque-là :
Ah ! comme j'aime ma patrie !....
C'est un fripon qui la pilla ;
Messieurs, je vous le certifie,
Je reconnais sa bague,..... Hélas !
Elle rappelle une victime :
La figure ne séduit pas
Quand la main annonce le crime. *(Bis.)*

Là-bas, j'entends un orateur ;
Il charme par son éloquence,
Il parle beaucoup de son cœur :
Ce n'est pas un masque, je pense.
Mais.... à son accent,.... Oui, ma foi,
C'est un grand faiseur de partages,
Qui toujours, comme homme de loi,
Prend sa part dans les héritages. *(Bis.)*

J'aime notre gouvernement,
Dit un homme à marche pesante,
Si l'on fait les choix sagement,
La France est heureuse et puissante.
Pour celui-ci, je le connais :
L'homme faux repousse l'estime ;
Hier, il vantait les bienfaits
De son très-cher l'ancien régime. *(Bis.)*

Pour moi, je ne veux que la paix,
Dit un masque rempli de grâce.
De côté, j'aperçois ses traits :
Mon Dieu, quelle horrible grimace !
Il vous séduit par sa douceur,
Et mon âme en est alarmée !
Des vivres, c'est un fournisseur
Qui sut battre seul une armée. *(Bis.)*

Quel est ce masque à l'air béat
Qui verse des larmes amères?
Il maudit saintement l'État ;
C'est, dit-il, la loi de ses pères.
Le vil flatteur!... au premier mot
J'ai reconnu mon hypocrite;
Par calcul, il s'est fait dévot
Depuis que ce métier profite. *(Bis.)*

Mais j'aperçois un indigent,
Peut-être un rentier sans ressource.
Eh! non, c'est un prêteur d'argent,
Qui fixe le taux à la Bourse.
Avant l'an deux, il n'avait rien :
Il se plaint ; c'est la mode en France.
Ah! s'il a perdu quelque bien,
C'est sans doute sa conscience. *(Bis.)*

Chacun se déguise à l'envi,
Suivant l'air de sa coterie;
Chaque masque adopte un parti,
Tous sont *amis de la patrie*.
Ce titre fut de tous les temps,
Même dans les beaux jours de Rome,
Dans la bouche des charlatans,
Et dans le cœur de l'honnête homme. *(Bis.)*

Ceux-là visent au tribunal,
Mais ceux-ci dont l'âme est si pure,
Espèrent, grâce au carnaval,
Aller à la législature.
Après l'élection, venez,
Et vous verrez, suivant la chance,
Aux exclus quatre pieds de nez,
Aux élus cent pieds d'arrogance. *(Bis.)*

Voici encore quelques autres réflexions peu charitables dont, sous forme de cornet à tabac, on faisait une distribution aux habitués des théâtres.

« *Les Plaisirs de la Révolution.*

» Le Roi, en assemblant les États-généraux, eut le plaisir d'humilier la morgue des parlements;

» Les parlements ont eu le plaisir d'humilier la cour;

» La noblesse a eu le plaisir de mortifier les ministres;

» Les banquiers ont eu le plaisir de détruire la noblesse et de piller le clergé;

» Les curés ont eu le plaisir d'être évêques;

» Les avocats, celui d'être administrateurs;

» Les bourgeois ont eu le plaisir de faire le métier de banquier;

» La canaille a eu le plaisir de faire trembler les bourgeois;

» Ainsi, chacun a eu d'abord son plaisir;

» Tous ont aujourd'hui leurs peines; et voilà ce que c'est qu'une révolution. »

Des tentatives plus hardies encore avaient lieu pour ridiculiser ou rendre méprisables les coryphées de la Terreur. Voici, par exemple, ce que rapportait la feuille appelée *Journal des Journaux*, imprimée à Bordeaux :

« La citoyenne Tallien, à la tête de nos voluptueuses de Paris, à qui elle sert de modèle par la richesse et l'élégance de sa mise, parut dernièrement dans un bal, toute couverte de diamants ; à peine les yeux pouvaient-ils en supporter l'éclat. Son triomphe et sa gloire eussent été parfaits, si un de ces malencontreux que la Révolution a pu faire naître et que ce brillant n'éblouissait pas, ne se fût avisé d'attacher au dos de son ajustement ce billet en assez gros caractères : *Propriété nationale.* Nous nous abstiendrons d'avance de faire toutes les réflexions à ce sujet, qui n'échapperont sûrement pas à nos lecteurs. »

Au commencement de l'empire, l'activité qui régnait dans toutes les parties de la France, le déplacement, le passage des grands dignitaires, des princes et des armées donnèrent au théâtre une vogue extraordinaire. Les militaires s'y montraient dans leurs riches costumes. Le système de l'époque leur faisait presque un devoir d'assister à ces représentations, qui entretenaient dans la jeunesse l'amour de la gloire et faisaient naître chez elle l'envie d'endosser ce brillant équipage sous lequel ressortaient si bien tous les avantages du physique. La garde impériale, forte de ce principe, était aussi assidue au spectacle qu'à la revue. Le Pactole coula alors pour la direction. Le directeur Prat (1), aimé de l'administration et du public, homme habile, adroit et parfait calculateur, faisait ses affaires en ne faisant pas trop mal celles des Bordelais. Il se plaignit d'abord

(1) Prat passa un bail avec la compagnie Tanays pour la direction des deux théâtres (Grand-Théâtre et Théâtre-Français). Plus tard, il y joignit le Théâtre Molière.

de la concurrence du Théâtre de la Gaîté, créé par Bojolay, et il obtint de faire fermer ce théâtre. Son bail était de 30,000 fr. par année, et il se fit accorder un rabais de 10,000 fr., puis de 15,000 fr. plus tard. On lui permit encore de n'ouvrir que trois fois par semaine ; il eut le privilége des bals, et, comme il avait également sous sa direction le Théâtre-Français, il obtint de se servir des costumes du Grand-Théâtre pour les acteurs qui joueraient au Théâtre-Français. Nous devons dire ici, à la louange de Prat, qu'il sut, à l'occasion, s'imposer des sacrifices. Talma et Taglioni furent appelés à Bordeaux, et l'opéra de *Castor et Pollux*, monté avec magnificence, parut aussi sur notre scène.

En 1809, Bojolay succéda à Prat (1) aux mêmes conditions que son prédécesseur, et il s'engagea comme lui à faire jouer sur notre grande scène le répertoire des quatre premiers théâtres de la capitale.

Bojolay, tout en voulant satisfaire le public, s'aperçut bientôt qu'il était loin de pouvoir réaliser des bénéfices ; ses habitudes industrieuses et son caractère cosmopolite lui fournirent bientôt des ressources inconnues de ses prédécesseurs. Bojolay devint à la fois marchand et fabricant, sans cesser d'être directeur. Il faisait des avances aux acteurs : à celui-ci de chemises, à celui-là de chaussure, à cet autre d'habits, de chapeaux, etc., etc. Femmes et

---

(1) Voyez ce que nous disons de Bojolay à l'article du Théâtre de la Gaîté.

hommes trouvaient dans ses magasins de quoi satisfaire amplement à leurs besoins, à leurs goûts, à leurs caprices. Draps, velours, soies, toiles, dentelles, chaussures en tous genres, objets de propreté et de toilette, tout, jusqu'à des épingles, se rencontrait dans ce bazar improvisé. Des ouvriers spéciaux dans chaque partie, et chargés de la confection ou de la vente de ces objets, étaient attachés à l'établissement. Il se rencontrait, dans ce commerce original, un avantage mutuel; car si les artistes trouvaient là une facilité d'emprunt qu'ils n'auraient pas trouvée ailleurs, Bojolay s'y créait un bénéfice assuré et une grande sûreté de recouvrement, puisqu'il se payait à l'avance et de ses propres mains. Cette industrie devint vraiment lucrative pour notre directeur, et nous citerons à ce sujet ce passage d'un rapport sur le Grand-Théâtre, fait en 1813 par MM. Tauzia, adjoint de maire; Pontet, délégué; Bonfin, ingénieur; Dupin, et Andrieu.

« Votre commission a observé avec intérêt que le directeur du Grand-Théâtre avait, par son industrie particulière, trouvé le moyen d'améliorer sa situation. Il s'est fait le fournisseur, pour une foule d'objets de consommation et de vêtements, de la plus grande partie des individus attachés à ses deux théâtres. Ce genre de commerce lui donne un bénéfice réel et assez considérable, qu'il avoue. Ce bénéfice, qui est absolument étranger à l'entreprise théâtrale, en est cependant un effet nécessaire; mais votre commission n'en a parlé que pour vous faire remarquer que l'industrie du directeur actuel est une garantie de plus en faveur des intérêts de la ville, et qu'elle est pour lui un moyen, que tout autre à sa place peut-être n'aurait pas, d'assurer le service du Grand-Théâtre dans les circonstances difficiles où nous nous trouvons. »

Bojolay s'était créé un autre genre de ressources. « Au lieu d'occuper les appartements de la direction, qui sont importants (dit le même rapport), il loge avec sa famille dans une petite maison dépendante du Théâtre de la Gaîté, qui est sa propriété, et loue ses appartements du théâtre. . . . .

» Votre commission applaudit, d'ailleurs, à l'économie et aux moyens permis qu'il emploie pour rendre sa position meilleure. »

Mais ce dont la commission ne se doutait pas, et ce qu'elle ne voulut plus permettre à Bojolay dès qu'elle le connut, c'était que, dans les représentations extraordinaires où le prix des places se trouvait augmenté, le directeur, par un abus dont la commission ignorait la source, n'acquittait jamais le droit des pauvres que d'après le taux ordinaire du prix des places. Ainsi, pendant les trente-une représentations de M. et de Mme Albert, de l'Opéra, et de Talma, le directeur ne paya le droit des pauvres que sur le pied de trois francs par billet d'entrée, lorsqu'ils étaient à 4 et 5 fr.

Prat avait usé de ce moyen, et tous ces petits tours d'adresse contribuèrent, nous le croyons, à les garantir tous les deux du naufrage. Ce qu'il y a de remarquable à cette époque (1813), c'est qu'il ne fallait rien moins que la prodigieuse activité de Bojolay, pour soutenir la direction et se soutenir lui-même. Il avait obtenu de pouvoir rouvrir le Théâtre de la Gaîté, qu'il regardait comme son ancre de salut ; et, en effet, les registres et pièces de comptabilité de la direction des deux Théâtres présentent, pour le Grand-Théâtre, dans le second trimestre de 1813, un déficit de 16,487 fr. 75 c., tandis que le théâtre de la Gaîté donne un bénéfice de 11,340 fr. 47 c.

Les graves événements qui se passaient alors, expliquent en partie la préférence économique que l'on donnait au petit théâtre, pourvu d'ailleurs d'une fort bonne troupe. Prat avait eu l'avantage de se trouver à la tête de la direction au moment le plus brillant de l'empire. Bojolay assistait à son déclin, et avait besoin de toutes ses ressources pour faire face à une catastrophe imminente. Il parvint ainsi jusqu'à l'année 1814, où la Restauration et les personnages distingués qu'elle attira à Bordeaux, rétablirent un peu les finances théâtrales. Le bail de Bojolay lui fut alors renouvelé pour l'espace de six années. Ce mieux ne se soutint point ; car en 1817 (22 février), nous trouvons une lettre du ministre secrétaire d'État de l'intérieur, Lainé, adressée au préfet de la Gironde, et plaidant la cause de Bojolay :

« Monsieur le Comte,

» Je vous ai envoyé, il y a peu de jours, des réclamations du sieur Cortay-Bojolay, directeur des théâtres de Bordeaux ; j'en reçois aujourd'hui de nouvelles de cet entrepreneur.

» Il paraît que sa situation est critique, il sollicite des secours et des dégrèvements. C'est une affaire qui mérite attention.

» Bordeaux ne peut se passer de spectacles. Il est certain que le directeur actuel a fait le service mieux qu'aucun de ses devanciers. Il mérite des égards. Il est de l'intérêt de la ville de le soutenir.

» On augmente ses loyers. Le moment est peu favorable pourtant. Ne faudrait-il pas plutôt les réduire, ou accorder des indemnités, ce qui reviendrait au même.

» Il demande un abonnement pour le droit des pauvres. Dans beaucoup de lieux cette mesure est prise. Si à Bordeaux elle n'est pas adoptée, et que la direction ne puisse évidemment supporter toutes les charges, il faudra toujours en revenir aux allocations à faire.

» Je plaide assurément moins ici pour un directeur de théâtre (quoique après tout le sort d'un particulier, père de famille, chef de grandes opérations, ne doit pas rester indifférent à l'autorité); je plaide moins pour lui, dis-je, que pour le bien de la commune, et pour l'ordre public

» Vous êtes à même de juger, mieux que personne, de l'état des choses. Vous avez vu, en d'autres temps et en d'autres villes, des spectacles qu'il fallait, comme celui-ci, maintenir et protéger.

» Ce sont des points d'administration qui se doivent

traiter sous d'autres rapports que ceux d'une économie rigoureuse jusqu'à l'imprudence.

» Ayez la bonté d'examiner ce qu'il convient de faire ici, et de m'adresser votre rapport, d'après lequel je statuerai.

» J'ai l'honneur de vous offrir, Monsieur le Comte, l'assurance de la considération la plus distinguée.

» *Le Ministre Secrétaire d'État de l'Intérieur,*

» *Signé :* Lainé. »

L'état des finances municipales ne pouvait permettre à la ville la réalisation de ce que demandait Bojolay. Il n'en put rien obtenir, et continua comme par le passé, faisant tantôt d'excellentes recettes, tantôt couvrant à peine ses frais, mais se rattrapant sur son industrie mercantile et les produits merveilleux de son petit théâtre.

La présence à Bordeaux de Joanny, de Mlle Georges, de Lafont, de Mlle Mars, de Talma, qui parut de nouveau sur notre scène, vint améliorer les recettes et réveiller dans la foule les bonnes traditions dramatiques.

CHAPITRE IX.

Joanny, Mlle Georges, Lafont, Mlle Mars, Lavigne, Talma, paraissent sur notre scène. — Quelques mots sur le talent de ces artistes. — Pièces dans lesquelles ils figuraient. — Industrie de Bojolay et conditions auxquelles il avait accepté la direction. — La fortune abandonne Bojolay. — Faillite de ce directeur. — Coup d'œil sur les trois directions, Prat, Bojolay et Solomé. — Considérations sur les directions en général.

Joanny débuta le 29 juin 1814, par le rôle d'Hamlet, dans la tragédie de ce nom. Imitateur servile de Talma, cet artiste s'était approprié les mouvements, les gestes, et jusqu'à la voix de son modèle. L'illusion, à force d'être reproduite, affaiblit elle-même son domaine; aussi, quelque bon copiste que se montrât Joanny, ce n'était jamais qu'un copiste, une machine plus ou moins exacte dans son jeu, mais à laquelle il manquait toujours le souffle inspirateur du grand maître. Joanny, qui d'ailleurs n'était point dépourvu de talents naturels qui eussent pu atteindre à une haute renommée s'il avait voulu n'être que lui, Joanny, disons-nous, gagna beaucoup à jouer de concert avec Mlle *Georges*, qui venait d'arriver. Cette élève de la célèbre Raucourt, cette rivale heureuse de Mlle Duchesnois, qui avait enchaîné à son char jusqu'au critique Geoffroi, pour laquelle la Russie et l'Allemagne venaient de tresser des couronnes, parut enfin à notre théâtre. Trente ans à peine, belle tête, taille majestueuse, organe sonore, tout ce qu'il faut pour plaire, pour subjuguer, étaient le partage de Mlle Georges. Régnant sur les esprits comme elle régnait sur la scène, maîtresse d'elle-même et sûre d'avance du succès, elle eut encore le rare mérite de communiquer aux acteurs qui la secondaient une portion du feu sacré dont elle était remplie. Non seulement Joanny en parut meilleur et atteignit quelquefois au sublime, mais Colson, Leclerc, Buéo, Beauchamp, qui jouaient alors par complaisance dans la tragédie, rivalisèrent de zèle, et obtinrent des applaudissements. C'est ainsi que nous vîmes passer sous nos yeux *Iphigénie en Aulide*, *OEdipe*, *Didon*, *Cinna*, *Andromaque*, où tour à tour Hermione, Jocaste, Émilie, Clytemnestre, Mlle Georges justifia pleinement sa célébrité.

Lors de sa dernière représentation, dans la *Médée* de Longepierre, et au moment où elle quittait la scène, une troupe de figurants et de comparses, placés là par la galanterie de Bojolay, lui ferma le passage ; elle fut ramenée, et un enfant, sous le costume de l'Amour, lui présenta une couronne à laquelle étaient attachées deux pièces de vers. Nous rapportons la fin de la première, dont l'intention fait excuser la faible poésie :

« Reine qui sur les cœurs établis ton empire,
» Tu vas quitter ces bords où ta puissance expire ;
» Aux rives de la Seine, au séjour des grandeurs
» Tu vas porter ton art, ton sourire et tes pleurs.
» Sans t'abaisser en rien tu peux quitter un trône
  » Par tant de travaux acheté,

» Pour t'en dédommager, nous t'offrons la couronne
» Du talent et de la beauté. »

Lafont, que nous avons tous connu, et dont chacun de nous regrette encore la perte, était devenu, à force d'études et de persévérance, le premier acteur tragique du Théâtre-Français. Son visage beau, *mais peu mobile et peu tragique*, manquait quelquefois l'effet, parce qu'il manquait d'énergie ; mais Lafont avait tellement conservé les bonnes traditions théâtrales, il s'était tellement identifié avec l'esprit de certains rôles, sa sensibilité, son tact étaient si profonds, que nul acteur n'a su, mieux que lui, impressionner son auditoire. Lafont exécuta même un tour de force en ce genre, car, à la représentation d'*Adélaïde Duguesclin*, pièce dans laquelle il remplissait le rôle du duc de Vendôme, on vit le parterre tout entier fondre en larmes, et rappeler deux fois sur la scène, avec des applaudissements et des trépignements frénétiques, celui qui venait d'obtenir un si beau résultat. Il était parfait dans le rôle du Cid, dans celui d'Achille ; et s'il se montrait faible dans *OEdipe*, dans *Mahomet* et dans *Coriolan*, il atteignait ensuite aux limites de l'art, dans *Tancrède, Pygmalion, Bruéis et Palaprat, le Glorieux*, etc. ; car Lafont, ainsi que Talma et quelques autres tragiques, quittait parfois Melpomène pour Thalie, et se partageait, bien qu'à un degré différent, les faveurs de ces deux muses.

Mlle Mars donna vingt représentations qui commencèrent au mois de décembre 1816 et se terminèrent en janvier 1817. On sait combien le répertoire de cette actrice était varié, et pour ainsi dire, inépuisable. Elle parut tour à tour dans *Tartufe, le Misanthrope, les Trois Sultanes, l'École des Femmes, l'École des Maris, le Barbier de Séville, la Coquette corrigée, l'Amant bourru, la Partie de Chasse de Henri IV, le Roman d'une Heure*, et dans un grand nombre d'autres comédies; jouant chaque soir dans trois pièces différentes, et se montrant à la fois actrice consommée et femme ravissante. Les rôles de Roxelane dans *les Trois Sultanes*, de Mme de Martigue dans *l'Amant bourru*, de Cateau dans *la Partie de Chasse*, Célimène dans *le Misanthrope*, lui conquirent bien des bravos et des couronnes. Le chevalier Romain Duperrier de Larsan, connu par l'originalité de ses productions poétiques, fit à ce propos les vers suivants :

« Contat, toi dont la perte afflige encor Thalie,
» Je t'admirai jadis!.... j'ai vu Mars, je t'oublie. »

Le prix des places était de 5 fr., quoique lors des représentations données par Mme Catalani, il eût été porté à 6 fr. Le même tarif fut maintenu pour les représentations de Talma.

Mais avant l'arrivée de ce grand tragédien, n'oublions pas de mentionner les excellentes recettes faites pendant le séjour de *Lavigne*, premier sujet de l'Académie royale de Musique. Polynice d'*OEdipe*, et Licinius de *la Vestale*, ont bien rarement trouvé un aussi digne interprète. Ses délicieuses romances, ses chants pyrénéens, avec accompagnement de cor, attiraient chaque fois un public immense. Bojolay ne devait pas se plaindre alors des sacrifices qui lui étaient imposés.

Talma débuta par le rôle d'Oreste, dans *Andromaque* (26 octobre 1817). La salle dut paraître, ce soir-là, beaucoup trop exiguë, et au public et au directeur. Selon la mauvaise et surtout imprudente coutume suivie dans de semblables occasions, on avait distribué un nombre de billets supérieur au nombre des places. Qu'arriva-t-il? Un tumulte effroyable eut lieu; des coups furent donnés et reçus, au milieu des cris, des trépignements, des exclamations de toutes sortes; le parterre se leva comme un seul homme, escalada l'amphithéâtre d'où il repoussa les habitués; le paradis descendit au parterre, les abonnés se placèrent comme ils purent; celui-ci renonçant à retrouver son chapeau, celui-là sa canne, et d'autres, des objets plus précieux encore. Enfin, l'ordre naquit du désordre, les têtes se calmèrent, le silence se rétablit, chacun prêta l'oreille et fut tout étonné de se trouver au second acte; le premier s'était passé au milieu du tumulte. Le *Tristis Orestes*, secondé par Mme Charles, qui remplissait le rôle d'Hermione, par Mlle Virginie (Andromaque), et Menjaud (Pyrrhus), enchanta ou épouvanta son auditoire attentif. *OEdipe* le rendit ensuite l'objet d'un parallèle avec Lekain. Ce dernier, disait-on, faisait frémir quand il prononçait cet hémistiche :

« Vous frémissez, Madame ! . . . . . »

On attendait l'épreuve pour Talma, et Talma fit frémir à son tour.

Le fameux monologue : *Où suis-je? Quelle nuit!* lui valut un tonnerre d'applaudissements.

Manlius, Coriolan, Hamlet, Britannicus, les Templiers, Gabrielle de Vergy, Abufar, Iphigénie en Aulide, Shakespeare amoureux, Nicomède, Venceslas, se succédèrent rapidement, et ne firent qu'augmenter ses succès.

On a beaucoup parlé du talent de Talma; quelques anciens amateurs lui préféraient Lekain. La voix sourde, caverneuse, mélancolique du premier, voix toute factice, comme on sait, leur semblait monotone, fausse, et ne pouvant toujours s'accorder avec l'âge ou le caractère du personnage qu'il représentait. Talma l'emportait sur Lekain par la beauté du physique; mais cette beauté même ajoutait ou devenait un obstacle à la peinture et à la nuance des diverses passions. Lekain, grâce à l'extrême mobilité de ses muscles, changeait de masque à volonté, et savait varier à l'infini les inflexions de sa voix : on ne perdait rien de son débit. Talma, sous ce rapport, laissait beaucoup à désirer ; on l'entendait quelquefois à peine, et les éclats subits de sa voix, quand il se livrait à quelques transports furieux, tranchaient trop sur sa monotonie ordinaire, pour faire éprouver aux spectateurs autre chose que de la surprise. Lorsque Talma parut, disait-on encore, Lekain avait déjà purgé le théâtre de tout ce qu'il avait de faux et de ridicule, soit dans les costumes, soit dans le débit.

Talma n'eut donc qu'à perfectionner l'œuvre de son prédécesseur, et le mérite de l'entreprise resta tout entier à ce dernier.

Talma, comme Mlle Mars, donna vingt représentations qui toutes devinrent fructueuses par l'empressement de la population à venir admirer ce grand artiste.

La mise en scène de l'opéra des *Bayadères,* la comédie de l'*Homme Gris* et quelques autres nouveautés, prouvent que Bojolay cherchait à varier les plaisirs du public. La fortune de ce directeur avait subi de notables améliorations. C'est ce qui ressort d'une délibération prise par le Conseil municipal, à la suite d'une nouvelle demande de Bojolay en diminution de son bail. Il résulte, d'après l'examen des pièces fournies par celui-ci, que les recettes faites en 1816 s'élèvent à 521,744 fr. (le décime payé), tandis que les années 1813, 1814, 1815 réunies n'ont donné que la somme de 1,455,394 fr. 20 c., ce qui prouve que Bojolay « a fait, en 1816, encore de meilleures affaires que dans les années précédentes. » La délibération conclut au rejet de sa demande. Bojolay, suivant la voix publique, avait acquis, dans le cours de sa direction, une honnête fortune de 200,000 fr. (1). Son bail ne se ter-

---

(1) Bojolay n'en était pas plus fier. Il se plaisait à montrer chez lui un grand tableau dans lequel il s'était fait peindre, *conduit par la Fortune jusqu'à la porte du Grand-Théâtre.* Le fond du tableau représentait tous les petits théâtres (y compris sa première baraque), dont il avait été successivement directeur.

minait qu'au 20 avril 1820; il en devança le terme et se retira. Heureux, si, satisfait de son humble bien-être, il eût désormais consacré au repos et à sa famille le reste de sa vie; mais ce repos est impossible à de certains tempéraments; Bojolay en est un triste exemple. Nous passons sous silence la direction et la faillite de son successeur, qui n'exerça que quelques mois à peine, et nous revenons à Bojolay.

Le bail du sieur Fargeot était de sept années, commençant le 21 avril 1820; dès le 24 janvier suivant, Fargeot avait déclaré sa faillite. Les acteurs adressèrent au maire une pétition pour lui demander de confier la direction du théâtre à Bojolay. En effet, « des pourparlers (1) eurent lieu entre M. le Maire et le sieur Bojolay, pour que ce dernier se chargeât de l'administration des théâtres jusqu'à la fin de l'année théâtrale. Pour l'y déterminer, M. le Maire lui offrit d'abord de ne pas exiger de lui les loyers de la salle du Grand-Théâtre pour les trois mois qui restaient à courir jusqu'à la fin de l'année théâtrale; loyer que la loi mettait à la charge du sieur Fargeot; mais il n'entendait pas alors soumettre le sieur *Bojolay* à laisser entrer gratuitement les *abonnés* qui avaient payé au sieur Fargeot leurs abonnements.

» Bientôt après, des rapports de police apprirent aux autorités supérieures, que les *abonnés* se proposaient d'exiger l'entrée *gratuite* du Grand-Théâtre

---

(1) Voir *Observations pour M. le Vte de Gourgues, maire de la ville de Bordeaux, appelant, contre le sieur Cardoze, syndic des créanciers Fargeot, intimé.*

jusqu'au 24 avril 1821. Ces rapports faisaient même craindre des désordres qu'il était essentiel de prévenir. D'un autre côté, on ne pouvait s'empêcher de reconnaître que les *abonnés* étaient fondés jusqu'à un certain point, puisqu'ils savaient que la ville avait exigé et reçu du sieur Fargeot un cautionnement de 20,000 fr. pour la sûreté des abonnements.

» De nouveaux pourparlers eurent lieu entre M. le Maire et le sieur Bojolay, en présence de M. le Préfet. Pour déterminer le sieur Bojolay à laisser jouir les abonnés de leur entrée, M. le Maire promit de lui céder et abandonner, outre le non-paiement des loyers pour les trois derniers mois de l'année théâtrale, le cautionnement de 20,000 francs, fourni à ce sujet, par le sieur Fargeot, aussitôt que la ville en aurait obtenu la libre disposition et la main-levée, par suite de la demande en dommages-intérêts qu'elle allait former contre ce directeur failli.

» Cette promesse ne suffisait pas pour indemniser le sieur Bojolay. En effet, on avait reconnu que le sieur Fargeot avait reçu 176,000 francs pour les abonnements à l'année. Le quart de cette somme, pour les trois mois restant à courir jusqu'au 24 avril 1821, s'élevait à 44,000 francs, somme plus que double de celle de 20,000 francs, promise éventuellement par M. le Maire.

» D'un autre côté, la troupe des acteurs menaçait de se dissoudre. Considérant comme nuls et sans effet les engagements contractés par eux avec le sieur Fargeot, pour la seconde année d'un bail résilié de plein droit par sa faillite, et ignorant à qui le bail des spectacles serait concédé, à compter du 21 avril 1821, les principaux artistes se proposaient déjà de contracter ailleurs de nouveaux engagements, ce qui aurait privé Bordeaux, pour plusieurs années peut-être, d'un spectacle convenable à cette cité.

» Il était indispensable de prendre de promptes mesures pour parer à tous ces inconvénients. Une seule pouvait les prévenir ; elle consistait à traiter de suite avec le sieur Bojolay, pour un nouveau bail de sept années, à partir du 21 avril 1821, et à le soumettre à exécuter tous les engagements contractés par le sieur Fargeot, envers les acteurs, pour la seconde année de son bail.

» Le sieur Bojolay fit observer avec raison : 1° que la promesse de la somme de 20,000 francs ne pouvait couvrir les 44,000 francs qu'il perdrait jusqu'au 21 avril 1821, par l'entrée gratuite des abonnés ; 2° que le sieur Fargeot avait porté le prix de plusieurs engagements à un taux excessif ; 3° qu'il avait engagé plusieurs sujets inutiles à l'entreprise. En conséquence, il déclara ne pouvoir se soumettre aux obligations qu'on voulait lui imposer, qu'autant que le prix du bail du Grand-Théâtre serait considérablement réduit.

» M. le Maire fut donc forcé, par la faillite du sieur Fargeot, à consentir au sieur Bojolay un bail de sept années, au prix de 15,000 francs par an. La situation où il se trouvait et la force des circonstances l'y contraignirent.

» Telles furent les conditions d'après lesquelles le sieur Bojolay consentit à se soumettre à toutes les obligations dont l'intérêt public et le repos de la cité exigeaient l'accomplissement.

» Les spectacles furent ouverts. Les abonnés jouirent *gratuitement*, jusqu'au 21 avril 1821, de leur entrée, dont le prix entier avait été perçu par le sieur Fargeot. Les artistes, certains de l'exécution de leurs engagements, restèrent à Bordeaux, et l'on fut assuré d'une troupe bien composée, quoique trop nombreuse et trop chère, pour l'année théâtrale qui commencerait le 21 avril 1821. »

La fortune, qui avait favorisé Bojolay, l'abandonna dès ce moment. La troupe dont il se chargeait, quoique bien composée, était trop chèrement payée, et Bojolay se trouva bientôt en avances de plus de 30,000 francs; l'entrée gratuite des abonnés pendant plusieurs mois; les recettes sur lesquelles il comptait durant la foire; ayant été presque nulles; la chaleur de la saison dépeuplant les théâtres; une partie du matériel à réparer; enfin la maladie de Bojolay, qui enchaîna son activité ordinaire, amenèrent une catastrophe. Le 21 février 1822, ce directeur avait cessé ses paiements, et, le 14 mars de la même année, un jugement du tribunal de commerce le déclarait failli. Une partie de son avoir fut absorbée par ses créanciers; le reste fut bientôt dissipé dans de malheureuses entreprises. Bojolay resta sans ressources et mourut dans la pauvreté. (*Voyez Note O.*)

Nous avons déjà annoncé que nous ne prétendions

pas faire la biographie complète de chacun de nos directeurs. Si donc nous avons accordé quelques lignes de plus à Bojolay, c'est parce que nous l'avons considéré comme le géant de la direction, lui tenant compte de la durée de la sienne, des difficultés qu'il rencontra, et des merveilleux efforts qu'il fit pour les détourner ou les vaincre. Prat et Solomé ne doivent venir qu'après lui.

Prat échappa au sort de ses devanciers, parce qu'à l'époque où il dirigeait, le commerce de Bordeaux avait repris une activité extraordinaire, à la suite du traité d'Amiens. Le Grand-Théâtre n'avait alors aucun établissement rival qui pût attirer le public, si l'on en excepte le petit théâtre de la Gaîté, que Prat eut le pouvoir de faire fermer. Ce directeur n'avait qu'une troupe et disposait de trois théâtres, savoir : le Grand-Théâtre, celui des Variétés, et le Théâtre-Molière ; de sorte qu'il lui était facile de combiner ses représentations de manière à attirer le public. Ses trois théâtres restaient ouverts même les jours de fêtes religieuses. Il jouissait seul du privilége de donner des bals masqués, et enfin, il fit de telles économies sur l'entretien du Théâtre, qu'on ne surveillait point assez, qu'il laissa détériorer le magasin, la salle et ses dépendances. Lors de la seconde reprise de son bail, de 1824 à 1827, il s'était assuré une commandite de 75,000 fr., et se fit promettre ensuite par la ville une somme de 20,000 fr. en cas de perte. On voit que Prat fut favorisé par les circonstances.

Quant à Solomé, il obtint d'abord 114,033 fr. 23 c.

de subvention ; il exploita pendant six mois le Théâtre des Variétés, le Grand-Théâtre ayant fermé pour cause de réparations. Il se trouva profiter ainsi de deux hivers pour un été, d'une salle neuve, et se retira après deux ans de gestion, avec bénéfices.

Lorsqu'il reprit la direction, après la faillite de Robillon, il obtint 157,333 fr. 35 c. de subvention, sollicita de la ville la résiliation de son contrat, et n'évita une faillite que par le bon vouloir des artistes, qui terminèrent l'année en société.

Nous donnons ici la liste de tous nos directeurs, de 1688 à 1855, c'est-à-dire durant un espace de cent soixante-sept années. Il sera facile, en parcourant cette liste, de compter les heureux de la direction. Il serait aussi facile de découvrir les causes de la ruine du plus grand nombre, si ces causes étaient fixes et apparentes; mais trop d'éléments y concourent pour asseoir un jugement sans appel dans une question aussi épineuse.

Les appointements hors de toute proportion donnés à de certains artistes ;

Les nouveautés dispendieuses à monter ;

Les exigences d'un public gâté par l'habitude ;

L'esprit aventureux et l'insolvabilité de plusieurs directeurs ;

Les entrées de faveur illimitées (*Note* P) ;

Les abonnements trop multipliés ;

Les événements politiques qui surgissent quelquefois ;

La morte saison ;

Les changements ou les tendances qui surviennent ou s'opèrent à de certaines époques, dans les mœurs, le caractère, l'esprit et la littérature des populations ; voilà, si nous ne nous trompons, les principaux éléments de tous ces renversements de fortune. Nous ajouterons même que la dernière de ces causes renferme en elle seule tout ce qu'il faut pour rendre nulles les meilleures dispositions. C'est cependant celle dont on s'est le moins préoccupé jusqu'ici. Il est vrai de dire qu'on trouverait bien difficilement le moyen de la combattre. A l'époque de l'ouverture du Grand-Théâtre (1780), un café et un cercle s'établirent à Bordeaux : *café de la Comédie, cercle de l'Académie*. Ces deux lieux de réunion, eu égard à la population, qui se montait à cent dix mille âmes, ne pouvaient absorber qu'un bien petit nombre d'habitués. Aujourd'hui vingt cercles et cent cinquante cafés environ s'offrent à nos concitoyens. On y va d'abord par désœuvrement, puis par habitude. On s'y crée des connaissances, on y rencontre chaque fois à peu près les mêmes amis, on y lit les journaux, on y joue, on y parle d'affaires ; la soirée se passe. Quand l'été arrive, on n'abandonne guère les cafés. On s'y repose, on s'y rafraîchit. C'est alors que les théâtres sont en chômage. L'hiver, on est encore mieux chauffé dans un café ou dans un cercle qu'au théâtre ; puis l'habitude est prise. Des cafés et des cercles se sont établis dans tous les quartiers. Il y a peu de grandes rues qui n'aient maintenant le leur ou les leurs ; car plusieurs, comme les rues du Mirail, des

Minimes, de Ségur, etc., ont deux et trois cafés. Ce sont des voisins, pour la plupart, qui fréquentent ces lieux de réunion, des petits marchands, des industriels, des demi-fortune. On n'a pas besoin de faire toilette pour y être admis. Un peu de propreté suffit. On est à deux pas de chez soi en cas de pluie. Puis il est si doux, surtout en hiver, de n'avoir pas toute la ville à traverser. Les habitués de ces lieux de réunion ne les abandonnent guère dans les soirées de la semaine. Ce n'est que le dimanche qu'on les voit se diriger quelquefois vers les théâtres et s'y procurer un extra de distraction, qu'ils ne se permettent pas assez souvent, pour que cela puisse profiter beaucoup aux directeurs. Or, ce qui se pratique dans les quartiers secondaires de la ville, se pratique également dans les beaux quartiers, où des cafés et des cercles sont établis. Il ne faut rien moins que des Talma, des Mars, des Taglioni, des Malibran, des Rachel; ou des opéras tels que *les Martyrs, la Juive et les Huguenots,* pour stimuler la curiosité et rompre un peu ces habitudes; mais les directeurs ne peuvent pas offrir de ces nouveautés tous les jours, et après quelques bonnes recettes tout retombe dans l'apathie; on oublie le chemin du théâtre et l'on reprend le cours de ses distractions ordinaires. Peut-on remédier à cela? Le temps seul pourra nous donner une réponse.

C'est sous Prat et Bojolay, que le traitement des artistes a commencé à prendre une extension toujours croissante depuis.

En l'an V, la directrice Latapy ayant fait venir de Paris Mlle Contat et Fleury, les paya à raison de 500 fr. par représentation et 24 fr. par jour de frais de voyage et de séjour à Bordeaux.

M. Prat paya Mme Catalani 1,000 fr. par représentation.

Sous Bojolay, Mlle Mars eut 800 fr. à peu près, Talma en eut 1,400.

Sous M. Léon, ce directeur proposa à M. Rubini, de passage dans notre ville, de lui donner 2,000 fr. par représentation. Rubini consentit à donner seulement une représentation, mais à condition que ce qui lui revenait serait distribué entre l'orchestre et les pauvres.

Dupré était payé sur le pied de 1,800 fr. par représentation.

Mlle Rachel avait moitié recette (frais prélevés).

Du 22 avril 1822 au 20 avril 1823, nous trouvons une somme de 42,093 fr. 01 c. dépensée pour les artistes étrangers à la ville, savoir :

19,206 fr. 70 c. pour le Grand-Théâtre.
22,886   31   pour le Théâtre-Français.

Total. . 42,093 fr. 01 c.

Cette dernière somme de 22,886 fr. 31 c. se partageait entre Lepeintre aîné, les demoiselles Romanine, Perlet et Rovère; tandis qu'à la même époque, le tragédien Ligier, notre concitoyen, ce digne émule de Le Kain et de Talma, n'obtenait pour 8 représentations que 2,555 fr.

Jenny Colon et Lafont, qui se trouvaient en représentation à Bordeaux, en 1829, s'étaient réservé la moitié de la recette, tandis que Lafeuillade, Valère, Mme Boulanger, se partageaient 18,000 fr. pour quelques représentations, et à raison de 1,000 fr. par représentation.

Aussi M. Baignol écrivait-il au Maire :

Les représentations données par Jenny Colon, Lafont, Lafeuillade, etc., sont des plus onéreuses à l'administration.

Bojolay avait autrefois exprimé les mêmes plaintes sur la nécessité où il s'était trouvé de se servir de ces célébrités étrangères ; mais comme il est écrit que les hommes, *à la honte du progrès*, tomberont toujours dans les mêmes erreurs ou commettront les mêmes fautes, nos lecteurs ne seront pas étonnés d'entendre le malheureux Robillon avouer *(Prospectus du 16 avril 1835)* qu'il a sacrifié une somme de près de 100,000 fr. pour les artistes en représentations.

Joignez à ces fortes dépenses, mais qui ne sont que momentanées et peuvent offrir quelquefois des compensations, les sacrifices trop souvent exagérés que font les directeurs pour la composition de leurs troupes, pour créer des décorations pareilles à celles de *la Muette de Portici*, d'*Armide*, de *la Juive*, des *Martyrs*, et au beau salon de la *Tour de Nesle*, etc., et dites-nous s'il est étonnant de voir se multiplier les sinistres dramatiques ?

La multitude se rend au théâtre, moins pour juger que pour voir ; ceux qui sont capables de juger formant le petit nombre. Or, comme on a bientôt vu un décor et bientôt appris une pièce, tout est dit alors pour les individus dont la curiosité est le seul mobile.

Croyez-le bien, ce n'est ni Corneille, ni Racine, ni Molière, ni Voltaire que l'on court entendre au théâtre. C'est l'acteur que l'on veut connaître. La science des mœurs ou des caractères importe peu au public. D'ailleurs, ainsi que chacun peut le voir, la tragédie et la comédie sont mortes à Bordeaux. Ces deux parties doivent être rayées momentanément pour nous de tous les prospectus dramatiques. Non que nous n'ayons de bons juges, mais ils auraient honte de se montrer au milieu de l'indifférence générale. Laissez donc l'épidémie faire son cours. Les principes ne se perdent jamais, et toute la friperie romantique ne fera pas plus de grands hommes qu'elle ne pourra détruire ceux qui le sont déjà; on reviendra aux règles et aux bons écrits, parce qu'ils sont l'opposé du faux et de l'absurde. La littérature a déjà une tendance à redevenir classique. Accueillons-la, encourageons-la, sans lui faire honte de ses anciens écarts, et vous verrez nos concitoyens accourir aux théâtres, avec le même empressement qu'ils y mettaient, du temps des Le Kain, des Larive, des Contat et des Molé. Les temps changent et les goûts aussi. Seulement, pour remédier en partie aux dépenses exagérées et souvent forcées qui se rattachent aux artistes, qu'on nous dise s'il ne serait pas possible aux directeurs des principales villes de province, de former entre eux une association mutuelle, ayant pour but de mettre des limites aux exigences de certains artistes et de fixer d'une manière précise, uniforme et irrévocable, le traitement à payer à chacun d'eux en cas d'engagement ou de représentations limitées? Qu'arriverait-il? C'est que les prix étant les mêmes partout, un acteur trop exigeant devrait rabattre de ses prétentions ou renoncer à ses bénéfices de congés. Dans cette association d'intérêts semblables, chaque directeur prendrait l'engagement de ne dévier dans aucun cas des règles qu'on se serait imposées et de maintenir, sous peine d'une amende au profit de tous et dont on pourrait limiter le chiffre, les statuts arrêtés à ce sujet.

Les acteurs ainsi prévenus n'auraient plus à défendre ou à discuter leurs prétentions, et les directeurs, au lieu de s'arracher une proie qui les entraîne souvent dans le gouffre, pourraient composer leur troupe avec plus de facilité et toujours d'accord avec leurs budgets.

Il y a plus, c'est que les populations, devenues moins exigeantes par l'impossibilité d'avoir mieux, ne pourraient plus imposer à la direction leur capricieuse volonté, et, rendues sages par l'expérience, elles se contenteraient du *mieux possible*, sans associer à leurs folies les intérêts et souvent l'avenir d'artistes estimés et de chefs de famille plus imprudents que coupables. Ce projet, dont nous aurions tort de nous attribuer l'initiative puisqu'il a déjà eu quelque publicité, nous a paru assez rationnel et devoir détruire, s'il était mis en pratique, une partie des abus dont nous avons fait mention. Le plus difficile cependant, n'est ni de l'avoir imaginé, ni même de le mettre à exécution. C'est bien plutôt de trouver un certain nombre de directeurs assez sages pour s'entendre, et assez expérimentés pour prévenir leur ruine inévitable, en travaillant à la destruction de l'un de ses éléments les plus sûrs.

CHAPITRE X.

LISTE
DES DIRECTEURS DES THÉATRES DE BORDEAUX
De l'année 1688 à l'année 1855.

CLERSILIE et PITEL (de mars 1688 à mars 1693). Payant 300 liv. par an pour loyer de la salle et donnant le produit de deux représentations pour droit des pauvres. Ils jouaient l'opéra et la comédie, et firent de mauvaises affaires, puisque les jurats, pour les indemniser de leurs pertes, leur accordèrent la remise d'une somme de 300 fr. dont ils étaient redevables pour loyer. La recette (de 1688 mars à 1689 mars) se montait, suivant une note de ces directeurs, à la somme de 46,400 liv.; les dépenses, à 43,600 liv. Ces recettes diminuèrent ensuite et les laissèrent endettés.

Jean BILIEZ et Jacques ROUSSEL (1690). Ces deux directeurs jouaient l'opéra et faisaient concurrence à Clersilie et Pitel. Ils ne purent cependant tenir qu'une année, à la fin de laquelle ils s'associèrent avec la troupe d'opéra de Clersilie. Ils payaient la salle de l'Arsenal à raison de 600 liv. par an et donnaient deux représentations et 20 liv. pour les pauvres. Ils partagèrent la destinée de Clersilie et quittèrent Bordeaux en novembre 1693.

BRIOLÉ (de mai 1698 à octobre 1699). Ne jouait que la comédie, payait 800 liv. de loyer et donnait une représentation pour les pauvres de l'hôpital Saint-André. Il fut obligé de prendre la fuite en abandonnant ses décorations. Les directeurs de cette époque traînaient toujours à leur suite l'attirail de la mise en scène et les emportaient quand il fallait céder la place à un nouveau confrère.

Sébastien LOPES (de mars 1701 à avril 1703). Directeur d'une troupe d'opéra, payant 700 liv. de loyer et donnant une représentation et 10 liv. pour les pauvres. (Mauvaises affaires.)

LETOURNEAU (1705). Directeur pour la comédie seulement, payait de loyer 700 liv., donnait deux représentations pour les pauvres. Il ne tint que de février à avril et prit la fuite.

Le théâtre est fermé jusqu'en 1720.

BARBARIN (mai 1720). Ce directeur, qui faisait représenter l'opéra et la comédie, reconstruisit son théâtre brûlé au moyen d'une loterie et d'une somme de 25,000 fr. que lui donna le duc d'Orléans. Il louait sa salle aux directeurs de passage à raison de 15 liv. par jour. Ce fut le premier qui établit, pour le droit des pauvres, un droit fixe de 2 sous sur chaque billet d'entrée. Barbarin fut ruiné un peu plus tard.

DACHON (juin à novembre 1721). Directeur d'opéra, qui ne tint que cinq mois et donnait, pour droit des pauvres, 2 sous par billet.

LAFOND (de mai 1724 à mai 1725). Opéra. — Payant 500 liv. par mois de loyer; 2 sous par billet de droit des pauvres. Les jurats expulsèrent ce directeur parce qu'il tenait dans le théâtre une banque de jeux.

COMÉDIENS ITALIENS ET FRANÇAIS (1726 février à 1727 janvier). 500 liv. de loyer par mois, 2 sous par billet pour les pauvres. Quittent Bordeaux n'ayant pu obtenir des jurats la permission d'augmenter les prix des places.

Le théâtre est fermé jusqu'en 1735.

Demoiselle DUJARDIN (1735 à 1738). 300 liv. de location par mois aux jurats, une représentation et 2 sous par billet de droit des pauvres. Cette directrice avait fait construire une salle dans le jardin de l'Hôtel-de-Ville. *(Voyez page 21.)* Elle devait l'occuper pendant trois ans; mais elle la céda au bout d'un an aux directeurs suivants, ne pouvant plus tenir elle-même. A cette époque (15 juin 1735), les jurats exigèrent que la recette fût comptée tous les jours après la représentation, et que le greffier de l'Hôtel-de-Ville s'en fît rendre compte de quinzaine en quinzaine. Cette mesure était pour sauvegarder principalement les droits des pauvres.

Gherardi.. | 1736 }
Moylin et | 1736 à 1737 }
Sérigny.... |
Loinville. | 1737 à 1739 }

Ces divers directeurs jouaient la comédie; ils payaient de loyer 300 liv. par mois et 2 sous par billet pour les pauvres. C'est à propos de l'arrivée à Bordeaux de Moylin et Sérigny que les jurats de Bordeaux écrivaient à M. Ducormier, directeur à Angers : *Il ne nous faut ici que du choisi en tout genre.*

Duchemin (1739). Comédie.—Payait de loyer 600 liv. par mois pour l'été et 400 liv. pour l'hiver; 2 sous par billet pour les pauvres. Ce directeur fit de mauvaises affaires quoiqu'il eût pris des arrangements avec Brémont, directeur de l'opéra de Toulouse, pour venir jouer à Bordeaux, tandis que lui-même irait jouer la comédie à Toulouse. Cet arrangement ne put les sauver d'un commun naufrage.

Brémont (1740), associé de Duchemin.

Bousignon, Archambaud, Sallefranque (1738 à 1740). Ces trois directeurs étaient l'architecte, le menuisier et le charpentier de la demoiselle Dujardin, qui leur céda la salle en paiement de ce qui leur était dû.

Francisque (1739 mai à 1740 juin). Opéra. — Payait 300 liv. de loyer par mois; 2 sous par billet pour les pauvres. Il ne tint que onze mois.

Rousselot (1741, juillet à novembre). Comédie. — 300 liv. par mois de loyer, 2 sous par billet pour les pauvres. Quitte Bordeaux au bout de quatre mois.

Moylin, Lesage, Brémont (1741 décembre à 1742 avril). 500 livres par mois de loyer, 2 sous par billet pour les pauvres, jouant l'opéra et la comédie. Brémont, qui avait déjà échoué à Bordeaux, joint son opéra à leur troupe de comédiens.

Ils jouent alternativement ces deux genres sans pouvoir réussir à payer leur loyer.

Hébérard et Loinville (1743 à 1745 mai). Comédie et opéra. — 600 liv. de loyer par mois, 2 sous par billet pour les pauvres. Ces deux directeurs restent débiteurs de la ville et sont poursuivis.

Il paraît, d'après des lettres adressées par les jurats, sous la date des 5 et 10 octobre 1743, à Mgr le comte d'Eu et à M. de Tourny, que l'opéra de Bordeaux, à cette époque, était devenu *un chaos de fraudes, d'abus et de misère, au point que les acteurs, n'étant pas payés par le directeur, étaient hors d'état de satisfaire au paiement de leur logement et de leur nourriture.* Les jurats, afin de remédier à ces désordres, demandèrent pour eux-mêmes le privilége qu'avait obtenu un certain Thuret, et ils réussirent dans leur demande. Pendant qu'ils réclamaient auprès du prince, un directeur de comédie, nommé Neveu, leur écrivit pour obtenir la permission de venir jouer à Bordeaux. Ces officiers municipaux, encore furieux de toutes les maltotes qui s'étaient glissées dans ces directions, lui firent sentir un peu durement, dans leur réponse, la disposition où ils se trouvaient de mettre un terme à des abus aussi scandaleux.

« Monsieur, lui écrivirent-ils, nous avons reçu votre
» lettre et vous devez en avoir reçu une de notre part, qui
» vous a informé que vous ne deviez point compter sur
» notre salle de spectacle. Les raisons qui nous ont déter-
» miné à en accorder la préférence aux sieurs Loinville et
» Hébérard, n'ont été fondées que sur les avis certains qui
» nous sont venus, que votre troupe ne valait rien, et que
» vous étiez hors d'état d'en former une bonne, *telle qu'il*
» *la faut pour la ville de Bordeaux,* n'ayant ni argent ni
» crédit. Pour nous mieux assurer du fait, nous écrivîmes,
» il y a deux mois environ, à M. le marquis de Menou,
» commandant à Nantes, qui nous a fait l'honneur de nous
» répondre que vous vous y êtes très-mal comporté; que

» le public était très-mécontent, et qu'enfin vous aviez été
» forcé de déloger sans tambour ni trompette.

» Après un certificat aussi authentique et aussi respec-
» table, nous n'avons pas balancé à nous déterminer en
» faveur des directeurs de notre opéra (Loinville et Hébé-
» rard), qui, par les mesures qu'ils ont déjà prises, nous
» procureront, pour l'été prochain, une comédie dont le
» public aura tout lieu d'être satisfait. Ainsi, voyez à vous
» pourvoir ailleurs.

» Nous sommes, etc. »

Un peu plus tard, les jurats écrivirent à M. de Tourny, concernant Loinville et Hébérard :

« Il n'y a effectivement, Monsieur, que de très-mauvaises
» intentions de la part de ces particuliers, qui ne cherchent
» qu'à continuer à tromper la ville et le public, sans s'em-
» barrasser de remplir leurs obligations. »

Ces messieurs proposaient de se charger de tous les frais, à condition qu'on leur laisserait prendre le quart de la recette, à quoi les jurats ne voulurent point consentir.

Hus frères (1747 à 1748, mars à septembre). Comédie. — 600 liv. par mois de loyer, 2 sous de droit des pauvres. A propos de ces directeurs, les jurats de Bordeaux écrivaient aux capitouls de Toulouse, sous la date du 22 juillet 1748 :

« Les frères Hus nous ont remis la lettre que vous nous
» avez fait l'honneur de nous écrire. Les temps, qui ne sont
» pas heureux, nous laissent lieu de croire qu'ils pourraient
» bien être longtemps dans les fers de leurs créanciers.
» Nous étions faits à n'avoir point de spectacle, et peut-
» être qu'ils n'auraient pas plus mal fait de rester chez
» vous. »

La même année, ils furent poursuivis par les jurats pour loyer de la salle.

Angélique DESTOUCHE (1748 mars à 1750 août). 400 liv. par mois de loyer, 2 sous par billet pour les pauvres. Cette directrice fit jouer l'opéra et la comédie jusque vers la fin d'août, et se retira par suite de mauvaises affaires.

Marc-Antoine TERRIER (1749 à 1750). Opéra. — 600 liv. par mois de loyer, 2 sous par billet pour les pauvres. Il joua jusqu'à la fin de 1750. Sa troupe était mauvaise, et il dut céder la place à son successeur, qui avait le privilége de la comédie et de l'opéra.

PETIT DE BOULARD, HÉBÉRARD et LARICHARDIÈRE (1752 février à 1753 septembre). 12,000 liv. par an de loyer, 2 sous par billet pour les pauvres. Comédie et opéra. — Ce Petit de Boulard avait un privilége pour douze années; mais sa mauvaise gestion le fit révoquer, et il se retira débiteur insolvable de la ville. Son privilége fut accordé au suivant, recommandé et cautionné par les jurats.

CAYÉTAN-CAMAGNE (1754). 600 liv. par mois, d'octobre à Pâques, et 400 liv. de Pâques à septembre inclusivement; 2 sous par billet pour les pauvres. Ce directeur avait le privilége de l'opéra. On trouve à ce sujet, dans la correspondance des jurats, que ces magistrats regardaient *la réunion des deux priviléges*, opéra et comédie, *comme une cause de ruine* pour les directeurs.

PRIN (1754 à 1755, juillet). Comédie et opéra. — 12,000 liv. par an de loyer, 2 sous par billet pour les pauvres. La recette brute de ce directeur, de juillet 1754 à juillet 1755, se monte au chiffre de 55,425 liv., somme insuffisante pour faire face à la dépense et surtout aux poursuites des nombreux et anciens créanciers de Prin.

PETIT DE BOULARD (1755). 800 liv. de loyer par mois, 2 sous par billet pour les pauvres. Ce directeur, que nous avons déjà vu figurer en 1752, reparaît avec un nouveau privilége exclusif pour les deux genres. Il se retire débiteur de la ville d'une somme de 7,500 liv.

HÉBÉRARD (1759, janvier à octobre). 1,000 liv. par mois, 2 sous par billet et deux représentations pour les pauvres. Hébérard, déjà bien connu par de mauvaises affaires, avait encore obtenu un privilége exclusif d'un an pour l'opéra. Il ne fit qu'ajouter quelques milliers de francs à ce qu'il devait déjà.

Duplessy (1770). 600 liv. par mois, 2 sous par billet et deux représentations pour les pauvres. Opéra et comédie. — Privilége exclusif pour un an. (Mauvaises affaires.)

Émilie et Belmont (1760 à 1772). 5,000 liv. par an, 1,200 liv. et deux représentations chaque année pour les pauvres. Privilége exclusif des spectacles de Bordeaux, accordé pour neuf ans au sieur Belmont, par le maréchal de Richelieu, à la charge, outre le loyer de la salle, de payer annuellement une somme de 1,200 liv. pour l'hôpital Saint-Louis (hôpital des Enfants-Trouvés), et deux représentations annuelles pour les pauvres de l'hôpital Saint-André. Les hôpitaux n'eurent pas lieu de s'applaudir de cette mesure, puisque les 2 sous par billet qu'on venait de supprimer donnaient à ces établissements, année moyenne, la somme de 6,000 liv.; mais les actionnaires, dont faisait partie le maréchal de Richelieu, trouvaient un bénéfice dans ce changement. Néanmoins, cette mesure ne put se soutenir. *(Voyez Note Q.)* La recette brute, de 1760 à 1762, mois d'avril, se montait à la somme de 260,000 liv., et cependant les actionnaires se plaignaient.

Belmont (1774 à 1780). *Salle du Grand-Théâtre.* — Le 3 avril 1780, MM. Lamolère-Feuillas, Carcy et Gradis, actionnaires, prirent la direction, en payant à la ville 56,000 liv. par an pour loyer de la salle du Grand-Théâtre, et en rétablissant les 2 sous par billet pour droit des pauvres. Belmont devint régisseur de l'entreprise, au nom des nouveaux actionnaires. Les affaires ne furent pas très-brillantes si nous nous en rapportons au résultat annuel de cette entreprise, du 7 avril 1780 au 7 avril 1781, savoir :

Dépenses...................... 514,455 liv. 8 s. 7 den.
Recettes....................... 450,674 liv. 16 s. 3 den.

Excédant de la dépense.... 63,780 liv. 12 s. 4 den.

Ilus, Gaillard et Dorfeuil (1781 à 1783). 56,000 liv. par an de location, 2 sous par billet pour les pauvres. Les actionnaires, dégoûtés par les pertes qu'ils avaient faites, firent cession de leurs priviléges à Ilus, Gaillard et Dorfeuil, moyennant 600,000 fr. de cautionnement; ceux-ci se retirèrent avec une perte de 42,931 liv., et rétrocédèrent leur privilége aux suivants.

Albert de La Jaubertie, Loreille et Lanauve (1783, novembre). 56,000 liv. de loyer, 2 sous par billet pour les pauvres; 600,000 liv. de remboursement, plus 80,000 liv. de faux frais et 120,000 liv. à chacun des trois cessionnaires, à titre d'indemnité. Les deux associés d'Albert de La Jaubertie, voyant, au mois de janvier 1784, qu'ils ne pourraient jamais remplir de semblables engagements, se retirèrent en cédant tous leurs droits à Albert de La Jaubertie. Celui-ci ne put réaliser les fonds nécessaires; il s'associa les suivants :

Albert de La Jaubertie, Soulé de Bezins, de Valsary, Laroque (1784 février à 1788). 56,000 liv. de loyer, 2 sous par personne pour les pauvres, et toutes les autres charges précédentes. Cette nouvelle société ne put faire honneur à ses engagements. Cependant, Albert de La Jaubertie conserva son privilége de trente années jusqu'à l'époque républicaine, où son privilége, ainsi que celui des actionnaires, fut révoqué. Il réclama plus tard (1809 et 1810), de l'État, le remboursement d'une somme de 200,000 fr. dont il avait fait le dépôt lors de sa direction. Le domaine lui réclama à son tour, pour arrérages de loyer, une somme de 169,849 fr. 02 c., et enfin, déduction faite de cette somme sur celle de 200,000 fr. et des intérêts, on paya à cet ex-directeur une soixantaine de mille francs pour solde de tout compte.

Galliot, Duprat, Fierville (régie). On a vu les embarras inextricables dans lesquels se trouvait Albert de La Jaubertie de 1784 à 1788. Le Gouvernement, pour remédier aux abus ou à l'incapacité qui avaient toujours, jusque-là, été mêlés aux entreprises théâtrales, fit paraître un arrêt (5 janvier 1788) qui mettait l'entreprise en régie et nommait les sieurs Gallyot, Duprat et Fierville, tous trois employés au théâtre, le second comme caissier et les deux autres comme artistes, pour gérer la nouvelle entreprise. Le loyer de la salle étant toujours de 56,000 liv. et le droit des pauvres de 2 sous par billet, cette régie ne put durer que six mois, laissant pour compte de la ville le loyer de la salle.

ROBINEAU DE BEAUNOIR et COLINEAU DE COULAINE (1788, juin), par transaction du 12 avril 1789, acquirent du sieur de La Jaubertie son privilége, dont la durée fut encore augmentée de cinq autres années et portée à trente-cinq ans, moyennant la promesse d'une somme de 552,288 livres 6 sous 8 deniers, payable au bout de deux mois. Non seulement ces nouveaux aventuriers ne purent solder leur promesse ; mais ils furent obligés de se retirer au bout d'un peu moins d'un an, avec 59,398 liv. 6 sous de dettes, dans lesquelles la ville, ainsi que cela lui arrivait assez souvent alors, se trouvait intéressée pour le loyer de la salle (56,000 livres.)

RÉGIE PROVISOIRE PAR LES COMÉDIENS (1789). 56,000 livres de loyer, 2 sous par billet pour les pauvres. Cette régie, instituée par les jurats, fonctionna pendant quatre mois et se retira laissant 31,408 liv. 6 sous 9 deniers de déficit.

BLANCHARD et LEGROS (1789, août). 2 sous par billet pour les pauvres. On passa à ces deux directeurs un bail pour quinze années, à condition qu'ils paieraient 80,000 livres par an (voyez page 149). Nouvelle impuissance ! Le terme de dix mois fut le signal de la retraite des deux directeurs.

RÉGIE PAR LES COMÉDIENS. GALLYOT, régisseur, et PACHER, contrôleur (1790 à 1791, juillet). Cette régie se traîna péniblement jusqu'en juillet 1791. A cette époque, l'entreprise des théâtres fut confiée aux fermiers Hus, MALO et ROZE-

Lescoure, puis rétablie en une sorte de régie administrative, et enfin cédée à Dorfeuil, la ville se trouvant encore perdre le loyer de la salle.

Dorfeuil (1792 à 1793). 56,000 liv. de loyer, 2 sous par billet pour les pauvres.

En vertu de la loi du 24 août 1793, le Grand-Théâtre fut réuni au domaine national, et la régie du domaine substituée à la commune, pour la perception des revenus du Grand-Théâtre. Le 6 décembre 1793, la salle du Grand-Théâtre fut fermée par arrêté des représentants du peuple en séance à Bordeaux. Le domaine n'eut pas lieu de se féliciter de ce surcroît de revenu, puisque, d'après les recherches faites dans les comptes des divers receveurs de la ville, il résulte que, du 12 août 1793 jusqu'en 1808, aucun paiement de loyers ne s'était fait. Quant au directeur Dorfeuil, entaché du soupçon d'aristocratie, il fut emprisonné avec toute la troupe du Grand-Théâtre, puis élargi, et mourut deux ans après.

Brochard (1793, novembre). 56,000 livres de loyer, 2 sous par billet pour les pauvres. Les mêmes représentants qui avaient emprisonné et destitué Dorfeuil avaient en même temps désigné l'acteur Brochard, qui jouait à Molière, pour le remplacer. Dans cet intervalle, Albert de La Jaubertie avait adressé aux représentants une pétition à l'effet de rentrer dans la jouissance du Grand-Théâtre. Brochard, de son côté, réclamait une indemnité s'il était obligé de quitter; Henri Hus, Malo et Rozu-Lescoure voulaient que l'on reconnût et que l'on confirmât le bail ou la cession qu'ils avaient faite à Dorfeuil. Les représentants reconnurent, en effet, les droits d'Albert de La Jaubertie et la cession faite à Dorfeuil; ils déboutèrent Brochard de sa réclamation, et continuèrent à la veuve Dorfeuil la direction du Grand-Théâtre.

Veuve Dorfeuil (an III). 56,000 liv. de loyer, 2 sous par billet pour les pauvres. Le Grand-Théâtre, sous cette direction et sous la suivante, devint un bouge où la passion effrénée du jeu et de la débauche amenaient chaque soir une foule de spadassins, de femmes perdues et d'escrocs. La veuve Dorfeuil, poursuivie par la clameur publique, fut obligée de résilier son bail. Nous la retrouvons, un an plus tard, tenant un tripot clandestin dans l'un des faubourgs de la ville.

Suzanne Lattapy et Maignol (an IV, prairial). 56,000 liv. de loyer, le décime et le quart pour les pauvres (1). Par acte sous seing-privé, du 1ᵉʳ frimaire an IV, elle fut subrogée au bail du Grand-Théâtre et de celui des Variétés, et par acte passé devant Troupenat, notaire, le 2 prairial an IV, elle devin tcessionnaire du citoyen La Jaubertie, moyennant la somme de 23,500 livres.

La direction de la femme Lattapy doit être considérée comme l'âge d'or des duellistes et des chevaliers d'industrie. C'étaient de continuelles querelles, des orgies nocturnes, des meurtres, des attentats contre la propriété, des filouteries de tout genre auxquelles se trouvaient souvent mêlés des fils et des pères de famille que la mode ou les passions entraînaient. Les Duclos, les Lambert et une foule d'autres énergumènes de cette époque, tous bien connus à Bordeaux, passaient ainsi leur vie dans une lutte incessante contre les lois et la société. Lattapy eut de fréquents démêlés avec la police, dans laquelle, cependant, elle comptait des affiliés; ne remplissant, d'ailleurs, aucun de ses engagements. Poursuivie par la régie pour 56,000 livres de loyer, par les artistes pour une somme à peu près égale, condamnée à réparer à ses frais la salle du théâtre, qu'elle avait laissée se détériorer, elle se vit contrainte de renoncer à son bail.

(1) La loi du 7 frimaires an V établit la perception d'un décime en sus du prix de chaque billet pour les pauvres. La loi du 8 thermidor an V décida qu'il serait prélevé un quart de la recette brute de tous les bals, concerts, feux d'artifice, courses, etc., au profit des indigents.

GALLET (an VIII). 56,000 fr. de loyer, le décime et le quart pour les pauvres. Le bail de Gallet n'était que pour un an. Ce directeur, qui n'était qu'un pis aller, ne fit pas de brillantes affaires, si nous en jugeons d'après la recette de l'an VIII faite au Grand-Théâtre, y compris les abonnements. Nous voulons parler ici du *montant de la recette principale au profit de l'entreprise*. Nous donnons, par la même occasion, les recettes des divers autres genres de spectacle :

RECETTES DE L'AN VIII.		Sur lesquelles les hospices et les bureaux de bienfaisance ont perçu le décime et le quart, se montant à :
Grand-Théâtre	189,453f 35c	21,409f 06c
Théâtre-Molière	2,612 30	306 65
Théâtre de l'Union	185,462 28	19,114 04
Théâtre du Lycée	133,680 20	14,552 99
Cirque	9,690 84	2,614 91
Course de taureaux	2,733 76	532 54
Bals, concerts : 132 bals ou concerts ont donné aux pauvres		7,462 88

COMPAGNIE TANAYS (an IX, 17 frimaire). 30,000 fr. de loyer par an ; bail pour quatorze années. Le gouvernement consulaire avait mis fin au privilége d'Albert de La Jaubertie (3 brumaire an IX) (1). Ce fut le préfet Dubois qui, au nom du Gouvernement, passa un bail à ferme à cette compagnie, qui venait, à ses frais, d'élever un nouveau théâtre (Théâtre des Variétés). La compagnie Tanays se composait de négociants. C'étaient MM. Bruno-Lafitte, Thèze, Bardon, Jean-Jacques Meillan, Jean-Baptiste Tanays, Lafitte aîné, Jean Dubos, Salanche, Gassies, Dauberval, Barrié, Bapste, Jean-Baptiste Muller, Coustaud. Ils avaient à leur charge, outre le bail de 30,000 fr., le traitement de

(1) Extrait du Registre des délibérations des Consuls de la République : Art. 1er.—La concession faite par les arrêts du conseil des 24 janvier 1772, 28 janvier 1780, 29 juillet 1781 et 18 juin 1784 est révoquée.

l'architecte, fixé à la somme de 600 fr. par an, et le traitement du concierge, fixé à 1,000 fr. La salle leur fut remise réparée à neuf, et ils ne restèrent plus chargés que de l'entretenir en bon état. Cette compagnie échoua comme tant d'autres. Veut-on connaître la recette exacte du Grand-Théâtre sous sa direction? La voici. Cette recette, quoique supérieure à celle de l'an VIII, ne put suffire à couvrir les frais :

Recette du Grand-Théâtre en l'an IX....	217,534f 20c
A défalquer pour droit des pauvres....	24,361 94
Reste........	193,172f 26c
Le Théâtre-Français, qui venait de s'ouvrir, lui apporta, le droit des pauvres prélevés, une recette de............	99,798 88
Total.......	292,971f 14c

Il fallut succomber, et la compagnie Tanays se retira débitrice du trésor public.

ROBINEAU DE BEAUNOIR (1802). 30,000 fr. de loyer par an, le décime et le quart pour les pauvres. Sous-fermier de la compagnie, Tanays est obligé de se retirer. La recette du Grand-Théâtre, les droits des pauvres non payés, se montait à 260,306 fr. 25 c. Les divers théâtres secondaires, tels que celui de l'Union, du Lycée et de la Gaîté, faisaient alors une rude concurrence au Grand-Théâtre.

PRAT (1804 à 1808). 30,000 fr. de loyer, le décime et le quart pour les pauvres. Par un arrêté des consuls, du 30 frimaire an XII (22 décembre 1803), les hospices de la ville de Bordeaux acquirent la jouissance provisoire du Grand-Théâtre, et une seconde loi du 8 ventôse an XII (28 février 1804) leur en attribua définitivement la propriété en remplacement des biens qui avaient été aliénés à leur préjudice. Enfin, par l'effet du décret du 2 février 1808, la ville est entrée en jouissance de cet édifice à titre de bail emphytéotique, dont la durée est fixée à 99 ans, sauf à payer annuellement une somme de 28,000 fr. aux hospices. Ce fut d'abord avec la compagnie Tanays que Prat passa un traité. Le Grand-Théâtre lui était porté pour une somme de 30,000 fr. et le Théâtre-Français pour une autre de 22,000 fr. Il y joignit le Théâtre-Molière.

Le bail de Prat devait se terminer le 21 avril 1809, mais ce directeur, dès le commencement de l'année 1806, comptait déjà un déficit de 45,378 fr. Il n'attendit pas la fin de son bail et en fit cession à Bojolay le 7 mars 1808. (Voir plus haut ce que nous en avons dit, page 191.)

Cortay, dit Bojolay, du 21 avril 1809 au 20 avril 1814. 30,000 fr. de loyer, droit des pauvres. Second bail : du 21 avril 1814 au 20 avril 1820, 10,000 fr. de loyer, dépôt au Mont-de-Piété d'une somme de 18,000 fr., cautionnement en immeubles, etc. Il fut depuis stipulé que le prix du loyer, qui en 1818 était de 30,000 fr., serait réduit à 12,000 fr., de même qu'avant cette époque, et pendant la durée de la guerre avec l'Anglais, il avait été élevé à 22,000 fr. (Voir pages 192 et suivantes.) Bojolay fit dans sa direction de fort bonnes affaires et se retira à l'expiration de son bail.

Fargeot, du 21 avril 1820 au 24 janvier 1821. Le bail de ce directeur devait durer jusqu'au 20 mars 1827. On lui imposa 30,000 fr. de location, 40,000 fr. de cautionnement dont 20,000 en immeubles et 20,000 fr. en numéraire; le 21 janvier 1821, Fargeot cessait ses paiements, et le 24 il était déclaré en faillite.

Cortay, dit Bojolay, du 21 avril 1821 au 14 mars 1822, failli. (Voyez ce que nous en disons page 208.)

Fourés, du 21 avril 1822 au 8 août 1823, avait, par bail du 20 avril 1822, obtenu de la ville, pour deux ans, la direction de nos théâtres, à la charge d'une société en commandite de 100,000 fr., plus un cautionnement de 20,000 fr. en immeubles, pour garantir les chances de l'entreprise.

Dans l'espace de seize mois, les 100,000 fr. de la commandite se trouvaient presque absorbés par les pertes. La mort de Fourés, qui survint (8 août 1823), compliqua encore les mauvaises affaires.

Andrieu (gestion du 21 avril 1822 au 20 avril 1824). La ville, se trouvant dans la nécessité de donner suite à cette direction, nomma gérant de l'entreprise M. Andrieu, qui en avait été le caissier; elle lui fit même l'avance, en deux fois, d'une somme de 32,000 fr., ce qui n'empêcha point qu'en dépit de toute l'habileté de ce nouveau gérant, le déficit, au bout de deux années de gestion, ne se montât à 144,836 fr. 93 c., lequel déficit fut comblé par les 100,000 fr. de la commandite et 44,836 fr. 93 c. donnés par la ville.

Prat (du 21 avril 1824 au 20 avril 1827). Cette direction, comme le fait remarquer M. Andrieu dans un de ses rapports, trouva, à son entrée en fonctions, l'ordre établi dans les dépenses, les deux répertoires rajeunis, toutes les ressources que lui offraient les décors et costumes que lui avait légués son prédécesseur, de même qu'elle put profiter des artistes qu'on avait déjà disposés à s'engager. On peut ajouter à ces avantages ceux que lui fit la municipalité en l'exemptant de toute redevance pour le loyer de la salle, en se contentant d'une commandite de 75,000 fr. au lieu de 100,000 fr. que portait son bail, et en le favorisant d'un prêt de 20,000 fr., qui devaient l'aider à couvrir ses pertes. Prat se retira, au terme de son bail, avec un bénéfice de 54,000 fr.

Baignol (du 21 avril 1827 au 23 février 1829). 15,000 fr. de subvention, exempté du loyer, 30,000 fr. de cautionnement. Sous sa direction eut lieu la réouverture du Théâtre-Molière. Montano, Taglioni, Mlle Mars, Lafont, Ponchard, Dérivis, donnèrent des représentations fort coûteuses sur notre scène. Nous avons déjà dit ce qu'en pensait Baignol; nous devons ajouter que ce directeur dépensa, d'après son propre aveu, 50,000 fr. de plus que ses prédécesseurs à toutes les améliorations qu'il voulut introduire. La seule restauration de Molière et les frais de premier établissement montèrent à 36,000 fr.; les décors de la *Muette de Portici* et de la *Somnambule* se montèrent à près de 20,000 fr., etc. Baignol fut déclaré en faillite le 23 février 1829.

Constant, gérant provisoire pour la ville (du 26 février au 20 avril 1829). Cette gestion ne dura que 34 jours à peu près et fut terminée, du 1er avril au 20 avril, par M. Pratviel, auquel il fut accordé pour cela une allocation de 32,000 fr.

Pratviel (du 21 avril 1829 au 20 novembre 1830). Par délibération du 24 mars 1829, le maire fut autorisé à traiter, au nom de la ville, avec le sieur Pratviel, pour l'exploitation, aux risques et périls de celui-ci, des théâtres de la ville de Bordeaux, à compter du 21 avril 1829 jusqu'au 20 avril 1834. Il fut accordé à ce directeur, ainsi que nous venons de le dire plus haut, une indemnité de 32,000 fr. pour balancer la différence qui pouvait exister entre les recettes et les dépenses, à compter du 21 février au 20 avril 1829, à la charge que si cette différence *n'atteignait pas le chiffre de* 32,000 *fr.*, il devrait rembourser à la ville la moitié de la somme qui formerait cette différence, et que si cette différence excédait 32,000 fr., une moitié de cet excédant devrait être supportée par le sieur Pratviel.

On lui accorda, de plus, 12,000 fr. par an, et pendant cinq ans, jusqu'au 20 avril 1834; le tout à la condition de fournir une commandite de 100,000 fr. et 10,000 fr. de cautionnement.

Par une lettre du 7 novembre 1830, le directeur Pratviel fit connaître au maire les pertes éprouvées par son entreprise et l'impossibilité où il se trouvait de la continuer jusqu'à l'expiration de l'année théâtrale si la ville ne venait pas à son secours, les 100,000 fr. de la commandite et ses propres ressources étant épuisées, son passif se montant à 106,191 fr. 46 c., son actif à la somme de 108,656 f. 65 c. en comprenant les recettes et dépenses jusqu'au 20 du présent mois.

Le maire, d'après l'avis du Conseil municipal, fit la remise à Pratviel de la somme de 10,000 fr., représentée par son cautionnement, après que ce directeur se fut obligé à acquitter toutes les dépenses faites et à faire jusqu'au 20 du présent mois, à souscrire à la résiliation de son bail à compter du 21 avril 1831, et à la diminution de son traitement, qui fut réduit à 600 fr. par mois à compter du 21 novembre. Le 12 décembre 1830, ce directeur fit cession de son entreprise à MM. Gausseran et Tournier.

Gausseran et Tournier. 30,000 fr. de subvention par an. Sur ces 30,000 fr., ils devaient recevoir 10,000 fr. à leur entrée en fonctions, 5,000 fr. le 21 décembre et 5,000 fr. le 21 des trois mois suivants. Ces directeurs devaient fournir un cautionnement de 15,000 fr. Au bout d'un peu moins de trois mois, effrayés des pertes qu'ils avaient déjà éprouvées et de celles qu'ils prévoyaient encore, ils écrivirent à M. le Maire de vouloir bien résilier leur bail, ce qui eut lieu le 20 février 1831. Leur cautionnement leur fut rendu moyennant la cession qu'ils firent du mobilier du Théâtre des Variétés et l'engagement qu'ils prirent de solder toutes les dettes de leur direction.

Du 21 novembre 1830 au 20 février 1831, avec une dépense mensuelle de 52,000 fr., ces directeurs ne faisaient pas de recettes au-delà de 33,000 fr. par mois.

Constant; artistes en société (du 21 février 1831 au 20 avril 1831, et du 21 avril 1831 au 20 avril 1832). 20,000 fr. furent accordés comme subvention jusqu'au 20 avril 1831. Un traité fut ensuite passé avec Constant : 6,000 fr. de traitement, 8,000 fr. d'allocation et une représentation à son bénéfice lui furent accordés. Puis, par bail du 31 mars 1831, Constant fut nommé directeur pour trois années, avec 90,000 fr. de subvention pour la première année et 87,000 fr. pour chacune des deux autres, payables par douzième, le 20 de chaque mois ; 12,000 fr. d'appointements, 3,000 fr. d'installation, son logement au théâtre, chauffage et éclairage compris.

De son côté, ce directeur devait se soumettre à fournir une inscription immobilière de 30,000 fr. Une commandite de 50,000 fr. se forma, dans laquelle ce directeur entra pour un cinquième.

Le 21 avril 1832, Constant se vit dans l'impossibilité de poursuivre, et, renonçant aux 87,000 fr. qu'il devait recevoir pour la deuxième année de son exploitation, il proposa à la ville, qui le lui accorda, de faire cession de son bail en faveur de M. Solomé. Par suite, l'inscription dont se trouvaient grevées les propriétés de Constant se trouva radiée.

Solomé (du 21 avril 1832 au 20 avril 1834). Solomé succéda à Constant. Son cautionnement fut porté à 40,000 fr., qu'il eut la faculté de solder de mois en mois, à l'aide de la subvention de 87,000 fr. qui lui était accordée.

Le 22 mai 1833, Solomé écrivit à M. le Maire, afin d'obtenir qu'il lui fût compté par la caisse de la ville une somme de 14,000 fr., qui lui devenait indispensable pour faire marcher son entreprise. Une commission fut nommée pour prendre connaissance des livres du directeur, et voici quel fut le résultat de ses investigations :

Du 21 avril 1832 au 20 avril 1833, le Théâtre des Variétés avait donné un bénéfice de 37,550 fr. 19 c.

Du 20 octobre au 20 avril, le Grand-Théâtre offrait un déficit de 17,213 fr. 73 c. Bénéfice du directeur, 20,336 fr. 46 c.

Du 21 avril au 20 mai 1833, les deux théâtres avaient produit 38,168 fr. 13 c. de recettes et 54,388 fr. 19 c. de dépenses. Le déficit, pendant ce mois, se montait à 16,220 fr. 06 c., à déduire du bénéfice de l'année. Il restait donc, au 20 mai, un boni pour le directeur de 4,116 fr. 40 c. Le Conseil municipal, considérant, néanmoins, la gêne éprouvée dans le moment actuel par M. Solomé, qui se trouvait obligé de recourir à la voie des emprunts, la dépense qu'il faisait pour la mise en scène de deux opéras et les avances faites aux artistes, et surtout le zèle qu'il déployait et l'ordre établi dans sa gestion, lui accorda sa demande à titre d'avance.

Solomé remplit en tous points ses engagements envers la ville, recouvra son cautionnement et abandonna ensuite Bordeaux pour prendre la direction du théâtre de Rouen.

Robillon frères (du 21 avril 1834 au 20 juillet 1836). Ces directeurs prirent la direction avec une subvention de 70,000 fr. par an, 30,000 fr. d'avance pour la première année, à retenir sur la troisième. Leur cautionnement en immeubles était évalué 40,000 fr. Les cahiers transmis à la mairie par la direction Robillon portent, du 21 avril 1834 au 20 avril 1835, première année :

Grand-Théâtre, bénéfice.	5,336f 19c
Théâtre des Variétés, bénéfice	17,445 11
Même théâtre, du 21 avril 1835 au 20 avril 1836, deuxième année	7,154 69
Bénéfice total	29,935f 99c
Recette brute de 1835 aux deux théâtres.	698,340f 70c

On ne peut rien voir d'alarmant dans un semblable résultat, et cependant, dès le 7 juillet 1836, Robillon écrivait au maire de Bordeaux :

« L'affreuse situation dans laquelle je me trouve vous
» est connue, et peut-être les rapports de la personne qui,
» déléguée par vous, prend journellement connaissance
» des opérations de ma gestion, auraient pu vous faire
» présager une catastrophe que les déficits antérieurs et
» les ardeurs de la saison rendaient inévitable. »

Robillon réclame ensuite en faveur des artistes, qui consentiraient, pour empêcher sa ruine et la fermeture des théâtres, à prêter leur concours à l'entreprise, si la ville voulait bien ne lui pas compter, sur la subvention de cette année, les 30,000 fr. d'avance qu'il avait reçus pour la première année. Il demandait, de plus, que la subvention de 70,000 fr. fût portée à 80,000 fr., puisque celle de Solomé, son prédécesseur, s'élevait à 90,000 fr. Robillon terminait ainsi :

« Ce n'est pas, certes, l'espoir d'obtenir dans cette ges-
» tion des dix derniers mois quelque bénéfice en retour de
» tous mes travaux et de tous mes tourments qui me fait
» vous adresser cette demande ; ce n'est pas même l'idée
» de recouvrer quelque partie d'une fortune si longuement,
» si laborieusement acquise et si vite enlevée : c'est le
» désespoir de voir s'engloutir dans ce naufrage mon hon-
» neur, ma réputation, les seuls biens qui pouvaient main-
» tenant me consoler de la perte de tous les autres. »

Le conseil municipal ne demeura point sourd à cet appel. Dans la séance du 25 juillet, une somme de 30,000 fr. de supplément de subvention allait être accordée à Robillon, lorsque l'annonce de sa faillite vint tout arrêter.

Les causes de la faillite et de la ruine de Robillon se trouvent en partie relatées dans son prospectus de 1835, que nous rapportons plus bas.

Solomé (du 29 juillet 1836 au 20 avril 1839). Cautionnement de 50,000 fr. Afin d'achever ce qui restait à faire du bail de Robillon, il lui fut accordé une subvention de 40,000 fr. par an, payable par douzièmes; une autre subvention de 30,000 fr. lui fut aussi accordée, dont la moitié devait lui être payée à la fin du mois d'août et l'autre moitié à la fin de septembre. A l'expiration du 21 avril 1837, Solomé s'engageait à diriger l'entreprise des théâtres jusqu'au 20 avril 1840 inclusivement, aux mêmes clauses et conditions que Robillon. Le traitement de ce directeur était de 12,000 fr. par an; la subvention qui lui était accordée à dater du 21 avril 1837 était de 80,000 fr. par an, payables par douzièmes, jouissance et revenu du cercle. L'opéra de la *Juive* fut monté et produisit quelques bonnes recettes. Malgré tous ces avantages, au 20 janvier 1838, Solomé se trouvait en déficit de 73,016 fr. 60 c., et le 20 avril 1839 il résiliait son bail.

Bousigues (du 21 avril 1839 au 21 avril 1842). 80,000 fr. de subvention, cautionnement de 50,000 fr. Le 20 juillet 1839, ce directeur avait résilié son bail.

Artistes en société, suite de la direction Bousigues. MM. Léon, Fleury, Bouché, Raguenot, d'Hérou, Daumont, Page (du 21 juillet 1839 au 30 avril 1840). Ils reçurent 30,000 fr. de subvention et 6,670 fr. 66 c. par mois, et se retirèrent avec un bénéfice de 28,264 fr. 09 c.

Léon, Fleury, Raguenot (du 1er mai 1840 au 30 avril 1843). Subvention de 90,000 fr. par an, 20,000 fr. de cautionnement. Divers artistes de Paris furent appelés par cette direction : Dupré, Jenny Colon, Poultier, Cholet, Rachel. L'opéra des *Huguenots,* celui de la *Favorite* et des *Martyrs* ravivèrent la caisse, mais ne purent cependant couvrir les dépenses. Le 6 avril 1843, M. Léon fut déclaré en faillite. Cette direction, par son activité, son dévoûment et ses sacrifices, méritait une meilleure destinée.

Dévéria (du 1er mai 1843 au 10 juin 1844). 90,000 de subvention, 1,000 fr. par mois de traitement, 30,000 fr. de cautionnement. Ce directeur avait fait force promesses qu'il ne put tenir, et accomplit sans réflexion des sacrifices qui contribuèrent à sa ruine. Le budget annuel de ses dépenses se trouva bientôt augmenté de plus de 45,000 fr. Parvenu au terme de la première année, il chercha à obtenir du maire la remise du tiers de son cautionnement, ce qui lui fut refusé. Au 22 mars 1844, M. Dévéria annonçait au maire qu'il était en perte de plus de 60,000 fr. Effectivement, le 10 juin 1844, son déficit se montait à 82,139 fr. 10 c., et le 13 juin il était déclaré en faillite.

Les artistes continuèrent en société jusqu'au 31 janvier.

Toussaint (du 1er août 1844 à mars 1845). 90,000 fr. de subvention, 20,000 fr. de cautionnement; dépose son bilan au bout de neuf mois.

Laffargue (28 juin 1845 au 21 octobre 1846). Même subvention que son prédécesseur, 10,000 fr. de cautionnement; ne peut tenir que seize mois et se déclare en faillite.

Mazzur, artistes en société. Mazzur, directeur-gérant nommé par la ville, pendant les quatre premiers mois de 1847. 7,500 fr. par mois. La ville s'engageait, en outre, à couvrir les pertes qui pourraient survenir jusqu'à concurrence de 20,000 fr.

Cholet, directeur en société (1847 15 mai à 1848 février). 90,000 fr. de subvention, 6,000 fr. seulement de cautionnement, réduction de la troupe, augmentation du nombre des relâches. Sous cette direction, parurent à Bordeaux les concerts Musard, Levassor, Arnal, Baroilhet, Mlle Nau, Lafont (ne pas confondre avec le tragédien). Ce dernier, quoique ayant droit par engagement à la moitié de la recette brute, eut la délicatesse de vouloir bien mettre le droit des pauvres en dehors.

La direction Cholet, qui, au terme de son traité, devait se prolonger jusqu'au 30 avril 1850, se termina, au mois de février 1848, au milieu des plaintes et des récriminations des artistes des deux théâtres. On reprochait à Cholet de s'être réservé la part du lion dans son entreprise; et il faut avouer qu'en s'appuyant seulement sur les propres aveux de Cholet, on trouve des parts bien minimes à côté d'autres parts bien arrondies. Ainsi, Mlle Planterre gagnait 2,400 fr. par mois, soit : 28,800 fr. par an.

Mme Prévost...................... 14,400 —
M. Cholet, en supposant qu'il
    jouât cinq fois par semaine.. 21,000 —
L'administrateur du théâtre..... 9,600 —

         Total............ 73,800 fr. par an.

Ainsi, quatre personnes seulement étaient appelées à se partager ce modeste chiffre de 73,800 fr. Cholet, comme nous l'avons dit, se retira en février 1848, abandonnant son cautionnement, qui servit en partie à indemniser les artistes. Les théâtres restèrent fermés jusqu'au mois de juin, où les artistes, réunis en société, et sous le patronage de la ville, qui leur accordait 8,000 fr. par mois, gérèrent de juin à août inclusivement.

Juclier. (1848 à 1855.) Les artistes réunis en société s'étant assez bien trouvés de ce mode de gestion, le conseil municipal, par délibération du 11 novembre 1848, fit une nouvelle concession de sept mois aux artistes, sous la direction de M..Juclier. Cette concession devait se terminer à la fin d'avril 1849.

Le 1er mai 1849, bail consenti aux artistes en société jusqu'au 30 avril 1850.

Le 5 septembre 1851, M. Juclier écrit au maire pour obtenir une prolongation de cinq années. Sa demande lui est accordée par délibération du 19 janvier 1852, et à partir du 1er mai 1852. La subvention accordée à ce directeur-gérant, pour les artistes, fut de 8,000 fr. par mois.

Disons ici que si M. Juclier a pu se maintenir et faire même quelques bénéfices, il le doit en partie aux prudents correctifs introduits par le Conseil municipal dans cette nouvelle forme de direction. « Il y eut d'abord réduction dans » le traitement des artistes, qui, d'après le système d'asso- » ciation, n'ont reçu, la première année, que 90 p. 100, la » deuxième année 82 p. 100, la troisième 90 à peu près, » *les petits traitements étant intégralement payés.* »

Le traitement des employés subalternes avait également subi une réduction.

« Dans aucun cas, la dépense du personnel de la troupe » ne pouvait dépasser 40,000 fr. par mois, ni être au-des- » sous de 35,000 fr.

» Le traitement du directeur, compris dans cette somme,

» pouvait être porté à 12,000 fr. par an (au prorata), et
» comme artiste, il devait recevoir, en sus du traitement,
» une somme de 5,000 fr., également aussi au prorata. »

Il n'était assujetti à aucun cautionnement.

L'article qui limitait la dépense du personnel ne fut pas inviolable pour M. Juclier, et tout le monde sait qu'il augmenta ce même personnel de telle façon que le Conseil municipal se vit obligé plus tard de venir au secours des artistes en société, en leur accordant une indemnité de 10,000 fr. C'est sous sa direction (1852 novembre), qu'a été instituée la commission des débuts.

CARPIER (1855). 108,000 fr. de subvention.

Le prospectus suivant, de Bojolay, nous a paru assez curieux comme point de comparaison, pour l'insérer ici. Nous l'avons fait suivre de quelques autres pièces semblables qui pourront peut-être aussi intéresser le lecteur.

DIRECTION DE J.-B^{te} CORTAY, DIT BOJOLAY.

ÉTAT DE LA TROUPE DU GRAND-THÉATRE ET DE CELLE DU THÉATRE DE LA GAITÉ, POUR L'ANNÉE THÉATRALE, DU 21 AVRIL 1817 AU 20 AVRIL 1818,

Avec indication des appointements annuels des artistes et des employés des deux théâtres.

GRAND-THÉATRE.

MM. COLSON et CONSTANT, régisseurs.

Luville père, ex-régisseur, octogénaire (1)......	1,400^f »^c
Charles Ricquier, premier rôle.................	5,500 »
Menjaud, jeune premier.......................	2,200 »
Colson, les pères nobles......................	3,600 »
Leclerc aîné, 3mes rôles, rois, pères nobles.....	3,800 »

(1) Pension faite par M. Bojolay.

Desforges, financiers, manteaux, Juliet, etc....	6,000ᶠ »ᶜ
Auguste Constant, les premiers comiques.......	7,900 »
Buée, les pères nobles, raisonneurs.............	3,500 »
Narcisse Delos, 2ᵉ et 3ᵉ amoureux, Colin, etc..	3,000 »
Henri Frédéric, trials, seconds comiques, etc...	4,900 »
Sainti, trials, comiques, caricatures............	2,200 »
Saint-Aulaire, grandes utilités dans la comédie.	1,500 »
Campenaut, les premières hautes-contre........	10,000 »
Suleau, les Philippe, hautes-contre.............	6,500 »
Vigny, les Martin, hautes-contre................	8,500 »
Eugène, première basse-taille...................	6,500 »
Leclerc jeune, 2ᵐᵉˢ et 1ʳᵉˢ basses-tailles........	3,800 »
Charles Luville, utilités, sous-régisseur.........	1,200 »
Mᵐᵉ Ricquier, premier rôle.....................	5,500 »
Virginie Le Grand, jeune première..............	4,800 »
Decroix, les duègnes, caractère.................	4,000 »
Laborie, les mères nobles, confidentes..........	2,400 »
Suzanne Ladrée, les soubrettes.................	1,300 »
Rosalie Suleau, deuxièmes amoureuses..........	1,400 »
Lemesle, première chanteuse (1)................	10,500 »
Folleville, première chanteuse à roulades (2)...	9,500 »
Vigny, première chanteuse, rôles à baguette...	4,500 »
Simonnet, les Betsi, Gavaudan, Sᵗ-Aubin (3)..	4,400 »
Désirée Dubuisson, 3ᵐᵉˢ amour., jeune Betsi...	500 »
Arnaud, souffleur...............................	800 »

Chœurs.

Berdoulet, basse-taille, coryphée................		1,500 »
Hocquet,	id.....................	1,100 »
Mitaine,	id.....................	900 »
Prévost,	id.....................	711 »
Cadeau,	id.....................	400 »

(1) Il fut alloué à cette artiste 500 fr. pour frais de voyage. — (2) Frais de voyage, 500 fr. — (3) Frais de voyage, 180 fr.

Prestat, haute-contre, coryphée	1,500f	»c
Chéronnet, id	1,100	»
Désoide, id	1,200	»
Delosse père, taille	1,000	»
Mialle, id	700	»
Lévêque, dessus et deuxième dessus	1,200	»
Veuve Coste, dessus et deuxième dessus	938	75
Lamarre, id	900	»
Frédéric, id	800	»
Sainti, id	800	»
Chéronnet, id	800	»
Nine Loriot, id	750	»
Veuve Bertrand, id	700	»
Dubertrand, chef des comparses	432	»

Ballet.

Blache, maître de ballets	10,900	»
Lachouque, premier danseur	7,500	»
Barrez, id	6,500	»
Delalande, premier et deuxième danseur (1)	5,500	»
Robillon, premier danseur comique	1,800	»
Dutacq, danseur mime, caricatures	2,400	»
Bertrand Benoni, troisième danseur, coryphée	1,200	»
Jeanti Geniès, id	1,000	»
Charles Mazurier, deuxième danseur comique	1,200	»
Duclaut, figurant, sous-régisseur	1,600	»
Lescure, figurant	1,000	»
Brives, id	950	»
Finé, id	900	»
Meuville, id	900	»
Grenier, id	800	»
Poulou-Cazeneuve, id. (2)	800	»
Dumas, id	770	»

(1) Frais de voyage, 150 fr. — (2) Frais de voyage, 100 fr.

Germain, figurant..	654f »c
Chéri Vignes, id...	600 »
Albert, id...	700 »
Dupui, id...	450 »
Agathe Martin, première danseuse..................	7,500 »
Élisa Constant, id............................	5,500 »
Coustou, première danseuse, rôles à baguette..	5,000 »
Cheza, deuxième danseuse...............................	6,000 »
Adèle Louis, id...	5,500 »
Pauline Rossignol, troisième danseuse coryphée.	1,200 »
Zélia Florence, id............................	1,000 »
Romain, id............................	700 »
Désirée Larue, figurante...................................	1,000 »
Adrienne Liesse, id............................	1,000 »
Nanette Blache, id............................	987 50
Gleizes, id............................	790 »
Cadette Amade, id............................	675 45
Lili Simon, id............................	600 »
Caroline Vasline, id............................	600 »
Rose Héro, id............................	600 »
Jenni Tayan, id............................	543 45
Geneviève Besson, id............................	300 »
Élisa Laulan, id............................	250 »
Mélanie Départ, id............................	200 »

Orchestre.

Lambert, maître de musique..........................	2,870 »
Mercier, premier violon, 2e maître de musique.	1,500 »
Astruc, violon..	900 »
Hercule Lacaze, violon, répétiteur de ballets...	1,800 »
Lamarre, violon, répétiteur des chœurs	1,600 »
Farrouilh, violon...	950 »
Pierre Francisque, id..	789 60
Delosse fils, id..	850 »
Filhon, id...	888 75

Deval, violon..	750f »c
Clouzet, id...	700 »
Angé, id...	600 »
Farrouilh fils, id.......................................	500 »
Dupuy, basse, bibliothécaire de la musique.....	1,283 75
Haute Remi, basse.....................................	900 »
Fessard, basse...	888 75
Ferrand, id...	888 75
Colot, contre-basse....................................	1,200 »
Delenclos, id...	888 75
Duluc, id..	790 »
Justus, id..	800 »
Clapisson, id...	1,100 »
Haute aîné, id..	853 20
Francesco, flûte et hautbois	1,481 25
Bernard Haute, flûte..................................	1,000 »
Jandot, clarinette.......................................	1,500 »
Jamon, id..	800 »
Ibotte, basson...	790 »
Rodolphe Rinck, id....................................	862 »

Employés.

Baptiste Féralasso, homme de confiance........	2,000 »
Thomas-Théophile Olivier, peintre décorateur.	3,000 »
Philippe Ricquier, id...............	500 »
Dauzats, machiniste en chef........................	2,000 »
Gonthier, menuisier, machiniste en second.....	1,200 »
Seguin, menuisier......................................	1,080 »
Dufour, id...	1,080 »
Maynot, id..	960 »
Jeantonnet, machiniste, brigadier.	810 »
Noël, machiniste..	810 »
Clochard, id..	810 »
Labordelle cadet, ouvrier machiniste	720 »
Gonthier fils, id.........	720 »

Gabriel Carboy, ouvrier machiniste...............	720f »c
Boyer, id...................	720 »
Dulong, id...................	720 »
Musset, id...................	720 »
Guillet, perruquier........................	288 »
Orléans, magasinier-costumier................	1,200 »
Fraîche, tailleur...........................	864 »
Saint-Sever, id...........................	720 »
Nanci, id...........................	960 »
Tardille, id...........................	360 »
Vacher, couturière........................	624 »
Babet, donneur d'accessoires................	144 »
Isabeau, habilleuse........................	144 »
Lajeunesse, id...........................	144 »
Garrigues, id...........................	144 »
Cadette, id...........................	72 »
Lanier, garçon de théâtre....................	720 »
Pierre Founeau, id........................	720 »
Chabrillat, id...........................	672 »
Étienne, id...........................	720 »
Joseph, allumeur.........................	720 »
François-Louis Capé, id....................	720 »
Rivière, id...............................	840 »
Delorme, id..............................	624 »
Périer, afficheur..........................	576 »
Mazurier, contrôl.-secrét., y compris la table..	2,400 »
Raymonde, buraliste.......................	432 »
Camille, id...............................	384 »
Bergadien, receveur de billets aux premières...	336 »
Peultié, id. aux secondes....	264 »
Vrignon, id. au parterre.......	264 »
Vignes, ouvreuse de loges....................	144 »
Gonery, id...............................	144 »
Gorju, id...............................	144 »
Catherine, id...............................	144 »

Chabrillat, ouvreuse de loges......................	144f »c
Rivière, id...............................	144 »
Madelaine, id...............................	144 »
Dantier, surveillant.........................	360 »
Chambe, préposé pour les amusements..........	720 »
Aubert, garde-pompe.........................	600 »
Piphorien, garde à la porte.....................	360 »
Gonery, suisse	300 »
Machemin, concierge........................	1,200 »

THÉATRE DE LA GAITÉ.

Antoine Usannaz, régisseur.....................	3,600 »
Clermont, les premiers rôles...................	2,300 »
Camiade, les premiers amoureux................	3,000 »
Saint-Félix, premiers et seconds amoureux (1)	2,800 »
Chéri-Louis, seconds et troisièmes amoureux..	1,900 »
Lepeintre jeune, les pères nobles................	2,200 »
Fournier, deuxièmes rôles, tyrans, etc..........	2,300 »
Hippolyte Roland, 2mes et 3mes rôles, tyrans, etc.	2,400 »
Lepeintre ainé, 1ers comiq., financiers, caricat.	6,400 »
Francisque, comiques, financiers, paysans......	3,000 »
Achille Riquier, deuxièmes comiques	2,800 »
Liez, deuxièmes comiques, Brunet..............	2,800 »
Duchaumont, utilités et chœurs................	600 »
Anguinet, id............................	800 »
Blanchard, id............................	200 »
Lafontaine, id............................	100 »
Linville, femme Lepeintre, premier rôle........	4,500 »
Saint-Amant, première amoureuse (2)..........	3,000 »
Élisa Jacobs, 1res amoureuses, ingénuités (3)...	1,900 »
Rosalie Munaut, les amoureuses................	600 »
Jenni Geniès, les amoureuses, ingénuités........	800 »

(1) Frais de voyage, 115 fr. — (2) Frais de voyage, 201 fr. 80 c. — (3) Frais de voyage, 260 fr.

Virginie Picard, les amoureuses...............	600ᶠ »ᶜ
Mᵐᵉ Bernard Haute, les duègnes, mères nobles.	2,000 »
Cocheze, les duègnes.......................	1,600 »
Gasse, les mères nobles....................	1,900 »
Hippolyte Roland, les soubrettes, utilités......	800 »
Félicité Viquelin, les utilités...............	600 »
Joséphine Provins, figurante, les chœurs.......	300 »
Rosalie Laborie, id......................	300 »
Louise Deboyer, id......................	300 »
Jeanne Rouquier, id......................	200 »
Dmondray, souffleur	600 »

Orchestre.

Fumeri père, maître de musique...............	1,800 »
Husson, violon............................	900 »
Fumeri fils aîné, id.......................	800 »
Prosper Fumeri, id........................	600 »
Prioré, id................................	600 »
Barretti, id..............................	552 »
Justus, basse	600 »
Daroux, cor..............................	850 »
Codere, clarinette et flûte..................	700 »

École de danse.

Dutacq, professeur, maître de ballets..........	1,000 »
Germain, professeur des commençants	264 »
Alexis Libersne, danseur....................	454 »
None Fleuri, id.......................	400 »
Auguste Davesan, id.......................	250 »
Blanchard jeune, id.......................	250 »
Louis Bloche, id.......................	200 »
Antoine Ricquier, id.......................	200 »
Jean Briol, id.......................	100 »
Louis Savignol, id.......................	60 »
Marcelin Lecomble, id.......................	60 »

Honoré Philippe, danseur	60f	»c
Hippolyte Rode, id	»	»
Paul Rode, id	»	»
Hippolyte Philippe, id	»	»
Loiseau, id	»	»
Adolphe Guiot, id	»	»
Marie Dussiel, danseuse	500	»
Agnès Sorné, id	400	»
Aline Alain, id	300	»
Jeanne Boudron, id	200	»
Florence Clard, id	150	»
Zélie Davesan, id	150	»
Adèle Sorné, id	150	»
Euphémie Maigret, id	»	»
Olympe Lenain, id	»	»

Ouvriers et Employés.

Languedoc et sa femme, magasinier-costumier.	1,314	»
Michel, machiniste	810	»
Joanni, id	810	»
Labourre, buraliste	360	»
Orphée, id	360	»
Dulcan, id	360	»
Hymmel, contrôleur	540	»
Mme Porral, aux premières	500	»
Mme Baptiste, aux secondes	360	»
Conti, au parterre	360	»
Marie, ouvreuse de loges	144	»
Raffet, habilleuse	180	»
Courvoisier, id	180	»
Broussouze, perruquier	360	»
Jacquet, garçon de théâtre	672	»
Antoine, id	672	»
Baptiste Gourdel, allumeur	720	»
Instament, portier	288	»
Beausoleil, serrurier	1,500	»

RÉCAPITULATION.

Grand-Théâtre.

Montant des appointements.......	309,700f 65c	
Montant des frais de voyages.....	1,030 »	310,730f 65c

Théâtre de la Gaîté.

Montant des appointements.......	80,166 »	
Montant des frais de voyages.....	609 80	80,775 80

Total général............................ 391,506f 45c

Bordeaux, le 2 juillet 1817.

CORTAY, dit BOJOLAY.

DIRECTION DE FARGEOT AÎNÉ,
Commencée le 21 avril 1820.

PROSPECTUS.

Un goût délicat et sévère a toujours distingué les habitants de Bordeaux. En se chargeant de la direction des théâtres de cette ville, le sieur Fargeot a mesuré toute l'étendue des devoirs qu'il s'imposait et tous les obstacles que présente une pareille entreprise. L'époque tardive à laquelle il l'a obtenue en ajoutait de nouveaux : plusieurs sujets justement aimés avaient déjà contracté des engagements pour d'autres villes ; la plus grande sollicitude du sieur Fargeot a été de les remplacer d'une manière convenable. Les talents sont rares et recherchés; mais un public juste sait se garantir d'une funeste prévention. La sévérité de son goût est le plus sûr garant de son indulgence, quand elle est justifiée, d'ailleurs, par des motifs légitimes.

Les spectacles des deux théâtres seront variés.

Le directeur s'est assuré, par des relations avec des artistes de la capitale, les moyens les plus sûrs et les plus prompts pour obtenir tous les documents nécessaires à la mise en scène des ouvrages anciens et nouveaux; il ne négligera rien de ce qui peut contribuer à l'ensemble et au charme que l'on a droit d'attendre du premier théâtre de la province. La comédie, la tragédie, le grand-opéra, l'opéra-comique, les ballets d'action et les divertissements composeront le répertoire du Grand-Théâtre. Celui du Théâtre-Français sera consacré au vaudeville, variétés, pantomimes et mélodrames, qui seront représentés avec toute la pompe qu'exige ce genre.

Des magasins de costumes établis à grands frais à Paris, des décors nouveaux, le choix des sujets, tout prouvera que le sieur Fargeot n'a épargné ni sacrifices ni soins pour satisfaire le goût du public bordelais et multiplier ses plaisirs. C'est pour parvenir à ce but qu'il vient de faire un long séjour dans la capitale et de parcourir les principaux théâtres de la France, afin de préparer et connaître tous les éléments nécessaires au succès de son entreprise.

PRIX DES ABONNEMENTS.

Les abonnements à l'année commenceront le 21 avril 1820 et finiront le 20 avril 1821.

Prix : Pour les hommes. . . 200^f et le décime en sus.
        Pour les dames. . . . 120 et le décime en sus.

Le prix de l'abonnement est invariable.

Les personnes qui désireront s'abonner à l'année voudront bien se donner la peine de passer chez M. Fargeot aîné, entrepreneur-directeur, rue Mautrec, n° 1, pour se faire inscrire, depuis neuf heures du matin jusqu'à midi.

NOMENCLATURE OU TABLEAU DE LA TROUPE DES DEUX THÉÂTRES DE BORDEAUX.

GRAND-THÉÂTRE.

MM. N...., premier régisseur.
    Édouard Guérand, deuxième régisseur.
    Luville, sous-régisseur.

Comédie.

MM. Closel, premier rôle et premier acteur de l'Odéon.
Albert, jeune-premier à Metz.
Leclerc aîné, père noble.
Desforges, financier, grime et rôle à manteau.
Constant, premier comique.
Frédéric Henry, second comique.
Buée, troisième rôle et raisonneur.
Charles Fedé, second et troisième amoureux.
Sainty, caricatures, grime et second comique.
Luville, utilité.
Bernard Lescurre, utilité.

Mmes Miller, premier rôle en tous genres.
Amélie Allan-Dorval, jeune première.
Clozel, ingénuité.
Ruelle, ingénuité.
Suzanne, soubrette.
Reine, deuxième amoureuse.
Laborie, caractère, mère noble.
Lévêque, utilité.
Lévêque fille, utilité.

Opéra.

MM. Campenaud, première haute-contre en tous genres.
Létellier, première haute-contre et Elleviou.
Belfort, Philippe-Gavaudan.
Vigny, Martin et Solié.
Adolphe, première basse-taille en tous genres.
Leclerc jeune,   id.   id.
Boulard, deuxième basse-taille.
Charles Fedé, deuxième haute-contre et Colin.
Desforges, Juliet, Laruette.
Frédéric Henry, trial, Laruette, Le Sage.
Sainty, Laruette, caricature, Le Sage.

Mme Joséphine Saint-Ville, première chanteuse.

Dans les grands-opéras et opéras-comiques.

Mmes Joséphine Coste, première chanteuse à roulades.
Foulquier, Philis, Gavaudan, Dugazon.
Clozel, jeune Dugazon, Saint-Aubin, etc.
Ruelle,   *idem.*
Amélia Dorval,   *idem.*
Valleroi, rôles à baguette, mère Dugazon.
Laborie, duègne en tous genres.
Reine, troisième et quatrième amoureuse.
Lamare aînée, utilité.

Ballet.

MM. Blache, maître de ballet, compositeur.
Dutacq, second maître de ballet.
Barrez, premier danseur demi-caractère.
Aniel,   *dito*   sérieux.
Noble,   *dito*   sérieux et demi-caractère.
Lasserre, 2e danseur demi-caractère, et 1er au besoin.
Robillon, danseur comique.
Poulou, Fleury Nono, coryphées.

Mmes Agathe Martin, 1re danseuse sérieuse et demi-caract.
Élisa Constant, 1re et 2e danseuse sérieuse et demi-caractère.
Lasserre, demi-caractère.
Chéza, première comique et première mime.
Pauline, 2e comique et 1re au besoin, en tous genres.
Jénie Martin, deuxième et première au besoin.
Romain, Florence, Zélia, coryphées.

M. Fargeot a quatre quadrilles complets, composés de seize figures et seize figurantes. Il compose un cinquième quadrille de jeunes surnuméraires.

Orchestre.

L'orchestre se composera de :
M. Hus-Desforges, chef d'orchestre, maître de musique.

M. Lambert, chef d'orchestre des chœurs.

6 premiers violons, 6 seconds violons, 2 altos, 4 basses, 2 contre-basses, 2 flûtes et hautbois, 2 clarinettes, 2 cors, 2 bassons.

Un répétiteur de ballets.

Les chœurs du Grand-Théâtre se composeront de douze choristes hommes, douze choristes femmes.

MM. Olivier, peintre décorateur.

Dauzats, machiniste.

Orléans, costumier.

Clovis, boursier, coiffeur et perruquier en chef.

THÉÂTRE-FRANÇAIS.

MM. Raynaud et Perrou, régisseurs.

Tautin, premier rôle en tous genres.

Reynaud, premier rôle et jeune premier en tous genres.

Fournier, premier rôle, tyrans, Gascons, etc.

Bertin, comique, niais, caricature.

Perrou, *idem.*

Belfort, jeune premier dans le vaudeville et mélodrame.

Lepeintre, père noble et rôle de convenance.

Léon Bernard, financier, paysans.

Auguste, deuxième rôle dans le mélodrame.

Duchaumon, troisième comique.

Fumérie fils, utilité.

Perrou fils, utilité.

Mmes Berville, premier rôle dans le mélodrame.

Belfort, jeune première dans le mélodrame et le vaudev.

Éliza Jacob, première amoureuse, *idem.*

Virginie, soubrette, jeune paysanne, prem. amoureuse.

Déjazet, *idem.* *idem.*

Perrou, soubrette dans le mélodrame et le vaudeville.

Bernard Haute, mère noble dans le mélod. et le vaudev.

Choussat, duègne et caricature.

Victorine, *idem.*

Mmes Emma Choussat, 2ᵉ amoureuse et utilité au besoin.
   Perrou fille, ingénuité.
   Flore Hendriques, utilité, jeune amoureuse.
   Félicité Viélan, utilité, jeune amoureuse.
   Célina Fréneau,   idem.
   Dupéré, utilité.

                    Orchestre.

MM. Fumérie père, maître de musique.
   Fumérie fils, 2ᵉ   idem.
   Calmés, répétiteur.
   3 premiers violons, 3 deuxièmes violons, 1 alto, 2 basses,
      1 contre-basse, 1 flûte et 1 clarinette, 2 cors, 1 basson.
   Six surnuméraires.
MM. Gilet, peintre décorateur.
   Marchand, machiniste.

Il y aura, dans la composition des mélodrames, un corps de choristes, composé de huit personnes, un ballet, composé de deux premiers danseurs, et deux quadrilles d'enfants, avec augmentation qu'on prendra au Grand-Théâtre, chaque fois que les pièces l'exigeront.

DIRECTION DE CORTAY-BOJOLAY.
PROSPECTUS DE 1821.

Le renouvellement de l'année théâtrale me fait un devoir de faire connaître à MM. les Bordelais quelques détails sur l'entreprise des théâtres.

Personne n'ignore que tous les objets de première nécessité, les appointements des artistes et les droits d'auteurs ont été progressivement augmentés, ce qui a forcé beaucoup d'entrepreneurs à renoncer à leurs entreprises.

M. Prat, dont les talents sont connus, a soutenu pendant quelques années celle des théâtres de Bordeaux, mais il avait un grand avantage : il ne payait, pour les bals, que le septième de la recette; avec une seule troupe, il faisait jouer sur trois théâtres, les fêtes et dimanches, savoir : à Molière, aux Français et au Grand-Théâtre; aussi a-t-il satisfait à ses engagements.

La troupe composée par l'ex-directeur pour l'année prochaine, était en partie plus que complète, mais je l'ai augmentée de plusieurs sujets dont les talents sont connus.

Pour donner à MM. les Bordelais une preuve non équivoque du prix que je mets à la confiance dont ils m'ont honoré dans toutes les circonstances et de l'empressement que je mettrai à la mériter de plus en plus, j'ai engagé, en sus, Mme Liger, M. Aniel, Mme Martin et Mlle Moncassin.

Il est bien reconnu par l'autorité et par MM. les Abonnés que l'ex-directeur a perçu le prix de la location des loges et a également perçu trois mois d'abonnement qui sont en pure perte pour moi; je donne vingt-cinq représentations à bénéfice, qui font partie des appointements des artistes : je n'aurais dû payer que le quart de la valeur des dites représentations; mais, pour que la marche du spectacle ne soit pas interrompue, j'ai préféré faire ce sacrifice et beaucoup d'autres.....

Pour parer à ce déficit, et plein de confiance dans l'intérêt que MM. les Bordelais m'ont toujours témoigné, je prie MM. les Abonnés de recommencer leur abonnement à dater du 21 mars, époque à laquelle ils ont toujours commencé pendant les douze années de ma gestion. Ce sacrifice sera pour moi d'un très-grand avantage et m'aidera à supporter les pertes de cette année, et à couvrir en partie l'augmentation de dépenses que j'ai faite pour les sujets que j'ai engagés de plus.

J.-B. CORTAY-BOJOLAY.

NOMENCLATURE DE LA TROUPE.

MM. Philippe Brulo, premier régisseur-chef.

Édouard Guerreau, régisseur-chef, chargé des annonces.

Luville fils, sous-régisseur de la comédie et de l'opéra.

Comédie et tragédie.

MM. Colson, premier rôle en tous genres.
Albert, jeune premier en tous genres.
Leclère aîné, pères nobles, rois et grands raisonneurs.
Fédé, jeunes troisièmes rôles, raisonneurs et seconds amoureux.
Desforges, financiers, paysans, manteaux.
Buée, père noble, troisièmes rôles et seconds pères
Tiste, premiers comiques.
Frédéric Henry, seconds comiques.
Sainty, grimes, caricatures.
Raymond, troisièmes amoureux, rôles de convenance, grandes utilités.
Lescure, utilités.
Luville, *idem.*

Mmes Aglaé Boinet, premier rôle en tous genres.
Élisa Wenzel, jeune première et ingénuités.
Reine, jeunes premiers rôles et forte jeune première.
Suzanne, première soubrette.
Laborie, caractère.
Colson, seconds premiers rôles et princesses de tragédies.
Richebourg, mères nobles, premiers rôles marqués et reines.
Lécuyer, rôles de convenance.
Wagner, jeunes caractères et grandes utilités.
Fédé, secondes et troisièmes amoureuses.
Thérèse Vernet, *idem.*
Lévesque, utilités.
Charlotte Lévesque, rôles d'enfant.
Rosalie Vernet, *idem.*
Victor Vernet, *idem.*

Grand-opéra et opéra-comique.

MM. Campenaut, prem. haute-contre en tout genre, Elleviou.
Richebourg, *idem.* *idem.*

MM. Valbonte, les Martin, Lays, etc.
Belfort, les Philippe, Gavaudan.
Fédé, les seconde haute-contre et Colin.
Duvernay, haute-contre, grandes utilités.
Adolphe, première basse-taille en tout genre.
N...., première et seconde basse-taille en tout genre.
Boulord, seconde basse-taille en tout genre, etc.
Arbousset, troisième basse-taille et coryphées.
Desforges, les Laruette, etc.
Frédéric Henry, les trial, etc.
Sainty, second trial, Laruettes, caricatures, etc.

Mmes Meyssin, première chanteuse du grand-opéra et de l'opéra-comique.
Liger, 1re chanteuse à roulades, et dans le grand-opéra.
Saint-Amant, *idem,* *idem.*
Foulquier, Philis, Dugazon, Saint-Aubin, etc.
Moncassin, jeune Dugazon et Saint-Aubin.
Thérèse Vernet, *idem.*
Laborie, première duègne en tout genre.
Richebourg, mères Dugazon et rôles à baguette.
Colson, *idem* *idem.*
Lécuyer, *idem* *idem.*
Wagner, secondes duègnes et grandes utilités.
Vernet mère, utilités marquées.
Lévesque, utilités.
Charlotte Lévesque, rôles d'enfant.
Rosalie Vernet, *idem.*

Chœurs.

Douze choristes en hommes.
Douze choristes en femmes.

Ballet.

MM. Alexis Blache, maître de ballets.
Aniel, *idem.*

MM. Dutacq, maître de ballet.
Duclaud, sous-régisseur des ballets.
Aniel, premier danseur.
Mazilier, idem.
Lasserre, idem.
Clarençon, idem.
Dutacq, rôles mimes.
Robillon, premier danseur comique.
Fleury None, second danseur comique et coryphée.
Poulou, troisième danseur, coryphée.
Deux coryphées hommes.

Mmes Agathe Martin, première danseuse.
Évelina Fleurot, idem.
Lasserre, idem.
Messy, idem.
Jenny Martin, seconde danseuse, première au besoin.
Laure, seconde danseuse.
Mazilier, seconde danseuse, rôles mimes.
Mimi Dupuy, troisième danseuse.
Deux coryphées femmes.

Corps de ballet.

Seize figurants danseurs.
Seize figurantes danseuses.

Orchestre.

MM. Hus-Desforges, chef d'orchestre.
Lambert, maître de musique des chœurs et de l'école de chant.
Colot père, second chef d'orchestre.
N...., chef d'orchestre pour les ballets et répétiteur.
Dupuy, détenteur et bibliothécaire de la musique.
6 premiers violons, 6 seconds violons, 2 altos, 4 basses, 2 contre-basses, 2 bassons, 2 flûtes et hautbois, 2 cors, 2 clarinettes, 1 trombonne et trompette, 1 timbalier.

MM. Olivier, peintre décorateur en chef.
Dauzats, premier machiniste en chef.
Orléans père, costumier en chef.

ABONNEMENTS.

L'autorité ayant limité le nombre de MM. les Abonnés, vu les dépenses extraordinaires qu'entraîne cette importante entreprise, l'ancienne direction se proposait de mettre le prix des abonnements à 300 fr. Étant toujours jaloux d'assurer la confiance de MM. les Abonnés, et après avoir examiné tous les frais, je me vois forcé de mettre les abonnements :

Pour les hommes. . . . . 250 fr. par année.
Pour les dames. . . . . . 140 fr. par année.

Et pour les six mois d'été :

Pour les hommes. . . . . 140 fr., avec la faculté de renouveler, au même prix, pour les six mois d'hiver.

DIRECTION DE Th. PRATVIEL.

PROSPECTUS DE 1850.

En me chargeant de la direction des théâtres de Bordeaux, dans des circonstances difficiles, je ne m'étais pas dissimulé l'étendue des obligations que j'avais contractées ; mais, je dois le dire, j'étais loin de penser que des obstacles imprévus paralyseraient mes efforts, et s'opposeraient à l'accomplissement des améliorations que j'avais conçues dans l'intérêt de l'art et du public.

Une saison extraordinairement rigoureuse, les maladies de plusieurs artistes et des accidents graves ont dû contrarier l'entreprise à laquelle j'ai consacré mes soins avec un zèle et une persévérance dignes peut-être d'un résultat plus heureux.

La marche du répertoire a nécessairement, dans ces circonstances, éprouvé des entraves et des lenteurs qui ne m'ont pas permis de monter toutes les nouveautés sur lesquelles l'administration avait fondé les plus légitimes espérances.

Une nouvelle année théâtrale commence : j'ose espérer qu'elle me sera plus favorable que la première.

Je me propose d'exécuter les changements que le vœu d'un public éclairé a déjà signalés à mon attention, et de réaliser successivement toutes les promesses que j'ai faites en acceptant la direction.

La composition de la comédie reste à peu près la même : j'ai dû conserver les artistes qui jouissaient avec raison de la faveur publique.

Dans l'opéra, j'ai remplacé plusieurs acteurs, et j'ai l'espoir que les choix que j'ai faits seront favorablement accueillis ; mais le public est juge suprême, et j'attendrai sa décision pour savoir si mon opinion est fondée.

Le ballet offrait un ensemble satisfaisant : la retraite inattendue de M. et Mme Ragaine m'a cependant mis dans la nécessité de les remplacer ; j'y suis parvenu, et cette circonstance me fournira, j'espère, l'occasion de donner plus d'étendue au répertoire, en offrant, indépendamment des deux nouveaux danseurs, un autre sujet dont la présence avait été jugée nécessaire.

Enfin, l'orchestre subira tous les changements qui tendront à améliorer cette partie importante des représentations théâtrales.

L'autorité supérieure paraît avoir décidé que les réparations du Grand-Théâtre seront exécutées pendant les mois de juillet et d'août.

La réunion des deux troupes dans le même local, me permettra alors d'offrir au public et à MM. les Abonnés un spectacle assez varié pour les dédommager de la privation momentanée des représentations du Grand-Théâtre.

Dois-je ajouter maintenant que mes soins les plus actifs seront dirigés vers toutes les améliorations que réclament notre beau théâtre et les progrès des arts ? Dirai-je encore que mon vœu le plus ardent serait de pouvoir me reposer avec confiance sur le bienveillant appui et l'indulgence du public ?

Aucun sacrifice ne me coûtera pour mériter cette précieuse faveur : c'est le but honorable auquel j'aspire, c'est l'objet de ma plus vive sollicitude. **Th. Pratviel.**

NOMENCLATURE DE LA TROUPE.

MM. Félix Peyssard, régisseur en chef.
Hippolyte Sonnet, régisseur de l'orchestre.
Salesses et Duclaut, sous-régisseurs.

Comédie.

MM. Colson, premiers rôles.
Matis, jeunes premiers.
Lazowski, seconds et troisièmes rôles, raisonneurs.
Chateaufort, troisièmes amoureux.
Roussel, financiers, manteaux, paysans.
Constant, premiers comiques.
Amédée, seconds comiques.
Buée, pères nobles, raisonneurs.
Raymond, troisièmes rôles et confidents.
Sainti, grimes et caricatures.
Frédéric Henri, rôles de convenance.
Devauchelle, Duchateau jne, Lescure, Vaugeois, utilités.

Mmes Lagardaire, grands premiers rôles.
Matis, jeunes premières et ingénuités.
Alexandrine, secondes et troisièmes amoureuses.
Suzanne, soubrettes.
Bernard, caractères.
Wagner, secondes soubrettes, caractères.
Lécuyer, seconds rôles de tout genre et mères.
Maré, troisièmes amoureuses.
Lévesque, Ess, utilités.
Mina Roussel, rôles d'enfants.

Opéra.

MM. Tianni, Ellevion, Ponchard, etc.
Auzet, première haute-contre, Philippe, Gavaudan, etc.

MM. Châteaufort, seconde haute-contre, Féréol chantant.
Grignon, Martin, Lays, Solié.
Adolphe, première basse-taille, tabliers, Julliet.
Amédée, Trial.
Sainti, Laruette, Julliet.
Frédéric Henri, rôles de convenance.
Laloi, Désessard, Duchâteau aîné, troisièmes basses-tailles, coryphées.
Devauchelle, Duchâteau jeune, utilités.
Choristes.

Mmes Bellemont, première chanteuse à roulades.
Ferrand-Frémont, première chanteuse sans roulades.
Thuilier, Philis, Saint-Aubin, Dugazon.
Dumetz, Betzy, jeune Dugazon, Saint-Aubin.
Maré, seconde chanteuse, jeune Dugazon, Saint-Aubin.
Bernard, première duègne.
Lécuyer, seconde mère Dugazon.
Wagner, seconde duègne.
Ess, grandes utilités, coryphée.
Lévesque, utilités, coryphée.
Joséphine, coryphée.
Mina Roussel, rôles d'enfants.
Choristes.

Ballet.

MM. Alexis Blache, maître de ballets.
Duclaut, régisseur.
Salesses, chef de l'école de danse.
Lachouque, premier danseur sérieux, mime.
Théodore, premier danseur demi-caractère, Zéphirs.
Page, premier danseur.
Poulou, second danseur et rôles mimes.
Coustou, second danseur.
Robillon, premier danseur comique.
Dutacq, premiers rôles mimes, pères.
Duchâteau jeune, second danseur comique.

MM. Philippe, troisième danseur, coryphée.
   Brive, second mime.
   Blanchard, comiques, caricatures.
   Seize figurants.

Mmes Évelina Fleurot, première danseuse, mime.
   Rivière, première danseuse noble et demi-caractère.
   Laure Peyssard,   id.   id.
   N..., seconde danseuse et première au besoin.
   Zélie, seconde et troisième danseuse.
   Léontine, troisième et seconde danseuse.
   Betton, mime, rôles à baguette.
   Anaïs, Aglaé, coryphées.
   Clotilde, rôles d'enfants.
   Seize figurantes.

Orchestre.

MM. Fournera, chef d'orchestre.
   Hippolyte Sonnet, second chef d'orchestre.
   Josse, chef des chœurs.

MM. Olivier, peintre.
   Dauzats fils, machiniste en chef.
   Rey, costumier en chef.

ABONNEMENTS.

Les abonnements à l'année commenceront le 21 avril 1830, et finiront le 20 avril 1831.

Pour les hommes................ 275 fr.
Pour les dames.................. 150 fr.

Les abonnements au semestre d'été commenceront le 21 avril et finiront le 20 octobre prochain.

Pour les hommes................ 150 fr.
Pour les dames.................. 100 fr.

avec faculté de renouveler au même prix pour les six derniers mois.

L'abonné jouira de toutes les représentations, concerts et

grands bals publics qui auront lieu aux heures ordinaires. Il ne pourra exiger de dédommagement pour les relâches autorisées, ni sous prétexte qu'il n'y a pas de place, ni qu'on la lui réserve, ainsi que l'ont toujours porté les cartes d'abonnement, attendu qu'il peut venir prendre sa place à l'ouverture de la salle.

On s'abonne, pendant le jour, depuis dix heures du matin jusqu'à trois heures après midi, au Grand-Théâtre, à la direction; et le soir, à l'entrée de la salle, où il y aura un bureau établi à cet effet. Les titres d'abonnement seront délivrés de suite, pour éviter le plus léger inconvénient; en échange, l'abonné à qui il ne conviendrait pas de porter de l'argent sur lui, souscrirait un bon à vue recouvrable à domicile.

DIRECTION DE L. SOLOMÉ.

PROSPECTUS DE 1852.

Je viens, selon l'usage, annoncer au public le nom des artistes qui doivent composer la troupe du Grand-Théâtre; mais je crois nécessaire de faire précéder cette nomenclature de quelques observations.

Par suite d'une délibération du Conseil municipal de cette ville, approuvée par l'autorité supérieure, le Grand-Théâtre devait demeurer fermé, pour cause de réparations, pendant toute l'année théâtrale 1832.

Devenu cessionnaire des droits de M. Constant à la direction des théâtres, je crus devoir, tant dans l'intérêt des plaisirs du public, que dans celui des artistes et des pauvres, qui, durant une année entière, auraient été privés de la portion qu'ils prélèvent sur les recettes, je crus devoir, dis-je, solliciter de l'administration municipale l'autorisation de réduire à six mois la fermeture projetée et de rouvrir le Grand-Théâtre, au plus tard, le 24 octobre. Appréciant mes intentions, l'administration municipale s'empressa d'accéder à ma demande, et prit même envers moi l'engagement de me livrer la salle à l'époque que je désignais.

M. le Maire, dans sa sollicitude éclairée pour les vœux du public, traita avec MM. Cicéri et Gigun, pour la reconstruction des machines et du plancher du théâtre, pour la nouvelle distribution et la peinture de la salle, et enfin pour la confection de huit grandes décorations : deux d'entre elles ont été exécutées par M. Olivier, dont le talent a depuis longtemps été justement apprécié.

Sous la direction de ces artistes, le beau monument dont s'enorgueillit la ville de Bordeaux s'est rajeuni et a pris une nouvelle vie : la salle a reçu une élégante et riche décoration; sa belle coupole a été ornée de figures dues à l'habile pinceau de M. Vaflard, l'un de nos peintres d'histoire les plus distingués. De grandes améliorations ont été apportées dans sa distribution; l'amphithéâtre a été supprimé et remplacé par un parterre, que des bancs larges, bien rembourrés et garnis de dossiers, rendent aussi commodes que le parquet; de nouvelles ouvertures ont permis de diviser les galeries en loges de six places; le parquet a été agrandi, et il y a été pratiqué, ainsi qu'à la galerie de l'amphithéâtre, des stalles telles que le public en désirait depuis longtemps; les loges grillées ont été abaissées, et l'orchestre a reçu une disposition plus favorable.

Enfin, sur le désir que j'en avais témoigné à M. le Maire, ce magistrat eut la bonté de demander au Conseil municipal, qui l'accorda, l'autorisation d'éclairer la salle au gaz, et de remédier à l'inconvénient du froid excessif qui y régnait pendant l'hiver, à l'aide d'un système ingénieux de calorification.

Cependant, je devais ouvrir au milieu de l'année théâtrale, et je ne me dissimulais pas tous les sacrifices qu'il me faudrait faire afin de me procurer pour cette époque les artistes que je désirais offrir au public. J'ai fait de grands efforts pour y parvenir. On en jugera lorsque je dirai :

Que, pour avoir une première Dugazon, emploi dont Bordeaux était privé depuis plusieurs années, il m'a fallu engager pour six mois, comme première basse-taille, tandis que j'en avais déjà une, le mari de Mme Sallard;

Que, désirant remplacer M. Tianni, dont la voix un peu fatiguée ne m'eût pas permis de varier le répertoire, comme je me le propose, et de représenter le grand-opéra, j'ai traité avec M. Moreau-Sainti, que Bordeaux a toujours regretté; et, pour l'avoir, j'ai dû engager, aussi pour six mois, Mme Moreau-Sainti, dont on connaît le beau talent, mais qui forme dans ma troupe un double emploi avec Mme Dutertre, déjà engagée pour les premiers rôles de la comédie.

Un des journaux de cette ville m'a fait, il y a quelques jours, le reproche de n'avoir pas remplacé M. Lachouque par un danseur sérieux; mais, sur les explications que je lui ai fournies, il s'est empressé de reconnaître que depuis que MM. Albert et Lefebvre ne font plus partie de la troupe de l'opéra, on ne travaille plus pour les danseurs sérieux. Cet emploi n'existe pas dans les ballets nouveaux, tels que la *Sylphide* et autres ouvrages que je me propose d'offrir au public, en remplacement du vieux répertoire que l'on joue à Bordeaux depuis trente ans.

Un cercle commercial devait être établi dans les magnifiques salles du Concert et des Grands-Hommes, et dans les appartements de la direction; j'avais la signature de cinq cents abonnés; mais de graves inconvénients s'étant opposés à l'établissement de ce cercle, j'ai dû y renoncer momentanément. Le Conseil municipal ayant décidé que la salle du Concert serait réparée, je conserve l'espoir de l'offrir pour foyer au public, d'établir un cabinet de lecture dans l'ancien foyer, et de disposer la salle des Grands-Hommes d'une manière agréable à MM. les Abonnés.

Si j'ai cru devoir augmenter un peu le prix des abonnements et celui du parterre et des secondes, j'ai cru aussi devoir diminuer le prix du paradis et celui de l'amphithéâtre des secondes; de cette manière, la classe peu aisée pourra se procurer à bas prix le plaisir du spectacle.

J'ai administré le Grand-Théâtre pendant quelques mois avant sa fermeture; on a paru rendre justice à ma bonne volonté, à mon activité et aux soins que j'apportais à la mise en scène des ouvrages. Ayant été directeur de la scène à la Comédie-Française, au Grand-Opéra et à l'Opéra-Comique, aucun des genres que je suis appelé à faire représenter ne m'est étranger. Je continuerai à faire mes efforts pour varier les plaisirs du public, en lui offrant beaucoup de nouveautés. De ce nombre seront les opéras de *Robert-le-Diable* et *Guillaume-Tell*, qui ont été couronnés à Paris du succès le plus éclatant.

Mon bail avec la ville finissant le 20 avril 1834, mon administration doit durer encore dix-huit mois, dans lesquels se trouveront deux hivers et un été; j'ai cru en conséquence ne pas devoir faire d'abonnements à l'année, mais des abonnements, soit aux six mois, soit pour les dix-huit mois que doit durer ma direction. Les abonnements aux dix-huit mois pourront être payés par moitié, de neuf mois en neuf mois.

Bordeaux, le 18 octobre 1832.

L. SOLOMÉ.

NOMENCLATURE DE LA TROUPE.

MM. Lejeune, administrateur comptable.
Bertin, chef de la scène.
Salesses, régisseur.
Duclaut, sous-régisseur.
Dauzats fils, machiniste en chef.
Rey, costumier en chef.
Delbeze, bibliothécaire.

Comédie.

MM. Alexandre Moza, premiers rôles.
Jourdain, jeunes premiers rôles et jeunes premiers.
Raymond, seconds et troisièmes rôles.
Châteaufort, seconds et troisièmes amoureux.

MM. Roussel, financiers, grimes, manteaux, paysans.
Constant, premiers comiques.
Philippe, seconds et premiers comiques.
Leclère aîné, pères nobles, premiers rôles marqués, grands raisonneurs.
Buée, pères nobles, raisonneurs.
Sainti, grimes et caricatures.
Frédérick-Henri, rôles de convenance.
Devauchelle, Duchâteau aîné et jeune, Lescure, Ancillon, Vaugeois, utilités.

Mmes Moreau-Sainti, premiers rôles, grandes coquettes.
Dutertre, premiers rôles, grandes coquettes et fortes jeunes premières.
Bury, jeunes premières, ingénuités et deuxièmes rôles.
Frédérick, deuxièmes et troisièmes amoureuses.
Suzanne Ladré, soubrettes.
Mina Roussel, jeunes amoureuses, ingénues et rôles de convenance.
Bernard, caractères et mères nobles.
Wagner, secondes soubrettes, caractères.
Lécuyer, seconds rôles en tous genres.
Lévesque et Hess, utilités.

Opéra.

MM. Moreau-Sainti, 1er ténor, Elleviou, Ponchard, Nourrit.
Henri Joly, première haute-contre, Philippe, Gavaudan.
Châteaufort, deuxième haute-contre, Féréol chantant.
Grignon, Martin, Lays, Solié.
Leclère jeune, première basse-taille noble.
Sallard, id.
Huchet, première basse-taille, tablier, Julliet.
Philippe, Trial, Lesage, Féréol.
Sainti, Laruette, Julliet.
Frédérick-Henri, rôles de convenance.
Prestat, coryphée.

MM. Laloi, Duchâteau aîné, 3mes basses-tailles, coryphées.
Devauchelle, Duchâteau jeune, utilités, choristes.
Seize choristes.

Mmes Belmont, première chanteuse à roulades.
Ferrand-Frémont, première chanteuse sans roulades.
Sallard, Philis, Saint-Aubin, Dugazon, Pradher, Boulanger et jeune première chanteuse.
Bernard, première duègne.
Henri Joly, deuxième et première duègne.
Wagner, deuxième duègne.
Roussel, Betzi, deuxième Dugazon.
Julia Graulot, deuxième Dugazon.
Lécuyer, deuxième mère Dugazon.
Ess, grandes utilités, coryphée.
Lévesque, id.
Seize choristes.

Orchestre.

MM. Fournera, chef d'orchestre.
N..., second chef d'orchestre.
Josse, chef des chœurs.
Trente-huit musiciens.

Ballet.

MM. Aniel, maître des ballets.
Duclaut, régisseur.
Salesses, chef de l'école de danse.
Rousset, premier danseur sérieux et demi-caractère.
Page, premier danseur, demi-caractère, zéphir.
Coustou, deuxième danseur, premier au besoin.
Queriau, premiers rôles mimes.
Poulou, deuxième danseur sérieux, rôles mimes.
Philippe-Honoré, troisième danseur, coryphée.
Dutacq, premiers rôles mimes, pères.
Robillon, premier danseur comique.
Blanchard, deuxième danseur comique.

MM. Duchâteau jeune, deuxième danseur comique.
Brives, deuxième mime.
Seize figurants.

Mmes Clara, première danseuse noble et rôles mimes.
Rivière, première danseuse noble et demi-caractère.
Louisa, première et deuxième danseuse noble, rôles mimes et travestis.
Zélie, première danseuse.
Anaïs Rey, troisième danseuse et deuxième au besoin.
Léontine F..., troisième et deuxième danseuse.
Betton, rôles mimes et à baguette.
Seize figurantes.

Prix des places.

Premières, galeries, balcons, parquet......	3f 50c
Parterre et secondes........................	2 »
Amphithéâtre des secondes.................	1 50
Paradis.....................................	1 »
Stalles pour une soirée.....................	5 »

Loges grillées, galeries et stalles, louées pour dix-huit mois, 750 fr. par personne, y compris l'entrée, payable maintenant 375 fr., et pareille somme le 21 juillet 1833.

ABONNEMENTS.

Pour homme. — Pour dix-huit mois.........	450 fr.

(Payable 225 fr. en ce moment et 225 fr. le 21 juillet 1833.)

Pour six mois...............................	200 fr.
Pour un mois................................	45
Pour dame. — Pour dix-huit mois..........	225

(Payable en ce moment 127 fr. 50 c., et autant le 21 juillet prochain.)

Pour six mois...............................	100 fr.
Pour un mois................................	25

Les personnes qui s'abonneront pour la durée de mon bail, auront la faculté d'abonner leurs dames, ou leurs demoiselles, moyennant 200 fr. pour dix-huit mois.

Nota. — Le Grand-Théâtre ouvrira samedi 20 octobre. Par ordre de l'autorité, il ne sera point fait d'abonnement à la porte du contrôle les samedi, dimanche et lundi; en conséquence, les personnes qui désirent s'abonner sont priées de vouloir bien faire inscrire leurs noms à l'administration, depuis 8 heures du matin jusqu'à 10 heures du soir.

DIRECTION DE ROBILLON FRÈRES.
PROSPECTUS DE 1835.

En nous chargeant de l'entreprise des théâtres de Bordeaux, nous ne pouvions nous dissimuler l'importance de nos obligations; ce n'est pas sans toute l'hésitation que peut inspirer la prudence que nous nous sommes déterminés.

Nous avons donc accepté cette direction pour trois années, en nous soumettant à la délibération du Conseil municipal, qui réduisait de 60,000 fr. la subvention accordée à nos deux derniers prédécesseurs. La confiance que nous a inspirée M. le Maire, les preuves de connaissances théâtrales qu'il a développées en combattant nos craintes, surtout la promesse rassurante d'un appui et d'une protection sans réserve, tout a concouru à calmer nos inquiétudes, et nous avons employé sans retard les trois mois que nous avions devant nous pour l'organisation de cette grande entreprise.

Pour reconstruire sur un terrain dévasté par notre prédécesseur, puisque l'élite de la troupe le suivait dans sa nouvelle direction, il nous a fallu céder à des exigences d'engagements auxquelles notre position ne nous permettait pas de résister.

Nous avons éprouvé toutes les entraves qui peuvent peser sur une administration théâtrale : les maladies et les indispositions de toute nature nous ont d'abord assaillis; puis, après deux mois d'ouverture, notre première chanteuse a déclaré ne pouvoir continuer son service. Il a donc fallu à grands frais se procurer les moyens de la remplacer pendant son absence du théâtre; un peu plus tard, notre première basse-taille a été frappée d'une attaque de paralysie, et par suite de ces événements la mise en scène des ouvrages nouveaux s'est toujours trouvée arrêtée, malgré toutes les dispositions prises par l'administration pour monter son répertoire; enfin les dépenses nécessaires pour présenter au public l'opéra de *Gustave III* étaient faites, nous avions conçu le projet de terminer notre année théâtrale par ce grand-opéra; mais quel a été notre désappointement de trouver une opposition formelle de la part de notre première chanteuse, qui nous a refusé son rôle dans cet ouvrage, en s'appuyant sur un article de son engagement (exigé par elle), qu'elle serait autorisée à refuser dans le grand-opéra les rôles de première chanteuse qui n'auraient point été créés par Mme Damoreau-Cinti. L'insistance que nous avons mise, en exposant le tort que ce refus pouvait occasionner à notre administration, n'a pu déterminer cette artiste à déroger à la clause de son engagement. Force nous a été d'ajourner l'opéra de *Gustave III* jusqu'à une nouvelle composition de troupe.

Voilà les véritables motifs qui ont privé le public de nouveautés pendant l'année qui vient d'expirer.

Maintenant il nous reste à rappeler notre conduite et les moyens que nous avons employés pour éviter que nos habitués ne pussent être victimes des circonstances qui nous ont accablés. Trompés dans tous nos calculs, dans toutes nos espérances, nous avons été obligés d'adopter un système bien préjudiciable à nos intérêts, peut-être même blâmable, s'il n'avait été suggéré par la nécessité : nous avons appelé, comme auxiliaires, les artistes distingués qui font la gloire et l'ornement de la capitale. Par ce moyen, nous avons propagé et maintenu le goût du spectacle dans toutes les classes de la société; nous avons offert à nos abonnés une compensation relative à la privation des ouvrages nouveaux pendant l'année.

Par ce système, nous avons atteint, dans notre recette, le

taux le plus élevé de toutes celles de nos prédécesseurs depuis plusieurs années, et les pauvres ont recueilli un puissant secours de notre exploitation, puisqu'il est vrai que la somme que nous avons versée dans les caisses des indigents et des hospices égale celle de la subvention que la ville nous accorde; mais si cette recette a été considérable, nos frais ont été encore plus élevés, car il a fallu ajouter, aux dépenses ordinaires de l'entreprise, une somme de près de 100,000 fr. pour les artistes en représentations. On jugera bien, par cet aperçu, qu'il ne peut y avoir eu de bénéfice possible pour les directeurs, et qu'ils ont subi toutes les conséquences de la position fâcheuse dans laquelle les événements les ont placés.

Mais une nouvelle année théâtrale va s'ouvrir sous des auspices sans doute plus favorables. Nous nous sommes empressés de rappeler à Bordeaux, et à quel prix que ce soit, les artistes que vous regrettiez. Nous allons diriger nos efforts sur le renouvellement du répertoire : l'opéra de *Gustave III* doit paraître dans les premiers mois de notre ouverture; les traductions les plus remarquables, telles que celles du *Pirate*, de *Tancrède*, de la *Cenerentola*, etc., vont faire partie de ce répertoire. En ouvrages nouveaux, le *Cheval de Bronze*, la *Prison d'Édimbourg*, etc. En reprise, *Marguerite d'Anjou*, etc. En drame, *Chatterton*, etc. La danse va suivre un système plus en harmonie avec le goût actuel, et imiter l'exemple donné maintenant par l'Académie royale de musique.

D'après cette déclaration franche de nos intentions pour l'avenir, et d'après l'exposé exact des motifs qui sont venus contrarier nos opérations de l'année écoulée, nous espérons, Messieurs, que vous voudrez bien rendre justice à nos efforts, à nos sacrifices, et nous croire pénétrés de cette vérité, que sans l'assistance de votre bienveillante protection, le succès de l'entreprise théâtrale est impossible. Nous ferons donc tout pour la mériter.

Bordeaux, le 16 avril 1835.

Philippe ROBILLON, C. ROBILLON.

TARIF DES ABONNEMENTS.

Pour homme. — Pour une année	275 fr.
Pour six mois d'été	150
Pour six mois d'hiver	180
Pour trois mois	100
Par mois d'été	40
Par mois d'hiver	50
Pour une stalle à l'année	500
Pour dame. — Pour une année	150
Pour six mois d'été	90
Pour un mois	25

Nota. — On traitera de gré à gré avec la direction pour la location des loges.

On s'abonne pendant le jour, de 9 heures à 4 heures, au bureau de la direction, et le soir au contrôle, entrée des premières.

NOMENCLATURE DE LA TROUPE.

MM. Sallior, régisseur général.
    Salesses, régisseur.
    Duclaut, régisseur du ballet.
    Romain Pratviel, caissier.
    Paul Robillon, chargé de la vérification des billets et de la location.
    Chambes, percepteur des droits sur les bals et petits spectacles.
    Belbeze, bibliothécaire.
    Dauzats, machiniste en chef.
    Édouard Lamberti, deuxième machiniste.
    Rey, costumier en chef.
    Orléans, garde-magasin.

Comédie.

MM. Lemadre, premiers rôles.
    Jourdain, forts jeunes premiers des premiers rôles.

MM. Leclère aîné, pères nobles, premiers rôles marqués, raisonneurs.

Henri Joly, seconds rôles et rôles de convenance.

Raymond, deuxièmes et troisièmes rôles.

N..., seconds amoureux.

Huchet, financiers.

Doligny, premier comique.

Constant, id.

Jouanno, second comique.

Sainti, grimes et caricatures.

Frédérick-Henri, rôles de convenance.

J. Duchâteau, Duchâteau aîné, Ancillon, Lescure, Millet, utilités.

Mmes Lagardaire-Fortier, premiers rôles et grandes coquettes.

Alexis-Bury, jeunes premières, ingénuités, jeunes premiers rôles.

Doligny, grandes coquettes et rôles de convenance.

Suzanne Ladré, soubrettes.

Anaïs Jourdain, secondes amoureuses.

Anna, seconds rôles et rôles de convenance.

Victorine Félix, secondes amoureuses et rôles de convenance.

Bernard, caractères et mères nobles.

Huchet, caractères.

Lécuyer, rôles de convenance.

Opéra.

MM. Dumas, premier ténor en tous genres.

Vernet, premier ténor, Elleviou, Ponchard.

Hery-Joly, première haute-contre, Philippe, Gavaudan.

Châteaufort, seconde haute-contre.

Grignon, Baryton, Martin, Laïs, Solié.

Gustave Blès, première basse-taille noble et chantante.

Sallard, première basse-taille, forte seconde.

Huchet, première basse-taille comique, Julliet.

MM. Gesionne, troisième basse-taille comique, Julliet.
Jouanno, ténor comique, Féréol et Trial.
Sainti, Laruette, Julliet.
Frédérick-Henri, rôles de convenance.
Marchand, Laloi, Millet et Vincent, coryphées.
Duchâteau aîné, Duchâteau jeune et Prestat, utilités, coryphées.

Mmes Pouilley, première chanteuse à roulades, des fortes chanteuses dans le grand opéra.
Sallard, première Dugazon, rôles annexés dans le grand opéra.
Pougand, première chanteuse sans roulades, jeunes mères Dugazon.
Julia Graulot, seconde chanteuse en tous genres, seconde Dugazon.
Olivier, seconde Dugazon.
Élisa Dardenne et Émilie Joly, jeunes amoureuses, secondes Dugazon.
Bernard, première duègne.
Lécuyer, deuxième duègne.
Dix-huit choristes hommes, vingt-quatre au besoin.
Dix-huit choristes femmes.

Orchestre.

MM. Schaffner, chef d'orchestre.
Heudier, *id.*
Hercule Lacaze, *id.*
Josse, chef des chœurs.
Trente-huit musiciens et quarante-six au besoin.

Ballet.

MM. Petipa, maître des ballets.
Duclaut, régisseur.
Salesses, chef de l'école de danse.
Émile Greydelu, premier danseur.

MM. Lucien Petipa, premier danseur.
Keiffer, id.
Justamet, troisième danseur.
Duchâteau jeune, danseur comique.
Blanchard, id.
Eugène, id.
Dutacq, Édouard Dauty, Brives, Philippe Honoré, mimes.
Mmes Ancelin et Angélique Martin, premières danseuses, partageant l'emploi de Mmes Taglioni, Essler, etc.
Louisa, première danseuse.
Laurent Vallard, seconde danseuse.
Anastasie, troisième danseuse, deuxième au besoin.
Betton, rôles mimes en tous genres.
Laurent, rôles de convenance.
Louise Neveu et Duruissel, coryphées.
L'école de danse. — Seize figurants, seize figurantes.

RECETTES BRUTES DES THÉATRES

Déduction faite des gratis et sur lesquelles le droit des pauvres n'est pas déduit.

GRAND-THÉATRE.

An VI (1)..... 259,547^f 69^c
An VII........ 296,803 90
An VIII...... 210,862 41 (Le Théâtre des Variétés fut démoli cette année.)
An IX........ 217,534 20 (Le Théâtre-Français ouvrit cette année, et donna de recette 122,684^f 78^c.)
An X......... 260,306 25
An XI........ 297,715 63

(1) Le Théâtre des Variétés donna en recettes, pour l'an VI, 146 mille 075^f 31^c, et pour l'an VII, il donna 317,319^f 24^c.

An XII....... 245,868f 51c (Prat, Grand-Théâtre, Théâtres
Français et Molière.)
An XIII...... 214,830 69
An XIV....... 36,466 20 (4 mois jusqu'au 1er janvier 1806.)
1806......... 212,579 38
1807......... 225,455 42
1808 (1)..... 339,630 05
1809......... 370,259 70
1810)
1811}........1,127,869 50 (pour les trois années, dont la
1812)   moyenne est 375,956f 50c.)
1813)
1814}........1,512,168 30 (dont la moyenne est 504,056f 10c)
1815)
1816......... 570,456 15
1817......... 646,843 89 (Les appointements des deux
                           troupes, du Grand-Théâtre e
                           du Théâtre-Français, s'élevè-
                           rent à 391,506f 45c.)
1818......... 621,709 77
1819......... 680,975 57
1820......... 655,544 67
1821......... 630,734 67 (Faillite Fargeot.)
1822......... 575,313 50 (Faillite Bojolay.)
1823......... 612,930 10 (Commandite.)
1824......... 602,335 31 (Commandite et Prat.)
1825......... 634,855 55 (Prat.)
1826......... 624,141 40 (Prat.)
1827......... 697,378 25 (Prat et Baignol.)
1828......... 729,821 85 (Baignol; réouverture de Molière)
1829......... 646,247 35 (Faillite Baignol.)

(1) Ce n'est guère qu'à dater de 1808 que les recettes du Grand-Théâtre prennent de l'accroissement, par l'adjonction des recettes des théâtres ou du théâtre secondaire.

1830.......... 459,924ᶠ 95ᶜ (Pour dix mois.)
1831.......... 563,995 25
1832.......... 544,931 64
1833.......... 629,348 75
1834.......... 670,980 59
1835.......... 698,340 70
1836.......... 599,518 57 (Faillite Robillon.)
1837.......... 649,954 48
1838.......... 648,253 31
1839.......... 633,228 13 (Faillite Bousigues.)
1840.......... 676,037 33
1841.......... 669,809 40
1842.......... 579,481 39
1843.......... 604,584 60 (Faillite Léon.)
1844.......... 555,323 53 (Faillite Dévéria.)
1845.......... 520,459 31 (Faillite Toussaint.)
1846.......... 495,804 50 (Faillite Lafargue.)
1847.......... 505,077 24
1848.......... 303,783 89 (Cholet.)
1849.......... 485,253 45
1850.......... 527,596 00
1851.......... 547,197 35
1852.......... 426,153 60
1853.......... 565,578 45
1854.......... 506,784 00
1855.......... 645,169 45
1856.......... 562,529 45
1857.......... 665,187 30

Théâtre du Lycée.

Ce théâtre ouvrit l'an VII (17 germinal), avec la troupe des Variétés de la vieille salle, sous la direction de Penancier et Pacher. Voici le tableau de ses recettes :

An VII........ 95,782 79
An VIII....... 148,233 10

An IX......... 114,068ᶠ 14ᶜ
An X.......... 46,010 28 (Jusqu'au 15 floréal.)
An XI......... 7,175 45

Réouvert le 7 nivôse an XI, et incendié du 19 au 20 pluviôse même année.

Théâtre d'Émulation.

An VI......... 45,049 32 (Fermeture de ce théâtre le 20 prairial.)

Théâtre de l'Union.

Une partie de la troupe des Variétés jouait à ce théâtre.
An VII........ 15,535ᶠ 00ᶜ (Recettes pour 1 mois.)
An VIII....... 204,576 32 (Pour 1 an.)
An IX......... 23,939 90 (Jusqu'au 18 prairial.)
An X.......... 359 30 (Pour 3 jours.)

Fermeture de ce théâtre le 14 vendémiaire an X.

Théâtres Français, Molière et la Gaîté.

(Du 1ᵉʳ floréal an XIII jusqu'au 30 frimaire an XIV.)

Théâtre Français. — Recette........	73,777ᶠ 00ᶜ
Théâtre Molière. — Recette........	17,518 19
	91,295ᶠ 19ᶜ
Frais à déduire........	64,824 00
Bénéfice de 8 mois....................	26,471ᶠ 19ᶜ

Ce bénéfice se perdit dans l'exploitation du Grand-Théâtre.

Théâtre de la Gaîté.

Recette..............................	180,000ᶠ 00ᶜ
Frais....................	121,584 00
Bénéfices............................	58,416ᶠ 00ᶜ

(Du 21 avril 1822 au 20 avril 1823.)

La recette du Théâtre-Français s'élève à.	155,915ᶠ 05ᶜ
La dépense à............	126,025 68
Bénéfice............................	29,889ᶠ 37ᶜ

(Du 21 avril 1823 au 20 avril 1824.)

La recette du même théâtre est de....... 171,469ᶠ 95ᶜ
La dépense de............ 162,115 74
Bénéfice............................... 9,354ᶠ 21ᶜ

Dans ces deux mêmes années, le Grand-Théâtre était à découvert d'une somme de 147,644ᶠ 92ᶜ.

(Du 21 avril 1825 au 20 avril 1827.)

La recette du Théâtre-Français s'élève à 182,462ᶠ 70ᶜ
La dépense à.............. 133,525 72
Bénéfice............... .... 48,936ᶠ 98ᶜ

Les recettes faites aux deux théâtres, pour les années 1844, 1845, 1846, y compris les bals et abonnements, se montent :

Pour le Grand-Théâtre, en 1844, à 336,575ᶠ 63ᶜ
en 1845, à 324,716 75
en 1846, à 280,382 75
Pour le Théâtre-Français, en 1844, à 218,747 90
en 1845, à 195,742 56
en 1846, à 215,421 75

Nous avons puisé ces chiffres dans les nombreuses notes et tableaux de recettes fournis à la mairie de Bordeaux, à diverses époques, par MM. Pelauque et Andrieux, attachés tous deux autrefois aux hospices de cette ville, et dont personne ne suspectera la capacité et la bonne foi. Nous nous garderons bien d'omettre, à propos de ce dernier, l'opinion qu'il formulait souvent sur les trois principales causes de la ruine des directeurs :

1° Trop d'extension donnée aux traitements;
2° L'emploi trop fréquent d'artistes étrangers;
3° Trop de doubles emplois.

CHAPITRE XI.

Théâtre-Molière. — Théâtre de la Gaîté. — Théâtre-Mayeur (de la Montagne ou des Sans-Culottes.)

Guillaume VIII, duc d'Aquitaine, donna, en l'année 1119, à l'aumônerie de Saint-Jacques, et en présence d'Arnaud Guiraud, archevêque de Bordeaux, un tènement ou espace de terrain appelé *Claus Maurum, Enclos des Maures* (1), comprenant tout ce qui se trouvait renfermé entre les rues Leyteire, Causserouge, du Mirail, et fossés de Saint-Éloi.

Guillaume IX, que quelques chroniques appellent Guillaume X, dernier duc d'Aquitaine, et père de cette fameuse Aliénor, ou Éléonor, qui épousa un prince anglais (2), irrité de ce que le Pape n'avait pas voulu couronner son parent Roger, roi de Naples, s'unit à celui-ci, et fit une guerre acharnée au Saint Père, qui plus tard fut fait prisonnier et demeura fort longtemps en captivité. Le conclave de Rome, croyant qu'il n'en sortirait jamais, élut un autre Pape (le cardinal Anaclet), ce qui causa un grand schisme, et toute la chrétienté se divisa en deux partis. Guillaume soutint Anaclet, persécuta ou chassa plusieurs évêques de ses États, parce qu'ils s'étaient permis de blâmer sa conduite. Innocent II sorti de prison, et tout étant à la guerre,

---

(1) Ainsi nommé de ce que les Maures qui vinrent ravager Bordeaux, en l'année 729, y campèrent quelque temps.

(2) Henri II, roi d'Angleterre.

on remit la question au jugement de saint Bernard, l'oracle de ce temps. Saint Bernard se déclara en faveur d'Innocent II ; mais comme Anaclet se trouvait un fort parti, la guerre n'en continua pas moins avec fureur. Innocent, soutenu du roi de France et de l'empereur d'Allemagne, marcha sur Rome, où il entra en triomphateur, Anaclet ayant pris la fuite après une papauté de cinq ans.

Saint Bernard, pendant cet intervalle, travaillait à faire revenir le duc Guillaume de son erreur, et ce fut à Poitiers, durant la célébration de la messe, qu'il adressa au duc sa fameuse apostrophe (1). Guillaume, effrayé, non seulement se repentit, mais il voulut consacrer le reste de ses jours à la pénitence. Du consentement du Pape et de saint Bernard, il entreprit un pèlerinage à Saint-Jacques de Galice. Passant par Bordeaux, il fonda dans la rue du Mirail, et sur l'enclos des Maures, un prieuré pour un hôpital. Il ordonna d'y bâtir une église qu'on appellerait *Saint-Jacques,* quoique le prieuré se soit aussi appelé *Saint-James.* Cet établissement était destiné à loger et nourrir les pèlerins qui allaient à Saint-Jacques ou qui en revenaient, ainsi que les enfants exposés, jusqu'à l'âge de raison. Plusieurs princes et papes

---

(1) Saint Bernard célébrait la messe dans l'église de Poitiers. Au moment de l'élévation de l'hostie, il s'avance vers le duc, et, s'arrêtant en face de lui, il le somme par trois fois, au nom de Jésus-Christ, d'abjurer l'erreur qu'il soutenait, de rétablir les évêques qu'il avait chassés, et de chasser ceux qu'il avait établis. (Bouchet, *Annales d'Aquitaine*, 3ᵐᵉ partie.)

confirmèrent ou étendirent les priviléges des religieux de ce prieuré. Henri II, roi d'Angleterre et mari d'Éléonor, leur reconnut même le droit qu'ils avaient de toute ancienneté, de conduire chaque jour deux ânes dans la forêt près de Bordeaux, afin de porter le bois qu'il leur permettait d'y couper pour leur chauffage. Il leur accordait en sus deux charretées de bois dont le produit devait être employé à acheter des suaires pour les pauvres.

En 1206, Alphonse, roi de Castille, prétendant certains droits sur la Gascogne (1) vint mettre le siége devant Bordeaux. Les maire et jurats, par mesure de prudence et pour empêcher les approches de la ville, firent abattre l'église de Saint-Jacques, l'hôpital et toutes ses dépendances.

Deux ans après (1208), Petrus Lamberti étant maire de Bordeaux, les jurats et communauté de la ville, voulant indemniser les religieux de Saint-Jacques des pertes qu'ils avaient éprouvées, leur permirent de construire des maisons dans le fossé de ville *(in fossato villæ)*, depuis la porte Saint-James à celle du Cahernan; plus tard ils obtinrent le droit de bâtir depuis la porte Saint-James jusqu'à la rue Bouquière.

Ces frères firent donc édifier une chapelle, un charnier, et plusieurs autres bâtiments près de l'église Saint-Éloi et de la rue Saint-James. La chapelle, qu'ils avaient construite sous l'invocation de la

---

(1) Du chef de sa femme, fille d'Henri II et d'Éléonor.

Magdeleine, fut détruite dans l'émeute de 1548. Les hospitaliers obtinrent un arrêt du parlement de Toulouse de 1553 qui obligeait les jurats de rétablir tous les bâtiments que la sédition avait détruits, et, par suite d'une transaction de la même année, leur chapelle fut réédifiée à peu près vers le coin de la rue du Mirail. Cet ordre de choses ne dura pas longtemps.

Le collége de la Magdeleine (1), construit en 1571 par la munificence du conseiller Baulon, devait être placé sous la direction des jésuites; ceux-ci eurent encore le pouvoir de se substituer aux frères hospitaliers, qui furent supprimés du consentement du Pape en 1574 (2). Les jésuites furent donc mis en possession du prieuré et de toutes ses préclôtures, à la charge par eux de remplir les intentions des fondateurs concernant les pèlerins, les enfants trouvés, et de se charger en outre de l'éducation de la jeunesse. Les bons pères acceptèrent toutes ces conditions et ne remplirent que la dernière. La première clause devenait illusoire par la cessation des pèlerinages dont la manie se perdait chaque jour. Quant à la seconde, les jésuites ne cessèrent d'écrire et de protester contre la violence qu'on voulait leur faire en les obligeant de se charger des enfants abandonnés, qui, disaient-ils, devaient tout simplement être mis à la charge de celui devant la porte duquel on

---

(1) Il sert maintenant à une caserne appelée *caserne des Fossés*.
(2) Par lettres-patentes du 1er mai 1572, Charles IX avait déjà donné aux jésuites une partie des bâtiments de l'aumônerie.

les trouvait (1). Dans une de ces discussions, ils renvoyèrent un de ces enfants chez le substitut du procureur syndic, qui, pour ne pas laisser mourir de faim cette faible créature, lui chercha une nourrice qui fut payée par le corps de ville (2). Enfin, à la faveur d'un arrêt et d'une transaction, ils se virent, en 1662, complètement débarrassés d'une obligation si fort éloignée de leurs principes et de leurs habitudes.

La chapelle, reconstruite au coin de la rue du Mirail, avait été démolie comme gênant la nouvelle distribution du terrain. Les jésuites, qui avaient déjà relevé les murs de l'hôpital, et fait plusieurs constructions nouvelles, s'étaient avisés, en 1588, de pratiquer, sous la rue du Mirail, un passage voûté qui communiquait du dit hôpital à leur collége de la Magdeleine.

Le gouverneur Matignon ayant appris qu'ils y tenaient des assemblées et conciliabules nuisibles au bien de l'État, fit condamner ce passage (1590).

Ce corps religieux fut, comme chacun le sait, expulsé de France à diverses époques. Enfin, la tourmente révolutionnaire, qui renversa les institutions monastiques, cette tourmente, qui transforma les églises en écuries, et les caves en églises, mit aussi son cachet sanglant sur les portes de l'ex-hôpital ou de la ci-devant église. Elle ne se rouvrit qu'au mois d'avril 1792, époque où l'architecte Laclotte prévint

---

(1) Registres de la jurade, 2 janvier 1615.
(2) Registres de la jurade, 5 septembre 1651.

la municipalité qu'il allait faire l'ouverture de la *nouvelle salle de spectacle* (1) construite par lui, rue du Mirail, à la ci-devant église Saint-Jacques. Les représentations qu'on y donna furent sans doute suspendues, car nous trouvons, au 3 germinal, deuxième année républicaine, une permission accordée à une société de jeunes citoyens pour y jouer. Sous l'Empire et sous la Restauration, on peut encore se rappeler y avoir vu la foule tressaillir ou pleurer à l'aspect de *Malborough,* du *Tribunal invisible* et de l'*Honnête Criminel.* Quelque heureuse mémoire pourrait peut-être nous répéter ces vers d'une certaine pièce intitulée l'*Agioteur,* jouée à Molière, et qui peuvent aujourd'hui même avoir leur application :

« .... C'est un métier que tout le monde exerce ;
» Un tel vend du savon : il est limonadier.
» On trouve du café chez plus d'un chapelier.
» Voulez-vous des chapeaux ? allez chez un libraire.
» J'achetai mes souliers chez mon apothicaire.
» Et mon greffier, qui met la procédure au sac,
» Tient du poivre et du suif, du sucre et du tabac. »

Lamery, Résicour, Granger, Desroches, et Mmes Mengozzi et Dubois étaient alors les principaux artistes de ce théâtre. En 1827, cette salle, qui avait subi une transformation et était devenue salle de danse, reprit, par les soins de M. Baignol, sa précédente destination et redevint *théâtre de Molière.* Ce fut alors qu'y parurent *les Frères invisibles, Paoli,* la *Tête de*

---

(1) Elle porta alors le nom de Théâtre-Molière ou de la République.

mort, l'*Orpheline de Genève*, ces drames fameux qui, à l'aide de la figure sinistre du brave Fournier (1), de la déclamation gutturale de Raymond, de la sensibilité de l'ingénue Dorsonville, glaçaient chaque fois d'épouvante l'impressionnable population du quartier de Saint-Éloi, de Sainte-Eulalie et de Saint-Michel.

Depuis quelques années, le Théâtre-Molière n'existe plus. La société religieuse qui en est devenue possesseur l'a rendu à son ancienne destination. Sous le nom primitif de Saint-Jacques, cette église a été entièrement restaurée. D'éclatantes peintures, et de temps en temps quelques bons prédicateurs, y attirent cette même foule qui s'y pressait jadis pour un tout autre motif. *Fluctuque mobile vulgus*.

Théâtre de la Gaîté. — Le nom que portait ce théâtre nous rappelle celui d'un homme qui se trouva mêlé à tous les plaisirs, à toutes les fêtes de l'époque, qui, par son industrie, conquit la fortune, et que cette même industrie plongea plus tard dans la misère. Chacun se doute déjà que nous allons parler de Bojolay; ce Warwick moderne qui fit et défit tant de rois, qui vit dans son antichambre tant de reines et de personnages distingués venir se disputer un

(1) Fournier vient de payer sa dette à la nature au moment où nous écrivons ces lignes (août 1859); de sincères amis suivent sa dépouille mortelle. L'un des derniers survivants de cette pléiade d'artistes qui firent durant tant d'années les délices de Bordeaux, Fournier, par sa probité, sa piété filiale et ses qualités comme père et comme époux, s'était concilié l'estime générale.

sourire, un mot ou quelques centaines de francs. Il est vrai qu'il éprouva un jour l'indifférence et le dédain de la troupe dorée qu'il trouvait jadis sur son passage, et qu'il aperçut plus d'un de ses débiteurs mettre autant de soins à éviter sa présence qu'ils en avaient mis autrefois à la rechercher. Mais si les directeurs de spectacle sont plus sujets que les autres hommes à éprouver l'instabilité de la fortune et les déceptions de tout genre, celui-ci du moins trouva dans sa conscience une compensation honorable à ses disgrâces, et, tout en lui reprochant des faiblesses, on fut forcé de faire l'aveu de ses bonnes actions. Qu'il nous soit permis d'en rappeler ici quelques-unes.

Le 8 octobre 1782, le coche de Lyon, étant chargé de soixante personnes, se perdit au pont Saint-Esprit. Malgré la rigueur de la saison, Bojolay se précipita dans le Rhône et sauva dix-sept personnes, dont douze furent rappelées à la vie.

A Carcassonne, le feu prend chez le citoyen Duplantier. La maison est presque brûlée; il reste un seul endroit que les flammes gagnent avec rapidité. Un enfant de trois ans va devenir leur proie; il n'est qu'un chemin pour arriver à lui, c'est une poutre embrasée : Bojolay la traverse et arrache cette victime au trépas.

A l'incendie de l'hôtel de la Providence, à celui du café Moreau, c'est encore Bojolay que l'on signale comme ayant couru les plus grands risques et s'étant le plus particulièrement distingué. Qui d'entre nous ne se rappelle l'empressement qu'il mit toujours à répondre à l'appel du malheur, le nombre des représentations qu'il donna pour soulager l'infortune, les souscriptions auxquelles il prit part; enfin, cette série de faits honorables qui auraient causé la célébrité d'un autre et qui ne purent lui épargner l'indigence? Tel fut l'ex-directeur des Pantagoniens, l'ex-directeur de la Gaîté et de notre Grand-Théâtre.

Le premier de ces spectacles avait été établi sur une partie du terrain du Château-Trompette, ayant façade sur les allées de Tourny, à 20 mètres à peu près du café Moreau. Ce fut en l'an VI que Bojolay en obtint la concession des citoyens Beaupoil et Duchêne, adjudicataires des emplacements du Château-Trompette. S'il faut en croire un mémoire du temps, le théâtre des Pantagoniens acquit une sorte de célébrité par le jeu presque intelligent de certaines figures automates dont Bojolay se trouvait le créateur, le souffleur et le directeur tout à la fois. Le prix d'entrée de 50 centimes était à la portée de toutes les bourses. Les ouvriers, les bonnes, les enfants, les papas, les mamans y accouraient de toutes les parties de la ville, chacun y venait rire ou s'intéresser à sa manière. Bojolay s'était fait des amis, car, dans un mémoire adressé au préfet de la Gironde en 1803, il produit en sa faveur les certificats les plus honorables de trois mille citoyens de Bordeaux, appartenant, pour la plupart, aux fonctions publiques et à la classe la plus aisée. Ce théâtre, ou baraque, qui était toute sa fortune, fut brûlée après quelques années d'existence. (*Note* R.)

Bojolay obtint, en 1803, l'autorisation d'en construire un nouveau (1), à peu près sur la même place ; ce fut là proprement le théâtre de la Gaîté, quoique le premier eût aussi porté ce nom. Cette salle, de chétive apparence, ne démentait pourtant pas son titre. La gaîté bordelaise semblait en effet s'y être réfugiée. Une bonne troupe, un café bien tenu et un petit jardin où la fraîcheur et le mystère se rencontraient parfois, attiraient la foule et de bonnes recettes. La vogue de ce petit théâtre s'est toujours soutenue. Le nom des Rocroi, des Prudent, des Bertin, des Baptiste, des Houdart, des Lepeintre et de quelques artistes aimés du public, des pièces divertissantes et bien montées, la modicité du prix des places, étaient autant de talismans qui attiraient et retenaient la foule. Le *Pied de Mouton*, *Tekeli*, *Hariadan Barberousse*, ces trois types du genre mélodrame, provoquaient alors le rire et quelquefois les larmes. La première de ces pièces fut jouée plus de soixante fois de suite. Son prodigieux succès tint moins au mérite de l'intrigue, qui n'était qu'un imbroglio fantasmagorique, qu'à l'originalité des décors, aux changements à vue et à tout ce plâtrage qu'on appelle mise en scène. Le goût du mélodrame serait de mauvais ton aujourd'hui ; tant pis, car le bon peuple, celui que nous appelons prolétaire en ce moment, y trouvait une morale appropriée à son intelligence. Les phrases quelquefois ampoulées qu'on y débitait, pou-

(1) Il s'ouvrit le 25 floréal an XII (25 mai 1804).

vaient déplaire à des puristes, mais du moins la jeune fille n'avait point à y rougir comme à la vue des scènes impudiques d'*Angèle* ou des déportements du bâtard *Antoni*. Je voudrais (si la réflexion n'est pas ici déplacée) qu'au lieu d'étonner les intelligences, on s'occupât un peu plus de les satisfaire. Tout n'est pas fait pour tous, et nous connaissons une foule de gens qui n'ont compris de la *Juive* que sa procession, et de *Guido* que la décoration du tombeau. C'était donc avec de piquants vaudevilles et des mélodrames que la Gaîté se soutenait et devenait un puissant auxiliaire pour le Grand-Théâtre. Cet appui, que la petite salle a toujours prêté à la grande, devait être mieux apprécié des directeurs. Négliger l'accessoire pour le principal, n'est pas ici raisonner conséquemment. Nos théâtres sont comme deux vérités mathémathiques, dont la seconde sert à prouver la première. Elles se servent mutuellement ; négliger l'une, c'est repousser l'autre. On ne saurait donner trop de soins à la composition de la troupe du théâtre secondaire. C'est celle qu'adopte le public, avec laquelle il se trouve le plus à l'aise ; c'est celle qu'il connaît le mieux, qu'il voit le plus, et qu'il voudra revoir cent fois encore. Son amour-propre lui fait trouver du plaisir en face de sa création. Il la vante, il applaudit à tout ce qui peut la rehausser. Raucourt, Lepeintre, Hippolyte, Déjazet, étaient toujours les bien-venus dans l'ancienne famille des habitués. On les aimait parce qu'on les avait encouragés, qu'on les avait vus grandir, qu'on se croyait pour quelque chose dans ce qu'ils étaient, et de ce bon accord entre l'acteur et le public résulte deux choses : d'abord une bonne recette, et ensuite la tranquillité du spectacle.

Le théâtre de la Gaîté subsista jusqu'au 10 décembre 1819. Les flammes, qui n'avaient pas ménagé Troie, ne l'épargnèrent pas lui-même. La place où il se trouvait est maintenant couverte de belles maisons, et ce même sol qui frémissait jadis, sous les trépignements enthousiastes des amateurs de mélodrames, n'est plus maintenant foulé que par les paisibles habitués qui vont boire l'excellente bière de Kern. (*Note S.*)

Théâtre-Mayeur. — Le Théâtre-Mayeur, qui porta aussi le titre de *théâtre de la Montagne* ou *des Sans-Culottes,* fut construit par une société de capitalistes et d'entrepreneurs, sur l'emplacement qu'occupaient les ci-devant grands-carmes, sur les fossés de ce nom. Rien ne pouvant le recommander comme monument, nous nous bornerons à rappeler les particularités historiques qui s'y rattachent. Ce fut le 3 nivôse de l'an II (3 janvier 1793), que le citoyen Valette, l'un des intéressés, obtint du Conseil général de la commune la permission de faire l'ouverture de cette salle, *pour y représenter des pièces patriotiques qui pussent servir de délassement aux vrais Sans-Culottes* (1).

Ces paroles, extraites de sa requête, dénotent

---

(1) Les premières pièces qu'on y représenta furent *la Fête du Vaudeville*, *l'Opéra de la Colonie*, et *Gérôme Pointu*, comédie-parade.

assez sous quels auspices allait être inauguré le nouveau théâtre. La terreur tenait alors la France courbée sous son homicide coutelas. Les clubs, les cartes de sûreté, le scrutin épuratoire, les dénonciations, la guillotine, toutes ces gentillesses imaginées par les hommes libres, occupaient si fort les vrais sans-culottes, qu'il leur fallait de toute nécessité un délassement où leur âme pût se retremper le soir et se disposer aux prouesses du lendemain. Les farouches tribuns qui gouvernaient la ville n'ignoraient pas qu'un peuple que l'on réussit à amuser n'est pas difficile à conduire, et que rien n'est plus propre que les représentations théâtrales à disposer la foule à l'impulsion qu'on veut ensuite lui donner. Ils savaient aussi que Tibère et Néron avaient pu tout se permettre dans Rome, en accordant seulement aux Romains du pain et des spectacles. Ils voulurent renchérir sur ces tyrans célèbres. Le pain manqua dans Bordeaux ; mais les théâtres furent autorisés et l'on s'y porta avec fureur (1). On entrait l'estomac vide, on en sortait de même, mais on avait hurlé la *Marseillaise* ou le fameux *Ça ira*, et c'était une compensation aux tourments de la faim. Dans les *Droits de l'homme*, que tout le monde savait par cœur, on avait

---

(1) Dans un arrêté du 5 pluviôse an IV, le commissaire du Directoire exécutif, Maugeret, faisait le tableau suivant de nos théâtres :

« Les loges sont devenues des arènes de gladiateurs, les chauffoirs des » foyers d'agiotage ; nos épouses, nos mères, nos filles, n'osent plus se » montrer sur les bancs où l'impudeur la plus immorale négocie publi- » bliquement sa prostitution et son déshonneur. »

omis un droit, c'était celui de se plaindre. Tous souffraient; et nul n'osait le dire ou le laisser même entrevoir. La critique eût été un crime de lèse-liberté. L'acteur Roland en fit bientôt l'épreuve. On jouait à ce théâtre la pièce du *Tonnelier*. A l'endroit de la dite pièce où il est question de la fête, et d'appeler les convives, en répondant à l'invitation, Roland interpella la personne qui l'invitait, en lui demandant : *Y aura-t-il du pain?* paroles qui n'étaient point dans la pièce. Aussitôt les municipaux dressèrent un procès-verbal dans lequel nous lisons ce passage : *Attendu que, dans le cas même où il n'y aurait que de l'imprudence, elle serait très-criminelle, puisque ce propos semble attaquer l'effet des sollicitudes des représentants du peuple et des corps administratifs, qui toutes tendent à procurer au peuple les aliments que les conspirateurs avaient éloignés de la commune.*

Les expressions de ce paragraphe pourront paraître une dérision à certaines personnes qui chercheront vainement à concilier les sollicitudes des municipaux avec les scènes de cruauté dont ils étaient chaque jour les témoins impassibles; mais qu'elles étudient l'époque, et elles verront que rien n'était moins en harmonie alors que les faits et les paroles; que les projets les plus hétéroclites, les idées les plus bizarres, trouvaient des prôneurs et des exécuteurs dans les mêmes hommes. On parlait de sensibilité en coupant des têtes; de morale, au milieu de l'orgie; de religion, en outrageant la divinité. Le plus grand besoin, c'était de parler, de porter une motion, ainsi qu'on le disait alors. Il importait fort peu qu'elle fût à propos, pourvu qu'on l'écoutât. Ainsi, dans une séance du conseil de la commune du 12 ventôse an II, l'un des membres, oubliant l'objet de la discussion (il s'agissait de tabac et de contributions), se leva, et dit : « qu'il existait sur la porte principale de la ci-devant église Saint-André une sculpture représentant un ci-devant pape, et qu'il demandait que le conseil prît en conséquence des mesures pour l'enlèvement de ce monument de la superstition. » Clément V et ses cardinaux furent heureux que cette motion n'eût pas été faite sur la place publique ; elle eût nécessairement entraîné la destruction de leurs statues ; et l'acteur Roland fut encore plus heureux que sa conduite antérieure effaçât sa peccadille et ne le rendît passible que de quelques semaines de cachot. Une imputation plus grave peut-être pesa sur Mayeur, directeur de la salle. Il fut accusé de n'avoir pas fait chanter la *Marseillaise* sur son théâtre un jour de décadi. C'était alors un crime abominable, et il fallut, comme Roland, que les prouesses révolutionnaires précédemment faites par lui, parlassent assez haut pour détourner le danger. Il est vrai que ce Mayeur, homme sans énergie et qui remplissait à son théâtre les rôles de niais, avait figuré également dans toutes les niaiseries politiques de l'époque. Lors de la mascarade appelée *Fête de la Raison*, où cette déesse se trouvait comiquement représentée par une actrice, Mayeur, assisté de quelques acolytes dont nous n'écrivons pas les noms parce qu'ils sont connus de tout le monde, représenta consciencieusement le rôle d'honneur qu'on lui avait confié ; et cependant ce même homme, qui passait pour un ardent patriote de cette époque, réclama quelques années plus tard, de la municipalité, de vouloir bien substituer au nom *de la Montagne* que portait son spectacle, celui *des Variétés*.

> Lorsque la passion égare
> Peut-on songer au repentir ?

CHAPITRE XII.

Théâtres de Blondin, de Belleville, du Lycée, Théâtre-Français ou des Variétés (1).

Les trois premiers de ces théâtres, n'ayant existé que peu d'années et n'offrant rien de saillant ou qui puisse intéresser, nous dispensent de citer autre chose que leurs noms. Nous ajouterons seulement que le théâtre Blondin était construit sur les allées de Tourny, et servit, en 1791, aux représentations d'une troupe italienne dirigée par le sieur Feyzeau. Le second prit son nom d'un sieur Belleville, qui, en 1775, établit, sur les allées d'Albret, une salle de bal appelée *Grand-Colysée*. Le désordre s'étant mis dans ses affaires, il ferma ce premier établissement et en établit un nouveau sur le grand cours de Tourny, auquel il donna le nom d'*Ambigu-Comique*, de *Petit-Colysée* ou de *théâtre de Belleville*. Une troupe, d'abord entièrement composée d'enfants, y représentait de petites pièces. Ce théâtre subsista jusqu'en 1790.

Le *théâtre du Lycée* était attenant au jardin de l'Intendance. C'était d'abord une salle que M. de

(1) Je n'ai pas cru qu'il fût nécessaire de faire une mention particulière de plusieurs autres petits théâtres qui existaient à Bordeaux, à peu près à la même époque, tels que le théâtre d'Émulation, un autre théâtre appelé de la Montagne et situé à Tourny, en face du temple de la Raison, ces petites salles n'offrant rien qui puisse les recommander à la curiosité.

Tourny avait fait construire pour y donner des concerts. On y dressa en l'an VII (1799) un théâtre qui porta le nom de *théâtre du Lycée* et qui fut incendié le 18 février 1803. Le nom de *Lycée*, qu'il portait, prenait son origine d'un projet formé par quelques artistes et gens d'étude d'y établir une espèce d'académie ou lycée artistique qui pût servir de lieu de réunion aux amateurs de la ville. Cette entreprise, qui avait eu un commencement d'exécution, eut le sort de beaucoup d'autres de ce genre, et ne put réussir.

Le *Théâtre-Français* ou *des Variétés* de nos jours est l'œuvre de l'architecte Dufart. Cette salle, bâtie en 1800, et ouverte le 8 frimaire an IX (décembre 1801), est d'une jolie architecture. Après avoir été fermée durant quelques années, elle fut rouverte en novembre 1815 (1). Depuis l'incendie de la Gaîté, elle sert de théâtre secondaire et se permet souvent de faire de meilleures recettes que le Grand-Théâtre. Le drame et le vaudeville y ont bien longtemps trouvé de dignes interprètes. Les deux Lepeintre, Déjazet, Hippolyte, Raucourt, et quantité d'autres bons artistes s'y sont formés ou y ont trouvé des encouragements pour acquérir ailleurs ce qui leur manquait. Si la direction, comme nous l'avons dit autre part, avait l'attention d'alimenter ce théâtre de bons acteurs et de nouvelles pièces, elle y trouverait toujours une rai-

---

(1) Le Théâtre-Français, ou des Variétés, fut incendié dans la nuit du 3 au 4 décembre 1855. Il a été réparé et rouvert en juin (12) 1857.

sonnable compensation aux pertes d'un autre genre. Comment donc se fait-il, dira-t-on, que le grand et le beau ne puissent attirer constamment un auditoire assez nombreux pour couvrir la dépense? La raison en est toute simple. La généralité du public se borne à juger par les yeux ; une belle pièce n'est pour elle que l'accessoire d'une belle décoration. Fort peu de spectateurs sont aptes à sentir les beautés de la musique ou de la déclamation. Beaucoup, au contraire, peuvent apprécier l'intrigue d'un vaudeville et le piquant de ses détails. Comptez donc bien que, pour attirer et retenir au Grand-Théâtre autre chose qu'un petit nombre d'amateurs, il vous faudra toujours une double et triple dépense de ces décors et de ces coups de théâtre qui font la vogue d'une pièce en même temps qu'elles diminuent le bénéfice d'une direction. Le petit théâtre n'offre pas ces inconvénients, et peu importe que *Madelon* découpe sa dinde dans un salon brillant ou dans une petite mansarde. Le mérite est tout dans la pièce, et le reste n'y ajoute rien.

NOTES HISTORIQUES.

NOTE A (*page 3*).

Il n'a pas tenu au législateur Jullien que le jeu de l'arc ne se perpétuât parmi nous. Seulement le papegay avait changé de nature. Nous avons le premier fait paraître le curieux document ci-dessous, dans un journal de Bordeaux appelé *Chronique de la Gironde*, et sous la date du 8 février 1857. Ce document appartient aux archives municipales.

« LIBERTÉ, ÉGALITÉ.

« Marc-Antoine Jullien, membre de la Commission exécutive de l'instruction publique, envoyé par le Comité de salut public à Bordeaux ;

» Considérant que l'établissement de jeux et d'exercices publics, tels que ceux dont l'histoire des anciennes républiques nous offre l'exemple, convient à la République française ; qu'il peut concourir puissamment, par l'influence du physique sur le moral, à perfectionner le système d'une bonne éducation nationale ; que les jeunes républicains, appelés à ces jeux publics, deviendront sains, robustes, courageux, adroits, s'enflammeront les uns les autres d'une émulation généreuse, d'un brûlant amour de la gloire, et surtout du civique désir de se préparer à servir un jour leur pays ; que l'égalité, la fraternité, la justice, toutes les vertus républicaines qui devront présider à ces jeux, frapperont de bonne heure les âmes des citoyens de leçons et d'exemples utiles, et feront germer dans la génération qui s'élève, les bons principes, les heureuses habitudes, les penchants vertueux qu'étouffa trop longtemps un régime corrupteur et corrompu ;

» Considérant que, pour arriver à l'établissement de ces jeux, et en attendant leur organisation définitive dont pourra s'occuper sous peu la Commission d'instruction publique, il importe de faire des essais préparatoires qui puissent diriger dans ce travail, et montrer la route la plus utile à suivre;

» Considérant que les jeux provisoirement établis doivent, dès ce moment, affermir dans les cœurs des jeunes citoyens l'horreur de la tyrannie, en même temps qu'ils les forment à l'adresse et au courage;

» Arrête ce qui suit :

» Art. 1er. — Il sera provisoirement établi, dans la commune de Bordeaux, un jeu public décadaire, connu sous le nom de LA MORT AUX TYRANS!

» Art. 2. — Les jeunes républicains de quatorze à seize ans seront successivement réunis au Champ-de-Mars; ils recevront des officiers municipaux chargés de présider aux jeux, des arcs et des flèches qui, transmis de mains en mains, leur serviront à abattre *une tête couronnée* qui sera leur BUT.

» Art. 3. — La tête sera faite de manière que les différentes parties soient susceptibles de se détacher les unes des autres, et que plusieurs des concurrents puissent participer au prix tous les autres détails d'exécution sont laissés à la municipalité.

» Art. 4. — Le principal mérite sera de renverser la couronne, et le vainqueur aura pour récompense l'arc et la flèche avec lesquels il aura obtenu la victoire. Son nom sera proclamé dans l'assemblée du peuple.

» Art. 5. — La commune entière sera invitée à assister au jeu, dont l'heure et le lieu seront publiquement annoncés.

» Art. 6. — La municipalité chargée de prendre tous les moyens convenables pour l'exécution du présent arrêté, devra nommer trois de ses membres pour présider au jeu, en rendre la célébration plus solennelle, et décerner le prix au vainqueur.

» Art. 7. — Le présent arrêté sera envoyé aux différents

districts du département du Bec-d'Ambès, qui sont autorisés à en faire usage en admettant les modifications que les localités pourraient exiger.

» Art. 8. — La municipalité de Bordeaux rendra compte de l'exécution du présent arrêté au représentant du peuple Garnier de Xantes, en mission dans le département du Bec-d'Ambès, qui est invité à vouloir favoriser et perfectionner l'établissement de ce jeu, qui ne sera point étranger à l'instruction publique dans ce département.

» Bordeaux, le 12 thermidor, l'an II de la République française, une et indivisible. *Signé* : JULLIEN. »

NOTE A bis (*page* 3).

Voici comment Clotilde de Surville a retracé, dans ses charmantes poésies, les faits et gestes de ce malheureux temps :

> Bellonne au front d'airain ravage nos provinces;
> France est en proie aux dents des léoparts :
> Banny par ses subjects, le plus noble des princes
> Erre en proscript en ses propres remparts,
> De chastels en chastels et de villes en villes,
> Contrainct de fuyr lieux où debroit régner,
> Pendant qu'hommes félons, clers et tourbes serviles
> L'osent, ô crime! enjustment assigner.
> Non, non, ne peult durer tant coulpable vertige :
> O peuple franc, reviendraz à ton roy !
> Et pour te rendre à luy, quand faudroit un prodige,
> L'attends du ciel en ce commun desroy.
> De tant de maulx, ami, ce penser me console;
> Onc n'a pareils vengié divin secours :
> Comme dégatz de flotz, de volcans et d'Éole;
> Plus sont affreux, plus croy que seront courts.
> Laz donc veu ce daulphin! ne s'éloigne du Rosne
> Qui roule encore ondes franches d'horreurs!
> Par luy puisse Valoys reconquester un trosne
> Qu'ont esbranlé séquaniques fureurs, etc., etc.

NOTE B (*page* 5).

Le 26 janvier 1722, Madame, infante d'Espagne, ayant fait son entrée dans la ville de Bordeaux, les jurats, voulant amuser cette princesse, n'imaginèrent rien de mieux *que le jeu des marionnettes*, que la princesse accepta, *et qui la divertit beaucoup.*

Il est vrai qu'on avait vu auparavant, lors de l'arrivée du duc d'Épernon, le 24 janvier 1644, les jurats ne pouvoir offrir d'autre délassement à ce seigneur que le son de deux musettes qui jouèrent pendant tout le repas et une partie de la soirée, plaisir qui coûta à la municipalité la somme de 6 livres.

Nous voyons figurer le nom de Rameau parmi ceux de la troupe de Mlle Dujardin. L'histoire dit qu'effectivement ce patriarche de notre musique avait, durant plusieurs années, parcouru nos diverses provinces à la suite des troupes d'opéra. Quinault-Dufresne, qu'il ne faut pas confondre avec l'auteur d'*Armide*, parut aussi dans notre ville en 1741. Celui-ci possédait un grand talent de comédien, mais un orgueil bien supérieur encore; il avait acquis de la fortune, et, comme il entendait certains de ses camarades envier sa destinée : *On me croit heureux, leur dit-il, erreur populaire! Je préférerais à mon état celui d'un gentilhomme qui mangerait tranquillement 12,000 livres de rentes dans son vieux château.*

NOTE B bis (*page* 9).

Les représentations théâtrales faisaient fureur à cette époque. Dans le prospectus d'une traduction des œuvres de Shakespeare, faite par M. Le Tourneur, on trouve cette anecdote :

« Du temps de Shakespeare, dit M. Le Tourneur, la passion des spectacles était au plus haut degré. Les rois et leur cour jouaient ses pièces, et le théâtre alors fournit un grand nombre d'excellents acteurs et de bons écrivains. Il avait aussi ses ennemis. Le zèle des puritains s'était signalé dans une satire d'un Guillaume Prynne, avocat. On y répondit par l'impression des meilleures pièces de théâtre qui n'avaient pas encore vu le jour; la dispute finit même d'une manière tragique pour l'auteur de la satire. Son livre fut dénoncé comme un libelle contre l'Église et l'État, les pairs et le trône. On traita sérieusement des platitudes grossières qui ne méritaient que la peine du ridicule. L'infortuné Prynne fut rayé du barreau, dégradé par l'Université d'Oxford, condamné à être mis au pilori à Westminster et à Cheapside, et à perdre une oreille à chacune de ces deux places, avec l'écriteau des infâmes attaché sur la tête, de plus à une amende de 5,000 livres sterling et à une prison perpétuelle. Sentence sans exemple, qui fut exécutée dans toute sa rigueur, et qui démontre le goût ou plutôt le délire de ces temps pour le théâtre. »

NOTE C (*page 23*).

Le fils aîné de notre romancier Le Sage vint aussi représenter à Bordeaux. Il existe dans les archives municipales un brevet de L. C. de Bourbon, gouverneur de la province, ainsi conçu :

« Aujourd'hui, onzième jour de septembre de l'année mil sept cent trente-neuf, Son Altesse sérénissime Mgr le Comte d'Eu, étant à Versailles, a accordé aux sieurs Moylin et Le Sage, comédiens, et à leur troupe, la permission de représenter dans la ville de Bordeaux pendant une année, à compter depuis Pâques de l'année 1744, sans que pendant la dite année aucune autre troupe de comédiens puisse s'établir dans la dite ville de Bordeaux. A l'effet de quoi mon dit seigneur le comte d'Eu charge et prie MM. les maire, sous-maire et jurats gouverneurs de la ville de Bordeaux de faire jouir les dits sieurs Moylin et Lesage et leur troupe de l'effet des présentes, et de tenir la main à ce que les dits comédiens se conforment en tout aux règles de la police, et qu'il ne se commette aucun désordre aux dites représentations. En foi de quoi, Son Altesse sérénissime m'a commandé d'expédier le présent brevet, qu'elle a signé de sa main, et l'a fait signer par moi, secrétaire de ses commandements, maisons et finances.

» Pour copie, etc., etc. »

A ce brevet se trouvent jointes diverses lettres de Moylin et Le Sage, adressées aux jurats de Bordeaux.

NOTE C bis (*page* 26).

ACTEURS QUI JOUÈRENT AU THÉATRE DE LA PORTE DAUPHINE OU AU GRAND-THÉATRE.

Le Kain fut pour la France ce que Garrick a été pour l'Angleterre (1), c'est-à-dire un acteur inimitable; il étudiait la

---

(1) Garrick est le plus grand acteur que l'Angleterre ait produit, réussissant également dans la tragédie et la comédie. Il devait à une grande mobilité de muscles la facilité qu'il avait d'exprimer toutes les passions, de prendre tous les masques. Les Anglais l'avaient en haute estime, et il en reçut, comme citoyen, les distinctions les plus flatteuses. Les hommes de robe et ceux destinés aux tribunes parlementaires avaient pris de Garrick des leçons de déclamation. L'aventure suivante prouve que tous ne l'avaient pas oublié :

« Un jour que l'on agitait dans la Chambre des communes une affaire très-importante, il s'éleva de si grandes contestations entre deux membres, l'un du parti de la cour et l'autre de celui de l'opposition, que le président fut forcé d'interposer son autorité pour les calmer. Garrick était dans la galerie destinée aux étrangers. Un gentilhomme campagnard l'ayant aperçu se plaignit qu'on rendit publiques les querelles inévitables entre les membres du corps de la législature. Aussi longtemps, dit-il, qu'on permettra aux comédiens d'entrer ici, nous serons esclaves dans le sanctuaire de la liberté. Burke, indigné de voir que ce reproche s'adressait à Garrick, se lève et réplique d'un ton ferme : *Celui que vous désignez ainsi nous a enseigné à défendre par des discours éloquents les priviléges des Anglais.* Fox l'interrompit et s'écria : *C'est à*

peinture, et se préparait à concourir lorsqu'il fit la connaissance de Voltaire. Le Kain n'était rien moins que beau; mais sa physionomie expressive, où chaque passion se reflétait son regard vif et profond, sa démarche et ses gestes, firent deviner à Voltaire ce qu'il serait un jour. Ce fut d'après ses conseils, et lorsqu'il eut reçu quelques leçons du célèbre écrivain, que le jeune homme se hasarda à paraître sur la scène. Ses essais ne furent point heureux, et son manque de physique lui créa même un grand nombre d'ennemis. Ses débuts à Paris durèrent dix-sept mois; et il eût vraisemblablement échoué devant la cabale, malgré le talent profond qu'il déployait dans chaque rôle tragique, si Louis XV ne l'avait forcément réhabilité. Ce prince, de retour d'une représentation de *Zaïre*, s'écria au milieu de ses courtisans : *Je ne sais comment a fait votre Orosmane ; mais je me suis surpris à pleurer, moi qui ne pleure pas souvent.* Dès ce moment, Le Kain fut jugé, apprécié, et acquit de jour en jour une prodigieuse célébrité. Il s'identifiait tellement avec son rôle, que la nature, vaincue par l'art, s'embellissait de tout ce qu'elle lui avait re-

lui que nous sommes redevables de tous les avantages qui forment l'orateur. Si je puis librement exprimer ma pensée, c'est au seul Garrick que j'en ai l'obligation.

» Garrick voulait se retirer; mais on le retint, et l'on résolut presque unanimement qu'il aurait dorénavant le droit d'assister aux assemblées de la Chambre, quelque affaire qu'on y pût traiter.

» A sa mort, on lui rendit les plus grands honneurs. Le corbillard où il se trouvait déposé était attelé de six chevaux; quarante voitures, attelées de même, suivaient, remplies des plus grands seigneurs du royaume; puis venaient vingt-quatre voitures vides précédant les pages, les gens à cheval, les amis et parents du défunt.

» Arrivés à l'abbaye de Westminster, l'évêque de Rochester officia et rendit les derniers devoirs. Le cercueil, couvert de velours cramoisi, garni de clous de vermeil, orné des armes du défunt gravées sur des plaques de même métal avec l'année de sa naissance et celle de sa mort, fut ensuite enterré à deux pieds du monument de Shakespeare. »

fusé. *Les femmes*, dit la chronique du temps, *le trouvaient beau sur la scène.*

Le Kain avait un caractère irascible et impétueux ; ses réponses se ressentaient quelquefois de ce vice de tempérament, et, si elles ne péchaient point par l'énergie, elles laissaient souvent à désirer quant au choix des mots. Disputant un jour sur le mérite d'une pièce de théâtre avec l'un de nos écrivains en renom, Le Kain soutenait qu'on aurait dû supprimer certaine scène comme triviale et ridicule. — Mais, disait son adversaire, cette scène est tout à fait dans la nature ; je crois, au contraire, qu'on doit la conserver comme offrant la véritable image du simple et du beau tout à la fois. — Bah ! reprenait Le Kain, vous conviendrez que les expressions sont grossières, dégoûtantes... ? — Je ne conviens de rien, répond son interlocuteur ; il me suffit que la nature ne les désavoue pas. Je ne veux ni qu'on les supprime, ni qu'on les voile : la nature, la nature, toujours la nature.... — Le Kain, hors de lui, saisit alors fortement son adversaire par le bras : — Eh ! f....., monsieur, lui dit-il, mon derrière est aussi dans la nature, cela n'empêche pas que je n'y mette une culotte.

Sa réponse à un certain fat qui, ne pouvant le convaincre dans une discussion, s'avisa de lui dire : *Bah ! on ne discute point avec un homme comme vous,* n'est pas moins vive, quoique moins libre..... *Un tailleur,* répondit Le Kain, *pourra former plusieurs hommes tels que vous, tandis qu'il faut des siècles pour former un homme comme moi.*

Lainez, pensionnaire de l'Académie de musique, chanteur dans l'opéra, haute-contre moins étendue que juste et mélodieuse ; admirable pour la pose, le geste et la démarche. Il obtint à Bordeaux de grands succès dans l'opéra de *Chimène*, rôle de Rodrigue ; dans celui d'*Alceste*, rôle d'Admète, et celui d'Achille dans *Iphigénie*.

Mlle Sainval l'aînée, charmante actrice, qui joua successivement à Bordeaux les personnages d'Émilie (tragédie de

Cinna), de Sémiramis, d'Iphigénie, de Didon, d'Athalie, de Pauline dans *Polyeucte*, d'Hermione, d'Alzire.

Laïs, belle voix fort applaudie dans *Chimène, la Caravane*, etc.

Mme Scio, première chanteuse du Théâtre-Feydeau à Paris, qui donna un grand nombre de représentations dans notre ville. *Les Prétendus, la Caverne*, opéras dans lesquels elle remplissait les rôles de Julie et de dona Séraphine, lui méritèrent les bravos du public et les éloges de nos journalistes.

Mmes Dugazon, Trial, Arnould, Saint-Huberti, qui, dans *Azémia, Nina, la Belle Arsène, Iphigénie en Aulide, Didon*, disputaient de grâce, de beauté et de talent.

Mlle Contat, qui brillait particulièrement dans *les Amours de Bayard*, rôle de Mme de Randan, dans *les Fausses Confidences, la Coquette corrigée*.

Sainval cadette, dans *Iphigénie en Tauride*.

Mme Vestris, élève de Le Kain, qui réunissait aux avantages physiques le double talent de la comédie et de la tragédie, et qui produisait toujours un effet terrible dans le rôle de Gabrielle de Vergy, ainsi que dans ceux de Lady Macbeth, d'Éléonor (du *Roi Lear*), de Jeanne de Naples, de Roxelane.

Mlle Dumesnil, excellente tragédienne dans *Clytemnestre, Mérope, Phèdre, Agrippine, Athalie*, etc.

Mlle Raucourt, pour laquelle la nature et l'art avaient tout fait; admirable surtout dans le rôle de Médée.

Mmes Crétu et Verteuil, si souvent citées dans les journaux de cette époque.

Molé, l'inimitable comédien dans *le Misanthrope*, et si remarquable encore dans le Nérestan, de *Zaïre*.

Granger, qui, pendant dix années, fit comme comédien les délices des habitants de Bordeaux.

Fleury, créateur du rôle de Milord Bonfil, dans *Paméla*, et si justement applaudi dans la pièce de *Médiocre et Rampant*.

Dauberval et sa charmante épouse, l'un et l'autre si fort aimés du public bordelais! Leur absence de notre ville causa une émeute qui ne s'apaisa que par leur retour. Dauberval, danseur et chorégraphe distingué, a enrichi le répertoire dramatique d'un grand nombre de ballets de sa composition.

Nous avons sous les yeux l'épître originale que nous rapportons ici; elle est adressée aux quatre-vingt-dix électeurs de la ville de Bordeaux (année 1789), et signée de trois artistes dramatiques : Lamery, Eugène Hue, Dauberval. Quel que soit l'auteur de ces rimes, nous ne l'en féliciterons pas.

« *A Messieurs les quatre-vingt-dix Électeurs de la ville de Bordeaux.*

» En offrant au public l'intéressante image
» Du peuple athénien, de son aréopage,
» De son intégrité, ses lois et ses vertus :
» On laisse à deviner quelque chose de plus.
» Tout le monde connaît les sept sages de Grèce,
» Que de sages en France ont prouvé leur tendresse!
» On en compte beaucoup, dans différents districts,
» Bordeaux seul, dans son sein, en a quatre-vingt-dix.
» Tous les bons citoyens doivent, de cet ouvrage,
» Louer l'intention; agréez-en l'hommage
» Messieurs; il est le prix du zèle et des travaux
» Auxquels nous devons tous nos biens, notre repos;
» Notre reconnaissance envers vous est extrême.
» Quand des sages d'Athènes on cite les vertus,
» Le génie et les lois, le public en chorus
» Pourra bien aisément en démêler l'emblème. »

» Nous sommes, avec respect, Messieurs, vos très-humbles et très-obéissants serviteurs,

Signé : LAMERY, EUGÈNE HUE, DAUBERVAL.

Les deux GARDEL, les deux VESTRIS, père et fils, si renommés pour la danse noble, Vestris père surtout, *ce dieu de la danse*, qui n'avait au-dessus de son talent qu'un orgueil indomptable et qui approchait de la folie. Quelques octogénaires bordelais se rappellent peut-être encore le fracas, le luxe, l'attirail burlesque dont ce dieu mortel accompagnait toujours son entrée dans chaque ville. D'autres pourront également raconter le fameux mot du même danseur : *Il n'y a que trois grands hommes en Europe, Moi, Voltaire, et le roi de Prusse.* Mais l'anecdote que nous allons rapporter n'étant pas aussi connue, nous n'aurons garde de l'omettre.

Vestris le fils, sous un prétexte frivole, ayant refusé de danser en présence de Marie-Antoinette, fut mis en prison. Son père le fit venir devant lui : *Comment*, lui dit-il, *la Reine de France fait son devoir, elle te prie de danser, et tu ne fais pas le tien !..... Je t'ôterai mon nom !.....*

NOTE D (*page* 74).

Du 17 décembre 1785.

A Monseigneur le comte de Vergennes.

« Monseigneur,

» La demande de M. Louis, d'une pension sur les revenus de notre ville, nous a paru bien étrange, ses reproches et ses inculpations contre le corps municipal bien déplacées. (Ici les jurats retracent à M. de Vergennes l'historique de la construction du Grand-Théâtre, et ajoutent ensuite) :

» M. Louis maître de cette entreprise, sa vanité, son amour-propre, lui firent changer les plans qui avaient été signés, arrêtés, et ajouter un péristyle, des colonnes, une galerie, des promenades dans le pourtour du bâtiment. Ce nouveau plan fut arrêté définitivement..........................

» M. Louis se transporta à Paris. Il ne voulait pas abandonner un monument si cher à sa gloire ou si avantageux à ses intérêts. Il remit à M. le Contrôleur général un nouveau devis, par lequel il portait la dépense totale, pour la salle et tous ses accessoires, entièrement achevée et perfectionnée, à 1,497,115 livres 4 sous 8 deniers. Il revint à Bordeaux: les travaux recommencèrent au mois d'avril 1775; tous les

.autres édifices publics furent arrêtés et le sont encore..........

» M. Louis ne s'était pas oublié lui-même dès le commencement de cette entreprise. Il avait présenté son mémoire au corps de ville, dans le mois de juillet 1774, pour demander un traitement qui lui tînt lieu, tant de ses frais de voyage pour aller choisir des artistes à Paris, que pour tout autre avantage qui pourrait lui être fait à titre de gratification extraordinaire, ou pension, etc., etc. (Les jurats rapportent ici la délibération qu'ils prirent, et dont nous avons déjà parlé; puis ils poursuivent ainsi):

» Nous nous garderons bien de croire ce que le cri public supposait dans le temps des monopoles affreux à l'occasion des fournitures et des ouvriers de toutes les espèces, pour un aussi immense bâtiment. La possibilité et les apparences trompent souvent l'imagination.

» Nous pouvons donc assurer que la construction de la salle de spectacle n'a pas occasionné de pertes à M. Louis, à moins qu'il ne veuille prétendre que les dépenses excessives qu'il a faites à Bordeaux dans tous les genres, et peu analogues à son état, devraient être à la charge de la ville, et que le corps municipal devait être responsable des injustices du sort dans les jeux ruineux auxquels il s'était livré sans modération, et où la fortune ne lui avait pas été favorable.

....

» Et c'est M. Louis qui demande une pension sur les revenus de notre ville! Il aura beau nous regarder comme injustes, il ne nous forcera jamais de convenir qu'elle lui soit due, et nous espérons bien, Monseigneur, que vous approuverez notre façon de penser à cet égard.

NOTE D bis (*page 84*).

Le discours que nous offrons à nos lecteurs se ressent du pathos et de l'emphase que conservaient encore, à la fin du XVIIIe siècle, quelques dédicaces et harangues de l'école parlementaire. Nous l'insérons le plus sérieusement du monde, et nous désirons que nos lecteurs l'acceptent avec le même sérieux.

« *Harangue à Monseigneur le Comte d'Artois.*

» Monseigneur,

» Votre Altesse royale était encore dans l'enfance, lorsque j'eus l'honneur de lui rendre mes hommages; je vis alors, dans l'amas de ses attraits, dans les prompts et lumineux éclairs de ses esprits naissants, un enfant des rois de la plus belle espérance; aujourd'hui, voici le printemps de l'âge, avec la riche parure des plus beaux talents. Nous voyons en vous, Monseigneur, un prince rare, à qui il ne manque qu'un jour encore pour être le modèle des grands rois.

» Deux lignes séparent du trône Votre Altesse; mais point de distance du mérite de régner à la gloire du trône; une grandeur d'origine d'où coule dans vos veines le plus illustre sang de l'univers; une riante majesté de front, rehaussée des brillants feux du génie et des plus touchantes qualités du cœur; l'ardeur prématurée d'un courage guerrier qui présage la gloire des héros; de nobles regards toujours fixés sur des objets dont l'importance prépare les plus belles destinées; qu'ont de plus les rois au-dessus de Votre Altesse que toute la France adore, mais qui pourtant retrouve son image dans l'auguste personne de Louis?

» L'Europe et tous les empires de la terre les plus délicieusement enivrés de l'éclat de leur grandeur et des triomphes de leur prospérité; tous les peuples, sans distinction, amoureux esclaves des lois, de l'autorité et du tribut de la dépendance; les souverains ne voulant régner que pour faire des heureux, et les sujets attachant le bonheur de leur sort à la gloire des souverains; nous jouirons, Monseigneur, d'un spectacle si ravissant, lorsque nous verrons votre grande âme passer dans l'âme des potentats.

» Les scènes variées qui, avec tant d'appareil, se succédent en ce jour, dans cette capitale, sont faites pour vous, prince; le plaisir le plus pur et le plus délicieux que porte au fond du cœur la pompe de votre réception, est fait pour nous; méfiez-vous, Monseigneur, des subtils retours de votre modestie; ils vous font le plus cruel larcin en ne partageant pas, entre vous et nous, ce plaisir dont je parle, c'est la triomphante ivresse de voir Votre Altesse, et de l'admirer.

» Mais qu'ai-je fait en noyant son portrait dans l'immensité des couleurs? un seul trait suffisait pour la peindre sous le plus brillant coloris, *Monseigneur le Comte d'Artois*............ C'est tout dire, prince, l'éloge est accompli. »

En juillet 1782, le comte d'Artois, qui appelait Bordeaux *son plus aimable séjour*, repassa par cette ville, ainsi qu'il l'avait promis aux jurats. A cette occasion, MM. de Piis et Barré, deux vaudevillistes en renom, firent représenter sur notre théâtre, une petite pièce ayant pour titre, *la Rose et le Bouton*. Comme cette pièce est très-libre, on voulait en empêcher la représentation: *Qu'on la joue*, dit le prince. *Si les Bordelais s'y rendent dans la même intention que moi, nous aurons plus de plaisir à nous voir qu'à nous occuper de la pièce.*

NOTE E (*page 92*).

PLAFOND DU GRAND-THÉATRE.

Nous avons déjà rapporté le coût du plafond peint par Robin; voici quelques pièces qui se rattachent au même objet.

Robin, enhardi par les éloges, tout à fait mérités, que l'on accordait à son plafond, désira le reproduire par la gravure; il fit adopter son projet au maréchal de Mouchy, qui en écrivit aux jurats, afin qu'ils voulussent bien prendre cette œuvre sous leur patronage, et s'y associer, en souscrivant pour un certain nombre d'exemplaires.

Dans la lettre que Robin écrivit à l'intendant, sur le même sujet, cet artiste semble prévoir la destinée possible de son plafond, que la chaleur du luminaire avait déjà commencé à détériorer.

« Ce 11 juillet 1779.

» .... Il y a déjà près d'un an que j'ai eu l'honneur d'adresser ma lettre à la ville. Si elle n'a pas dessein de me refuser la grâce que je lui demande, il est essentiel qu'elle veuille bien me répondre, afin que la gravure paraisse au moins peu de temps après l'ouverture de la salle..............

» .... La ville ferait-elle des difficultés à cause de l'état fâcheux du fond sur lequel j'ai travaillé. Ce serait alors me punir d'un malheur dont je ne suis pas l'auteur, mais bien la première victime. J'y suis tellement sensible, que si on consent à la réparation de ces accidents, après que les lumières et les vapeurs des représentations y auront produit tout l'effet dont la boiserie est susceptible, je m'engage à repeindre ce qui sera nécessaire, en me payant seulement les frais du voyage et des couleurs. Mais s'il arrivait que le mauvais état de tous les bois détruisît absolument l'ouvrage en peu d'années, je me soumets à refaire mon plafond à toutes les conditions qu'il vous plaira de m'imposer à cet effet. Je suis dans le dessein de conserver tous les cartons, études, esquisses, etc., qui en renferment toute l'essence, et me mettront à portée de l'exécuter aisément dans tous les temps, etc., etc. »

Les jurats acceptèrent toutes les propositions de Robin. Ils souscrivirent pour trois cents épreuves de son plafond, à raison de 12 livres chacune, se réservant, d'ailleurs, de mettre à contribution la bonne volonté de Robin, si le plafond se détériorait plus tard.

Nous rapportons ici l'explication des diverses allégories qui composent le plafond de Robin. Nous la copions sur le texte original envoyé aux jurats, et écrit de la main de ce peintre. Elle nous a semblé plus étendue, plus pittoresque et plus colorée que toutes celles que nous avons vues jusques ici. L'intention de Robin s'y rencontre à chaque mot.

PLAFOND DE LA SALLE DE SPECTACLE DE BORDEAUX.

Sujet général.

Apollon et les Muses agréent la dédicace d'un temple qui leur est consacré par la ville de Bordeaux.

La composition peut se diviser en cinq parties, toutes liées entre elles par l'agencement pittoresque et poétique.

Première partie. Elle est la plus élevée dans la calotte, en se portant du côté de l'avant-scène.

Apollon tenant d'une main sa lyre, témoigne à la ville que son offrande lui est agréable. Auprès de lui sont des couronnes de lauriers.

A la droite de ce dieu, et au-dessus, se voit Melpomène tenant son poignard, et Thalie son masque. Celle-ci semble dire à sa sœur d'unir leurs talents pour le plaisir des hommes. Auprès de ces deux Muses, sont Polymnie, qui préside à l'éloquence, Clio, à l'histoire des héros, et Uranie, à celle du ciel, comme pour contribuer toutes trois à la composition des poëmes tragiques et comiques.

De l'autre côté d'Apollon, Therpsichore ou la Danse, Euterpe ou la Musique, Érato ou la Poésie lyrique, rassemblent en un groupe les arts qui constituent l'opéra; mais la plus sublime des Neuf Sœurs, Calliope, qui enflamme les poëtes épiques, est aussi la plus élevée et la plus proche d'Apollon. Sa tête est exaltée. Elle tient un rouleau sur lequel est écrit *Iliades*, le premier des poëmes qu'elle semble se glorifier d'avoir inspiré.

Seconde partie. Elle se voit au-dessus de l'avant-scène. Elle est composée du temple édifié en l'honneur des Muses et de tout ce qui peut indiquer le lieu de sa construction. Ce temple est représenté par une portion de la façade de la salle de spectacle, vue par l'angle gauche. La nécessité de faire diminuer les figures, n'a pu permettre au peintre de montrer en entier cet édifice superbe.

Antérieurement, la Garonne est assise sur des rochers escarpés ; elle verse les eaux de son urne avec abondance. Pour caractériser le lieu de la source, on a peint auprès d'elle les débris du tombeau de la nymphe Pyrène. Cette jeune beauté ayant été dévorée par les bêtes sauvages sur ces hautes montagnes qui séparent l'Aquitaine de l'Ibérie, leur a donné son nom, d'où vient *Pyrénées*.

Plus bas on voit un groupe de dieux marins qui, ayant remonté la rivière et paraissant s'opposer au cours des eaux, expriment l'effet de la marée sur la Garonne.

La paix plante son olivier sur ses bords, et la libéralité répandant des richesses d'une main, est appuyée de l'autre sur une corne d'abondance ; elle a près d'elle le compas qui dénote l'équité de ses dons.

Au-dessous du temple, sur un plan très-avancé, se voient des nymphes qui, ayant amassé des fleurs sur les rives de la Garonne, les distribuent aux Jeux et aux Ris, pour orner de guirlandes le temple où ces enfants doivent fixer leur demeure.

Troisième partie, du côté du roi: On y a rassemblé la plupart des arts et métiers employés à élever l'édifice. La figure la plus apparente, est la riche et mâle architecture. Elle est assise sur un monceau de pierres à demi taillées, présidant de là aux ateliers des serruriers et des charpentiers que l'on aperçoit dans le fond. Elle est accompagnée de l'arithmétique et de la géométrie.

Sur un terrain plus avancé, est la sculpture, occupée du buste du roi, comme l'ouvrage le plus digne de ses veilles. La peinture tient les attributs de son art, qu'elle offre aussi au dieu et aux déesses des arts.

Quatrième partie. Elle occupe le dessus de l'amphithéâtre, sur un lieu un peu élevé. La ville de Bordeaux a fait dresser un autel où brûle l'encens qu'elle offre aux Muses. Un sacrificateur est occupé à immoler des victimes, suivant l'usage des anciens, aux jours des dédicaces.

Le Gouvernement, sous la figure de la Sagesse, protége la ville en la couvrant de son égide.

La source de ses richesses est dénotée par Mercure, dieu du commerce, qui montre aux spectateurs un nombre de navires et de travailleurs au port.

La traite des nègres est indiquée par ceux d'âges différents qu'un capitaine de navire tient enchaînés à sa suite.

Le dieu Bacchus, assis, tenant sa coupe, et entouré de ses attributs, semble se vanter des avantages qu'il procure, par les bons vins, à la province de Guienne.

Derrière ces figures, on entrevoit une multitude qui, par son action empressée, unit ses hommages à ceux de la ville.

Cinquième partie. Elle est du côté de la reine.

On voit le dieu Momus qui, voulant semer le sel de la satire et de la raillerie, est monté sur Pégase et s'élance avec lui dans la partie de l'Olympe où sont les Muses.

Les Plaisirs, chargés par lui de marottes, s'empressent à les répandre parmi les spectateurs.

De petits génies s'étant munis de couronnes qui sont entassées auprès d'Apollon, descendent pour en récompenser les acteurs et les auteurs assez heureux pour avoir mérité l'approbation publique.

CHANGEMENT OPÉRÉ DANS LA PEINTURE DU PLAFOND.

Les dégâts déjà signalés par Robin, et ceux qu'il prévoyait pour l'avenir, dans la peinture de son plafond, avaient pour cause le système d'éclairage de la coupole et la mauvaise qualité de l'huile qu'on y employait. Trente-six grandes lampes à deux becs, garnies chacune de deux reverbères argentés, éclairaient cette partie. On comprend que malgré toutes les précautions prises pour atténuer les effets de la chaleur et de la fumée, la forme des courbes en bois de la coupole devait concentrer et retenir la plus grande partie de la chaleur produite, non seulement par les trente-six lampes de la coupole, mais par toutes celles qui étaient disséminées dans les corniches, coulisses, herses des plafonds, etc., etc., dont le nombre était de 226.

Qu'advint-il ? Le bois travailla, les planches firent retraite, l'étoupe et la colle qui bouchaient les joints se desséchèrent, tombèrent et laissèrent des vides qui, en interrompant les lignes des figures, détruisirent tout l'effet de l'optique.

En l'an VII (26 pluviôse et 25 ventôse), ces dégradations avaient fait de tels progrès, que l'administration centrale du département de la Gironde prit deux délibérations dont nous offrons ici en entier la première, et en extrait la seconde.

Première Délibération.

« ARRÊTÉ DE L'ADMINISTRATION CENTRALE DU DÉPARTEMENT DE LA GIRONDE, SUR LES RÉPARATIONS A FAIRE DANS L'INTÉRIEUR DE LA SALLE DU GRAND SPECTACLE DE BORDEAUX.

(Séance du 26 pluviôse an VII, de la République française, une et indivisible.)

» Vu la lettre du directeur de la régie de l'enregistrement et du domaine national, du 17 fructidor an VI, qui dénonce les dégradations de l'intérieur de la salle du grand spectacle de Bordeaux, par le fait des entrepreneurs, et qui rappelle la nécessité de réparer ces dommages et de mettre fin à de tels abus ;

» Vu l'arrêté du Directoire exécutif, du 1er ventôse précédent, qui porte, article 3, que *la régie constatera sur-le-champ le devis des réparations à faire au Grand-Théâtre de Bordeaux, par la citoyenne Lattapy, directrice des spectacles, et en poursuivra la confection, et l'autorisation judiciaire de les faire faire pour elle ;*

» Vu le rapport du citoyen Combes, ingénieur-architecte, chargé spécialement, par l'arrêté de l'administration centrale, du 27 thermidor an V, de la surveillance et de la conservation de l'édifice du Grand-Théâtre, dans lequel il expose que la décoration intérieure de la salle, les loges, les colonnes, la corniche, les pendentifs et la coupole peints avec le plus grand soin par d'habiles artistes, produisaient, par leur ensemble, le meilleur effet ; que cette décoration magnifique conserva tout son éclat tant que la salle fut éclairée par des lustres et des girandoles avec de la bougie ; mais qu'une économie mal entendue engagea l'entreprise du théâtre à l'éclairer avec de l'huile de mauvaise qualité et des lampes mal entretenues, dont la fumée a noirci cette décoration en peu de temps, sans qu'il paraisse que les autorités préposées à cette surveillance aient rien fait pour réformer ces abus ;

Que portant plus loin la licence et l'oubli de toute subordination, les entrepreneurs s'étant permis de coller du papier sur les fonds et sur les ornements en draperies, arabesques et balustres, on ne devait pas s'attendre à l'audace d'une dégradation plus grande encore, qui est l'enlèvement de ces papiers sans autorisation par la citoyenne Lattapy, pour les remplacer par une couleur grossière qui a fait disparaître à jamais ces peintures très-précieuses par le goût et le fini qui les caractérisaient ;

Vu aussi la pétition de huit artistes de la commune de Bordeaux, demandant un concours des peintres, sculpteurs et architectes, afin de présenter des dessins sur la décoration intérieure de la salle du grand spectacle, tellement enfumée que le rafraîchissement en est devenu indispensable ;

Considérant qu'au mépris du goût, des convenances et de toute subordination, le public a été privé, à son grand regret, des magnifiques peintures en arabesques qui décoraient l'intérieur de la salle du grand spectacle ; que la direction y substituant d'abord des papiers peints, puis les arrachant sans précautions, les a remplacés par une couche de peinture commune ;

» Que, par l'abus le plus répréhensible dans la manière d'éclairer, la direction a tellement enfumé et dégradé ce qui est resté intact de la peinture primitive, qu'à la fraîcheur et à l'éclat de ce beau monument ont succédé une obscurité et un aspect lugubre qui, aux yeux du voyageur étonné, démentent sa renommée ;

» Considérant qu'il est important de réformer un régime aussi vicieux et d'en prévenir le retour par une surveillance active et continuelle ; qu'il est urgent de rendre au public la jouissance de cet édifice, sinon dans sa première magnificence, du moins avec le goût et l'agrément qu'on peut dire nécessaire, là où les beaux-arts rivalisent d'émulation pour réunir les citoyens par l'attrait du plaisir ;

» Considérant que les dégradations générales, suivant le rapport de l'ingénieur-architecte, étant le résultat de la mauvaise manière d'éclairer, devraient être à la charge de l'entreprise des spectacles, et qu'aux termes de l'arrêté du Directoire exécutif, du 1er ventôse an VI, elles doivent être constatées sur-le-champ, à la diligence de la régie de l'enregistrement, qui est tenue d'en poursuivre la confection, et l'autorisation judiciaire de les faire faire pour le compte de la citoyenne Lattapy, directrice des théâtres ;

» Considérant néanmoins qu'on peut attribuer une partie de la décoloration à l'effet naturel du laps de temps et à celui d'une illumination quelconque toujours nécessaire, il est juste qu'une partie de la dépense soit prélevée sur le revenu national de l'édifice ; et cependant cette distinction pouvant donner lieu à des discussions, il est nécessaire de la fixer d'une manière précise, et pour cela, d'adopter une ligne de séparation entre ces deux parties de travaux à faire, telle qu'elle est déterminée dans le rapport de l'ingénieur des bâtiments civils ;

» Considérant que pour cette réparation on ne peut choisir que le moment de l'interruption des représentations à la fin de l'année théâtrale, et que cette époque est très-prochaine ;

» Considérant qu'il est important sans doute, pour les progrès des arts, d'appeler les artistes à fournir le tribut de leurs lumières pour ériger des monuments éternels à la gloire de nos armées ou à la mémoire des héros et des bienfaiteurs de l'humanité ; mais qu'il est des travaux d'une moindre importance pour l'entretien des édifices nationaux, suivant les formes administratives, qui ne sont point susceptibles de la solennité d'un concours public et d'un jury, tel est le renouvellement de la peinture d'une salle de spectacle où il n'est nullement question de toucher à la forme, ni à la décoration réelle, mais seulement d'en repeindre les ornements intérieurs;

» Que néanmoins, constamment animée du désir de faire fleurir les arts, de faire ressortir tous les talents, et de ne confier qu'aux plus éminents l'exécution de tout ce qui intéresse la propriété publique, l'administration accueillera tous les projets qui lui seront présentés, en se réservant d'appeler à l'examen et au choix qu'elle en fera, un certain nombre d'artistes parmi ceux qui n'auront pas concouru;

» Considérant enfin que ces sortes de travaux ne sont pas susceptibles d'être soumis aux enchères au rabais, parce que le talent et le goût d'un artiste inventeur ne peuvent être transmis aux enchérisseurs, et que cependant l'administration ne peut pas adopter des projets dont les dépenses d'exécution resteraient incertaines :

» L'administration départementale de la Gironde, ouï le commissaire du pouvoir exécutif,

Arrête :

» Art. 1er. — La peinture de l'intérieur de la salle du grand spectacle de Bordeaux sera renouvelée.

» Art. 2. — Les parties latérales, soubassements, loges, colonnes et chapiteaux, jusques et y compris la corniche, seront repeints aux frais de la direction du dit spectacle, attendu les dégradations provenant de son fait dans toutes les parties de la salle.

» Art. 3. — Les parties supérieures, telles que les pendentifs, plafonds, voussures et la coupole, seront aussi repeints, vu que n'ayant été faits qu'à la colle, il y a impossibilité de les rafraîchir et de les restaurer, et attendu la dissonance qui résulterait, sans cela, d'une partie fraîchement peinte, en opposition avec l'ancienne toute enfumée et obscurcie.

» Art. 4. — Les artistes qui auront des vues sur les travaux à faire pour renouveler ces peintures, sont invités à remettre leurs projets à l'administration centrale, dans le cours de deux décades, en les accompagnant de devis estimatifs et descriptifs, avec leur soumission, ou celle d'entrepreneurs notoirement solvables, pour l'entière exécution être achevée dans le délai d'un mois, et en désignant la portion qui devra être supportée par la Nation, et celle qui restera à la charge de la direction du spectacle, d'après la distinction établie par les articles 2 et 3 ci-dessus, afin que l'administration, dans l'examen qu'elle en fera, puisse, en adoptant le projet le plus convenable, en arrêter en même temps les devis et les prix.

» Art. 5. — Afin de prévenir de nouvelles dégradations, résultantes de l'usage abusif d'éclairer avec des huiles de mauvaise qualité, la direction sera soumise à une surveillance rigoureuse à cet égard; en conséquence, l'administration municipale, dite du *centre*, dans l'arrondissement de laquelle se trouve la grande salle de spectacle, et à qui la conservation de l'édifice est déjà confiée, est spécialement chargée d'en surveiller l'illumination, et d'exiger expressément qu'elle soit de nature à ne porter aucun dommage aux nouvelles peintures.

» Art. 6. — En attendant que l'administration départementale ait arrêté les plans et devis pour les réparations dont s'agit, il sera sursis à toutes poursuites, tant contre la citoyenne Lattapy, que contre tous entrepreneurs; et dans le cas où ils refuseraient de faire exécuter, pour ce qui les concerne, les dits plans et devis, le directeur de la régie du domaine national demeure chargé de les poursuivre devant les tribunaux, afin d'obtenir l'autorisation de le faire faire à leurs frais.

» Art. 7. — Le présent arrêté sera imprimé et affiché, et il en sera adressé des exemplaires au directeur de la régie.

» Délibéré à Bordeaux, en séance de l'administration départementale de la Gironde, le 26 pluviôse an VII de la République française, une et indivisible.

PARTARRIEU-LAFOSSE, *Président.*
BRUN, MONBALON, GUILAUD, JOURNU-AUBER, *Administrateurs.*
LAHARY, *Commissaire du Directoire exécutif.*
PAGÈS, *Secrétaire en chef.*

Extrait de la deuxième délibération.

« .... Considérant qu'il est certain que la coupole, les pendentifs et le plafond de l'avant-scène étant principalement dégradés par le dessèchement et la retraite des planches qui laissent entre elles des vides, sillonnent les peintures et détruisent toute illusion ;

» Considérant qu'afin de prévenir les mêmes effets qui résulteraient de la même cause, il est nécessaire de faire clouer des toiles sur toutes les surfaces ainsi dégradées............ ; que le grand rideau, richement décoré, ayant été déchiré et détruit par le peuple, à cause de quelques attributs monarchiques proscrits sous le régime républicain,

» Arrête :

» .... Que les dessins du citoyen Drahonnet, peintre-décorateur, et le projet de construction du citoyen Marchand, machiniste sont adoptés, ainsi que les devis du citoyen Combes, ingénieur-architecte du département. »

Ce fut là le premier changement apporté au plafond du Grand-Théâtre.

Nous citerons ici, à l'occasion des changements survenus au plafond de Robin, ceux qu'on voulait faire subir à la salle même. Le directeur Dorfeuille proposa sérieusement à la ville de joindre les deux ailes qui terminent le bâtiment dans la rue de la Comédie; puis, en continuant le bâtiment d'une aile à l'autre, on formerait, disait-il, un superbe magasin pour y loger les costumes et les décorations. L'architecte Lhote se chargeait d'opérer ce changement.

Sous M. Solomé, il fut proposé, plus sérieusement encore, de supprimer la colonnade intérieure de la salle, de joindre les loges, et d'augmenter ainsi le nombre des places. Ce projet a été plusieurs fois reproduit, et fermente encore dans certains esprits inquiets. Ce n'est pas l'exiguité de la salle qui leur déplaît, c'est la forme qu'ils voudraient changer. Contentons nous de désirer que ce défaut d'espace se fasse sentir tous les soirs, les recettes ne pourront qu'y gagner.

NOTE F (*page* 98).

Nous donnons le relevé des plans faisant partie de la collection de Louis, et dont la ville s'est rendue acquéreur. Ces plans sont déposés aux archives de la Mairie de Bordeaux.

PLANS CONCERNANT LE THÉATRE.

Plan au niveau du théâtre d'une salle de spectacle et de concert pour la ville de Bordeaux.

Plan des premières fondations.

Plan des fondations au niveau de la rue de la Comédie.

Plan du rez-de-chaussée au niveau de la place.

Plan pour la construction du péristyle.

Plan. Construction des plates-bandes et des plafonds du péristyle isolé.

Plan. Coupe sur la largeur traversant le grand escalier.

Plan. Détails d'une des soffites du péristyle.

Plan d'un rang de loges.

Plan au niveau des premières loges.

Plan au niveau des deuxièmes, troisièmes et quatrièmes loges.

Plan d'une des loges du second rang et des troisièmes.

Plan. Détail des ornements du dessous d'une loge.

Plan. Décoration du soubassement, dans lequel sont pratiquées les loges grillées, au niveau du parterre.

Plan au niveau de l'attique.

Plan des combles.

Plan. Carcasse de l'intérieur de la salle, construction des fermes et la croupe.

Plan au-dessus du plafond de la salle.

Plan. Charpente de la première et seconde enrayure.

Plan. Détails de la construction de la coupole.

Plan. Détails de la construction des culs-de-four, pendentifs et avant-scène.

Plan. Ornements d'un des culs-de-four avec son ventilateur.

Plan. Détails de la charpente pour faire voir la manière dont la coupole est suspendue.

Plan. Élévation de la principale entrée.

Plan. Élévation d'une des faces latérales.

Plan. Élévation de la façade derrière le théâtre.

Plan intérieur du théâtre vu de la scène.

Plan. Perspective de la scène vue du parterre.

Plan. Porte d'entrée intérieure vue de l'escalier.

Plan d'un premier projet de salle de spectacle pour Bordeaux; il diffère du second par sa simplicité.

Plan général des bâtiments construits à Bordeaux par Louis.

CHATEAU-TROMPETTE.

Plan général de la place à bâtir sur le terrain du Château-Trompette.

Élévation d'un des arcs-de-triomphe placés à l'ouverture des rues du château.

Rez-de-chaussée d'un des treize arcs-de-triomphe.

Plan au niveau de l'étage attique.

Plan des combles.

Diverses coupes des arcs-de-triomphe.

Plan et dessin des plafonds.

PLANS DIVERS.

Deux plans d'une place projetée pour la ville de Marseille.

Trois plans. Nouvelle halle aux blés pour la ville de Bordeaux.

Six plans relatifs à la maison Fonfrède.

Trente-neuf plans, croquis, vues d'Italie, ornements, etc.

Quinze plans de diverses églises françaises ou étrangères.

Un plan grand format, dessin de la fresque peinte par Berinzago dans l'intérieur de l'église Saint-Bruno, de Bordeaux.

Quarante-deux planches gravures, théâtres divers.

Trente-cinq dessins ou plans, édifices, projets divers, phares.

POLOGNE.

Plan du premier étage du château royal de Varsovie.

Dix-sept plans, coupes, élévation du château ou de ses parties.

Trois plans, coupe, élévation, etc., d'un projet de sépultures royales.

Deux plans d'élévation de la salle des nonces à Varsovie.

Sept coupes diverses se rapportant à la même salle.

Un plan du parquet de la dite salle.

Plan et dessin d'un trumeau-pendule.

Un salon Pompadour.

Un plafond (dessin) d'un boudoir.

Un projet (dessin) d'une Psyché (meuble de toilette).

PARIS.

Une quarantaine de plans, coupes et élévations relatifs à l'augmentation du palais du Luxembourg, à la restauration et agrandissement du Jardin-Public, aux additions faites par Louis aux réparations du Panthéon, aux changements opérés à l'hôtel du maréchal Richelieu, à l'ouverture de nouvelles rues, aux fêtes données par l'ambassadeur d'Espagne lors du mariage du dauphin, au pont triomphal d'une seule arche à construire sur la Seine, à plusieurs changements à opérer au palais des Tuileries, etc., etc.

NOTE G (*page* 151).

PRIX DE REVIENT DE LA SALLE DU GRAND-THÉATRE.

La dépense s'élevait, lors de l'ouverture du Grand-Théâtre, qui eut lieu comme on l'a vu en avril 1780, à la somme de .... 2,436,523 liv. 19 s.

La ville ayant été ensuite autorisée, par arrêt du 13 février 1781, à contracter un emprunt de 500,000 liv. pour faire face aux dernières dépenses de cette construction .... 500,000 »

Nous trouvons, pour la totalité.... 2,936,523 liv. 19 s.

NOMBRE DES PLACES.

D'après l'état dressé le 30 mars 1780, la salle du Grand-Théâtre de Bordeaux contenait 1,726 places. En 1786, elle en contenait 1,967 par l'adjonction de quatre loges grillées et de trois tambours que l'on avait fait construire, en 1782, au niveau des secondes loges.

Ce dernier nombre fut ensuite restreint, et, d'après l'arrêté pris par le bureau central le 22 pluviôse an V, il ne fut plus permis de délivrer, les jours de représentation, que le nombre de 1,755 billets, savoir :

Parterre et paradis	773 places.
Amphithéâtre du paradis	156 »
Amphithéâtre et 2 loges à l'entrée de la porte.	147 »
Les 12 galeries et les 2 balcons	186 »
Premières loges et les 2 balcons	153 »
Secondes loges et les 2 balcons	168 »
Petites loges derrière les secondes	36 »
Les 4 loges aux lunettes du plafond	32 »
Parquet	40 »

A Reporter........... 1,691 places.

Report.....................	1,691 places.
Les 10 baigneuses..........................	58 »
4 petites loges des secondes et 4 des troisièmes.	32 »
Total	1,781 places.
A déduire les entrées de faveur.	26
Reste	1,755 billets.

Liste de ceux auxquels le maréchal de Richelieu accordait l'entrée gratuite au Grand-Théâtre. Cette liste ayant suscité de nombreux murmures, le maréchal la modifia par l'ordonnance que nous plaçons à la suite de celle-ci.

LISTE.

Les secrétaire, maître et sous-maître d'hôtel et valets de chambre du gouverneur;

Jurat de police, procureur syndic et clerc de ville;

L'officier de garde du guet ;

Le procureur général;

Les courriers de Paris et de Toulouse ;

Barbat, tapissier ;

Chapuis, imprimeur ;

Le commandant Longeron, seul de sa maison;

L'intendant, seul de sa maison.

« ARRÊTÉ DE M. LE MARÉCHAL DE RICHELIEU.

» *Louis-François-Armand-Duplessis, duc de Richelieu et de Fronsac, pair et premier maréchal de France, chevalier des ordres du roi, connétable, premier gentilhomme de la chambre de Sa Majesté, son lieutenant-général, gouverneur de la Haute et Basse-Guienne, noble Génois, etc.*

» Le roi, par une ordonnance du cinq octobre mil sept cent quatre-vingt-trois, ayant défendu à toutes personnes, de quelque qualité et condition qu'elles soient, d'entrer gratuitement à la Comédie sans avoir obtenu du gouverneur de la province son entrée : NOUS, en cette qualité et en vertu des intentions susdites de Sa Majesté, avons ordonné être exécuté ce qui suit pour l'entrée gratuite de ceux qui seront désignés dans l'état joint à la présente.

» Art. 1er. — Il sera fait une distinction particulière des diverses entrées gratuites suivant la qualité ou le droit des personnes, ainsi que cela se pratique dans les trois spectacles de Paris : les unes auront le choix d'aller à l'amphithéâtre et au parquet ou orchestre exclusivement, et les autres ne pourront se placer qu'au paradis seulement, mais jamais au parterre, dans lequel, en raison des ligues et cabales qui peuvent s'y former, aucun acteur ni autre personne, excepté la police, ne peut aller sans se rendre suspect, et où le nombre des billets étant fixé, ceux qui les achètent doivent toujours y trouver leur place, dont ils seraient souvent privés, si les gratis alloient à cette place.

» Art. 2. — Toutes les personnes, sans exception, qui jouiront de leurs entrées seront tenues de passer, toutes les fois qu'elles iront au spectacle, par la principale porte d'entrée où se tient le contrôleur, et il est défendu, sous peine d'être renvoyé sur-le-champ, à tous les portiers des autres portes, d'y laisser passer aucune des personnes portées sur l'état des entrées gratuites.

Art. 3. — Le contrôleur qui sera placé à la principale porte d'entrée sera tenu d'avoir toujours avec lui, sur un tableau fait en bois, le nom de toutes les personnes ayant leurs entrées, afin de pouvoir rendre compte tous les jours, après le spectacle, du nombre d'entrées gratuites qu'il aura laissé passer ; et à cet effet, par le moyen d'un trou pratiqué sur le dit tableau, à côté de chaque nom, et dans lequel il y aura une petite cheville attachée avec un cordon, chaque fois qu'il y passera une entrée, le contrôleur retirera cette cheville, laquelle, ainsi ôtée, constatera facilement tous ceux qui auront entré gratuitement chaque jour.

» Art. 4. — L'inspecteur chargé de surveiller toutes les portes, sera tenu de se faire rendre compte tous les soirs, par chacune des ouvreuses de loges, du nombre de personnes qu'elles auront laissé entrer sans billet; et afin qu'elles ne puissent favoriser aucun abus, ni être trompées par ceux ou celles qui diraient faussement avoir leurs entrées, pareil tableau indiqué dans l'article 3 sera placé à chacune des portes où pourront aller les entrées gratuites.

» Art. 5. — Il est défendu à toute personne, sans exception, jouissant de ses entrées, et sous peine d'en être privé, d'aller à d'autres places qu'à celles indiquées à chacun; et si aucun des préposés à tous les autres postes y laissaient entrer une seule personne sans billet, ils seraient renvoyés sur-le-champ. En conséquence, l'inspecteur comptera tous les jours le nombre de personnes qui seront à chaque rang de loges, chaque côté séparément; les ouvreuses seront assujetties à lui produire autant de billets qu'elles auront laissé entrer de monde. Par ce moyen, on connaîtra aisément ce qu'il y aura eu chaque jour d'entrées gratuites, si les ouvreuses de loges remplissent leur devoir avec exactitude et fidélité; et le rapport fait chaque jour par l'inspecteur du nombre d'entrées gratuites sera comparé à celui que fera également tous les soirs le contrôleur de la principale porte d'entrée, d'après son tableau.

» Art. 6. — Pour prévenir toute espèce d'abus de la part de ceux qui jouiront de leurs entrées, toutes les portes des loges et autres places indistinctement seront toujours fermées jusqu'à ce que le rideau soit levé, et les ouvreuses seront assujetties, comme à Paris, à ouvrir et refermer les portes toutes les fois que l'on voudra entrer dans les loges ou en sortir.

» Art. 7. — Il est expressément défendu à toutes personnes de s'introduire d'une loge dans une autre, en franchissant intérieurement les séparations, sous peine, par ceux qui auront leurs entrées, d'en être privés; et par toute autre personne, d'être dénoncée sur-le-champ, par l'inspecteur ou les ouvreuses de loges, à MM. les Jurats, pour remédier à cet abus, et ordonner ce qu'ils jugeront à propos.

» Art. 8. — Aucune des personnes attachées ou intéressées à la direction du spectacle ne pourront donner aucun billet signé d'elles. Il est défendu, en conséquence, à tous contrôleurs, ouvreuses de loges ou portiers d'en recevoir ni faire placer aucun de ceux qui seraient faits à la main ; et si le cas arrivait que l'on dût favoriser pour l'instant telle personne ou tel acteur passager à qui l'on voudrait faire voir le spectacle, celui de qui le contrôleur ou autres employés devront recevoir des ordres conduira lui-même à la principale porte d'entrée la personne qu'il faudra laisser passer, et on donnera verbalement l'ordre.

» Art. 9. — Les entrées gratuites étant personnelles, et ne pouvant être transmises à d'autres personnes, celles qui en jouiront, et dont le nom sera inscrit sur le tableau indiqué à l'article 3, entreront sans billets.

» Art. 10. — Il ne sera réservé annuellement au spectacle aucune loge gratuite que celles du gouverneur, des commandants en chef, de MM. les Jurats et des anciens actionnaires.

» Art. 11. — MM. les Maire, Lieutenant-de-Maire, Jurats, Procureur-Syndic et Clerc de ville continueront de donner par jour chacun deux billets d'entrée ; mais ces billets seront imprimés sur du carton et aux armes de la ville ; ils porteront le nom de ceux qui les donneront, comme à Paris ceux de MM. les premiers Gentilshommes de la Chambre, et il sera imprimé pour chacun quatorze billets, dont deux pour chaque jour de la semaine, dans la forme qui suit :

» *Modèle des billets de MM. les Jurats :*

N. SPECTACLE DE BORDEAUX.
Billet de l'Hôtel-de-Ville.
M. le vicomte Duhamel.
Parterre ou Paradis.
Pour une personne.
Ce lundi, 1784.

Le porteur de chacun de ces billets le donnera en entrant au contrôleur de la principale porte, auquel il est défendu de les rendre à qui que ce soit après avoir été reçus. Ces billets seront portés aux comptes tous les soirs, et tous les lundis de chaque semaine, le contrôleur sera tenu de renvoyer à chacun de ceux au nom desquels ils seront, tous les billets de la semaine, et ainsi de semaine en semaine. Il est encore expressément enjoint au contrôleur de la principale porte et à tous autres de ne recevoir les dits billets qu'après que le rideau sera levé, afin d'éviter tout abus.

» Art. 12. — Les auteurs ne jouiront de leurs entrées à l'avenir, et à compter du jour que leurs pièces auront été jouées, que conformément aux usages établis dans les spectacles de Paris, et ceux dont aujourd'hui le droit sera éteint par les règlements de la capitale discontinueront d'avoir leurs entrées; mais ceux qui auront droit d'en jouir seront inscrits sur le tableau indiqué dans l'article 3.

» Art 13. — Lorsque M. le maréchal duc de Mouchy et M. le comte de Fumel auront fait remettre au directeur du spectacle un état des personnes auxquelles, comme formant leurs maisons, ils désireront que l'entrée soit accordée, lequel état nous sera communiqué par le susdit directeur, alors ceux qui seront portés sur cet état seront également inscrits sur le tableau des entrées; mais leur entrée étant personnelle, ils ne pourront conduire personne avec eux au spectacle.

» Art. 14. — Les gardes de MM. les Commandants en chef, présents à Bordeaux, ne pourront entrer gratuitement au spectacle que lorsqu'ils seront vêtus de leur uniforme.

» *État des entrées gratuites.*

» Art. 15. — M. l'Intendant, comme commissaire départi, aura son entrée personnelle.

» Le commandant du fort du Hâ.

» Le commandant du fort Louis.

» *Cautions bourgeoises de la ville, conformément à leurs actes.*
— MM. Jean Lafargue, Seure, avocat; Couturier, Pomet fils, Hirigoyen, Dirouane, Testau fils; François Seur, Grignet, de Bouraud, Caudeau, Bruneaud, Pierre Serre.

» *Hôtel-de-Ville.*

» Vingt-deux billets du corps de ville, d'après l'article 11; un greffier, au choix de MM. les Jurats; trois commissaires de police, *idem;* les deux aides-major de service; Bonfin; architecte; M. Touya, trésorier de la ville; Dufart, architecte, tant que durera son engagement; le valet de chambre de M. le vicomte Duhamel, et son cuisinier.

» *Comme, aux spectacles de Paris, on paie les places des espions que la police y envoie, et que les vingt-deux billets donnés au corps de ville n'ont été établis qu'à cet effet, il n'en sera reçu aucun autre par le contrôleur du spectacle.*

» Le sieur Ponsart, médecin; le sieur Gemin, le sieur Fourcade, chirurgiens.

» *Conseil de la Comédie.* — MM. l'Évêque, Bizat, Combret, procureurs; M. Duranteau, avocat; M. Monier, notaire.

» Les courriers de Paris.

» M. Noël, premier commis du grand bureau des fermes.

» M. Duviella, contrôleur de la Poste aux Lettres.

» M. Dupin, inspecteur des bâtiments du roi.

» M. Ségalier, officier du Point d'Honneur.

» M. Gaufreteau, rédacteur des feuilles.

» Mandons à MM. les Maire, Lieutenant-de-Maire et Jurats de Bordeaux, de faire mettre à exécution le présent règlement et d'y tenir la main, conformément à l'ordonnance du roi du cinq octobre mil sept cent quatre-vingt-trois.

» Fait à Paris, le quatorze septembre mil sept cent quatre-vingt quatre.

» Le Maréchal duc de Richelieu.

» Par Monseigneur :

» Clermont.

» Les maire, lieutenant-de-maire et jurats, gouverneurs de Bordeaux, juges criminels et de police : Vu le règlement ci-dessus fait par Mgr le maréchal duc de Richelieu, gouverneur de la province, en exécution de l'ordonnance du roi du 5 octobre 1783,

» Ordonnent que le dit règlement sera exécuté selon sa forme et teneur. En conséquence, font très-expresses inhibitions et défenses à tout portier et contrôleur de la Comédie de laisser entrer gratis au spectacle d'autres personnes que celles désignées au dit règlement; et afin qu'on n'en prétende cause d'ignorance, le dit règlement sera imprimé et affiché à la Comédie.

» Donné à Bordeaux, en jurade, sous le seing du clerc-secrétaire ordinaire de la ville, le 28 septembre 1784.

» *Signé :* DE LAMONTAIGNE. »

La lettre suivante, écrite le 3 floréal an VIII par Pierre Pierre à l'administration centrale de notre ville, et qui est relative au privilége des *entrées gratuites*, nous a paru assez curieuse pour l'insérer ici :

» *Le Commissaire général de police aux Membres composant l'administration municipale du 3e arrondissement, canton de Bordeaux, dite du centre.*

» En rappelant, citoyens, l'exécution des dispositions des ordonnances, règlements et arrêtés, et notamment de la lettre du ministre de la police générale du 22 frimaire an V, qui suppriment *toutes les entrées gratuites accordées à quelque personne et à quelque titre que ce soit* dans les trois théâtres de cette commune, je n'ai jamais prétendu vous enlever la surveillance que la loi vous accorde sur les édifices nationaux, comme vous paraissez vous en plaindre par votre lettre du 2 courant. Je sais respecter les droits des citoyens et les obligations des fonctionnaires publics. Mon désir le plus cher sera de maintenir entre les autorités l'harmonie que je désire établir entre tous les citoyens; mais j'extirperai tous les abus qui attaquent la propriété et contrarient les intentions du gouvernement.

» Ainsi, citoyens, si vous avez des droits pour assister *gratuitement* aux représentations qui ont lieu au Grand-Théâtre, je vous invite à les faire valoir auprès de ceux chargés de son administration, qui, sans doute, ne pourront les méconnaître.

» Croyez que, dans tous les cas, je recevrai avec plaisir dans ma loge les magistrats qui ont des droits à la considération et à l'estime publiques pour les services constants et désintéressés qu'ils ont rendus à leur pays, et que je saurai faire respecter l'autorité dont ils sont revêtus.

» Je vous salue. » P^{re} PIERRE. »

Enfin, nous croyons pouvoir aussi joindre à l'opinion de Pierre-Pierre la circulaire du ministre de l'intérieur, Champagny, transmise au préfet de notre département, sous la date du 23 janvier 1807 :

« ....

» Les spectacles ne sont point des jeux publics auxquels assistent les fonctionnaires publics en leur qualité. Ce sont des établissements dans lesquels se réunissent à leurs frais des individus sous la surveillance de la police. Nul n'a le droit de jouir gratis d'un amusement que l'entrepreneur vend à tout le monde. Il ne doit donc y avoir d'entrées gratuites dans un spectacle, que pour le nombre d'individus indispensablement nécessaires pour le maintien de l'ordre et la sûreté publique. »

« En résumé, dit M. Andrieu, qui géra l'entreprise du théâtre après la mort du directeur Fourés :

» Il y a abus en général dans les entrées de faveur.

» Dans les grandes occasions, elles nuisent aux recettes effectives.

» Étant à la disposition d'une entreprise qui ne se pénétrerait pas de ce que fait la ville en accordant une subvention, elles pourraient produire des recettes occultes dont la ville et les pauvres n'auraient aucune connaissance. »

Pendant le mois d'août 1843, le nombre d'entrées de faveur sur lesquelles le droit des pauvres fut prélevé, se monta, savoir :

Au Grand-Théâtre . . . . 150 premières,
240 secondes.
Total. . . 390

Aux Variétés . . . . . . 54 premières,
14 secondes.
Total. . . 68

Pendant le mois de septembre :

Au Grand-Théâtre. . . . . 133 premières,
198 secondes.
Total. . . 331

Aux Variétés. . . . . . . 83 premières,
8 secondes.
Total. . . 91

Nous devons rappeler ici que M. de Pilhes, jeune avocat de Paris, avait composé la pièce du *Bienfait anonyme*, qu'il destinait à l'inauguration de notre Grand-Théâtre. Il écrivit aux jurats à ce sujet en les priant de vouloir bien lui accorder le droit de bourgeoisie dans leur cité.

Les jurats reçurent fort bien la pièce, dont le sujet est pris dans la vie de l'illustre Montesquieu, et quoique cette pièce ne pût être jouée le jour de l'inauguration, elle eut ensuite un grand nombre de représentations à Bordeaux, et les jurats écrivirent à l'auteur la lettre suivante :

« Du 25 janvier 1783.

» *A Monsieur de Pilhes.*

» Monsieur,

» Le *Bienfait anonyme* a été joué plus d'une fois sur notre théâtre ; il a eu tout le succès et les applaudissements qui étaient dus à la mémoire du grand homme dont vous avez dépeint, avec tant d'énergie et de délicatesse, les talents et les vertus ; nous avons encore mieux éprouvé à la représentation ce sentiment si délicieux pour l'âme et si cher à l'humanité. La bienfaisance rend heureux celui qui l'exerce, autant que ceux qui en ressentent les effets. La foule des spectateurs a prouvé, par ses acclamations, que notre ville s'honorera dans les siècles les plus reculés d'avoir été la patrie du héros de votre drame ; pénétrés des mêmes sentiments, nous nous empressons de mettre au nombre de ses citoyens l'auteur qui s'est si fort intéressé à sa gloire et à son bonheur.

» Recevez, Monsieur, cet hommage de notre justice et de notre reconnaissance ; c'est un tribut que vous offrent, avec autant de plaisir que de discernement, les magistrats qui représentent la cité entière.

» Nous sommes, etc. »

PROPRIÉTÉ DU GRAND-THÉÂTRE.

Le Grand-Théâtre a changé plusieurs fois de maîtres. D'abord construit des deniers de la ville, il fut, par la loi du 24 avril 1793, réuni au domaine national ; la ville perdit en même temps tout son actif, qui s'élevait à 14,885,844 liv. 12 s. 5 d. Depuis cette époque, la régie du domaine perçut les revenus du Grand-Théâtre.

Un arrêté des consuls du 30 frimaire an XII (22 décembre 1803) attribua à la commission administrative des hospices de Bordeaux la jouissance provisoire du Grand-Théâtre et de ses dépendances, en remplacement des biens qui avaient été aliénés à leur préjudice.

Par décret impérial du 2 février 1808, ce monument fut rendu à ses premiers maîtres.

Article 10 du décret : « La salle du Grand-Théâtre de Bordeaux sera désormais possédée par la ville, à titre de bail emphytéotique, et administrée comme les autres propriétés municipales.

» La durée de ce bail sera de quatre-vingt-dix-neuf ans, à compter du premier mars prochain.

» L'acte en sera passé entre l'administration des hospices et le maire de Bordeaux, à la réception du présent décret, moyennant une redevance annuelle de *vingt-huit mille francs*, quitte d'impositions, payable de six en six mois. »

NOTE II (*page 152*).

Veut-on savoir comment ce despote orgueilleux traitait les jurats de notre ville lorsqu'ils s'éloignaient un peu de ses prescriptions, qu'on lise les extraits suivants de sa correspondance avec ces magistrats :

« Je vois, Messieurs, avec peine, que tous les principes de votre administration et tout ce qu'il y a de plus trivial dans celle même des autres, paraissent ignorés chez vous, et que les mouvements *qui vous ont fait agir plutôt que réfléchir* ont mérité avec justice l'animadversion de tous ceux qui en ont eu connaissance dans tous les états supérieurs ou égaux à vous, et qu'ils ont eu grand raison. Je souhaite fort que vous puissiez faire un peu plus de réflexions sur vos démarches.

» ....
..........J'espère que vous ferez réflexion sur le mauvais effet que peuvent faire dans le public des transgressions aussi formelles et aussi publiques aux règles, de la part de ceux qui sont faits pour les maintenir et corriger ceux qui s'en écar-

tent. Je dois vous dire aussi que la plupart des filles qui ont été chassées ont dit qu'elles avaient été sous la protection de quelque jurat. »

» ....

......Vous avez la grande main de la justice ; mais quand cette main est de coton, c'est à d'autres mains plus fermes à la remplacer. »

La galanterie du courtisan, qu'il affectait quelquefois auprès des femmes, ne sauvait pas toujours celles-ci des mauvais procédés et des injures inqualifiables qu'il se permettait à leur égard. La présidente de Saint-Vincent avait eu à soutenir contre lui un procès scandaleux qu'elle perdit, écrasée par le crédit de son redoutable adversaire. Il s'agissait d'un billet de 100,000 écus souscrit par le maréchal, au profit de la présidente, qui passait pour sa maîtresse, et dont il nia être le souscripteur. Quelques années après ce jugement, les deux parties se rencontrèrent dans le monde, et après quelques mots piquants échangés de part et d'autre : *Mais, Madame,* s'écria tout à coup le maréchal, *regardez donc votre figure, cela se paierait-il une somme aussi exorbitante?*

Je n'ai pas cette présomption, répliqua la présidente ; *mais vous, Monsieur le Maréchal, considérez la vôtre et voyez s'il faut moins que cela pour la faire passer.*

Le théâtre s'empara des hauts faits du maréchal. Neuf ans après sa mort, on représentait à Paris ainsi qu'à Bordeaux, et avec un grand succès de vogue, *le Lovelace Français*, drame en cinq actes, par Duval et Monvel. Le sujet de cette pièce est tiré des mémoires du maréchal de Richelieu, et la principale héroïne est une de ses victimes (Mme Michelin). Le caractère qu'on y a donné au maréchal, quoique peut-être un peu forcé, rentre parfaitement dans ses mœurs, et rend la pièce, par cela même, intéressante.

Le maréchal avait pour maîtresse la célèbre Raucourt, qui l'accompagnait fort souvent à Fronsac. Cette actrice ne lui était rien moins que fidèle, et comptait à Bordeaux même, plusieurs amants. On lui jeta un billet sur la scène. Le public en ayant réclamé la lecture, le maréchal, qui assistait ce soir-là au spectacle, voulut bien condescendre à ce désir, et fit donner l'ordre à Mlle Raucourt d'ouvrir le billet et de le lire à haute voix. Ce fut au milieu d'un éclat de rire général que Mlle Raucourt, qui riait beaucoup elle-même, parvint à faire entendre ces vers :

« De vos beaux yeux, Raucourt, le succès est rapide,
» Mais vous avez d'amants, un essaim trop nombreux.
» L'Amour est un enfant que la foule intimide,
» Il veut bien des témoins, mais il n'en veut que deux. »

Comme le maréchal applaudit beaucoup, on le soupçonna d'être pour quelque chose dans l'aventure, et d'avoir voulu donner publiquement une leçon à son inconstante maîtresse.

NOTE II bis (*page* 154).

L'exil de M. de Noé se prolongea jusqu'en 1789. Nous rapportons ici deux de ses lettres, en les faisant précéder de celle que lui adressa l'assemblée des Cent-Trente.

« Bordeaux, le 18 décembre 1788.

» MONSIEUR,

» Nous gémissons depuis longtemps de ne pouvoir vous témoigner l'intérêt que nous a inspiré votre situation ; dès qu'il nous a été permis de nous assembler, nos regards se sont tournés vers vous. Nous avons vu que vous souffriez pour avoir été le généreux défenseur des droits de notre cité et de l'autorité municipale. Nous avons en conséquence délibéré unanimement de faire toutes les démarches qui nous ont paru propres à vous ramener au milieu de nous et à vous y faire jouir de tous les sentiments que vous nous inspirez.

» Nous présentons dans cet objet une supplique à S. M. Nous écrivons à Mgr le maréchal de Mouchy pour le prier de seconder nos efforts ; nous avons députés au parlement pour le prier d'appuyer notre réclamation.

» Il a aussi été délibéré, Monsieur, de vous faire part de l'affection et de l'estime dont nos concitoyens, que nous représentons en ce moment, sont pénétrés pour vous. Puissent nos espérances se réaliser et le souvenir de ce que vous avez souffert s'adoucir par le témoignage de notre intérêt et de notre reconnaissance.

» Nous sommes avec respect, Monsieur, vos très-humbles et très-obéissants serviteurs.

» BROCHON,
« Avocat, citoyen notable, faisant les fonctions de clerc-secrétaire de la ville dans l'assemblée des Cent-Trente.

Réponse de M. de Noé.

« A St-Beat, ce 7 janvier 1789.

» MESSIEURS,

» Il n'a pas fallu moins qu'une grande attaque de goutte que j'ai eue, pour me faire différer aussi longtemps d'avoir l'honneur de vous remercier de la part que vous avez bien voulu prendre à mes malheurs passés et présents. Je les ai soutenus avec constance parce que le motif en était satisfaisant pour un homme attaché à ses devoirs et à ses serments.

» Les délibérations et les arrêtés en ma faveur, Messieurs, d'une assemblée aussi respectable, me les font oublier. Je me sens plus que pénétré d'une sensibilité la plus douce, la plus satisfaisante et la plus glorieuse pour moi de voir 130 suffrages réunis en ma faveur, de 130 citoyens toutes personnes distinguées. Je crois, Messieurs, que c'est le cas ou jamais de dire : *nunc dimittis servum tuum*. Permettez-moi, Messieurs, d'avoir l'honneur d'en faire d'abord mes remerciments à la respectable assemblée et à vous, Messieurs, à chacun en particulier. Il me sera bien agréable, quand le temps en sera venu, de pouvoir vous témoigner les sentiments de ma vive reconnaissance de vive voix. Il ne me reste plus qu'à désirer de vivre assez pour pouvoir trouver des occasions assez essentielles pour vous prouver ma reconnaissance, mon attachement et mon zèle à servir la ville de Bordeaux.

» Je suis avec respect, Messieurs, votre très-humble et très-obéissant serviteur.

» Le Vte de Noé, *maire.* »

« A Langon, ce 23 juillet 1789.

» Dès que j'ai appris, Messieurs, que Bordeaux s'occupait des moyens de pourvoir à sa sûreté, je me suis empressé de m'en rapprocher, toutes les communications étant devenues libres. L'attachement inviolable dont j'ai donné des preuves à la ville, et qui m'a coûté cinq ans de persécutions (ce qui n'a pas d'exemple !) m'a fait quitter l'île de Noé, où j'étais depuis longtemps. Je me suis arrêté à quelque distance de Bordeaux. J'ai appris que le logement du maire était occupé sans être remplacé, et que le généralat des troupes appartenant essentiellement à ma place était destiné à un autre. J'ai pensé que ces circonstances me mettaient dans le cas de devenir inutile en ce moment à la cité. Je ne veux pas m'exposer à me faire soupçonner de dispositions qui ne conviennent ni à mon cœur ni à mes sentiments. J'ai cru devoir me retirer en faisant des vœux pour la félicité publique. Vous sentez, Messieurs, qu'étant venu sans avoir été averti, je serai toujours prêt à me réunir à mes concitoyens, si vous croyez ma présence nécessaire. J'y viendrai avec les principes dont j'ai été le martyr. Rien n'est capable de refroidir mon zèle et tous les sentiments de l'homme de bien qui me lient à la cité dont j'ai l'honneur d'être le chef.

» J'ai l'honneur d'être, Messieurs, votre très-humble et très-obéissant serviteur.

» Le Vte de Noé, *maire.*

» Par Auch, à l'île de Noé, à Auch. »

NOTE I (page 154.)

Beaumarchais, aussi intrigant qu'effronté, s'était si bien insinué dans les bonnes grâces du comte d'Estaing, que ce seigneur, en arrivant à Bordeaux, ne voulut « point loger au » gouvernement ni y dîner. Il mangea et coucha à l'hôtel en » compagnie de Beaumarchais. »

« Le sieur de Beaumarchais avait si fort intrigué, qu'il avait fait adopter aux commerçants une souscription dont la somme devait être destinée à secourir les marins de la flotte de d'Estaing. Cette souscription avait déjà produit 300,000 f. lorsque MM. les Syndics de la Chambre, Duvergier, Dubergier et Pérès, jaloux de cet intrigant, lui signifièrent qu'il eût à s'abstenir de paraître parmi eux. » *(Mémoires secrets de Bachaumont.)*

On sait que Beaumarchais croyait fort peu à la vertu des femmes. Dans une de ses chansons, on rencontre ces vers :

> « Et quant aux mœurs, la différence
> » Des *filles* aux femmes d'honneur
> » Est celle qu'on remarque en France
> » Entre l'artiste et l'amateur. »

La veille d'une représentation de *Figaro*, quelques-unes de nos femmes à la mode, désirant voir la pièce sans être remarquées, firent prier Beaumarchais de leur prêter, pour cette soirée, la petite loge qu'il avait au théâtre. Beaumarchais répondit aussitôt au duc de Fronsac, qui avait bien voulu se charger de cette commission :

« Je n'ai aucune considération, M. le Duc, pour des femmes qui se permettent de voir un spectacle qu'elles jugent malhonnête, pourvu qu'elles le voient en secret. Je ne me prête point à de pareilles fantaisies. J'ai donné ma pièce au public pour l'amuser et pour l'instruire, et non pour offrir à des *bégueules mitigées* le plaisir d'en aller penser du bien en petite loge, à condition d'en dire du mal en société. Le

Plaisir du Vice et les Honneurs de la Vertu ; telle est la pruderie du siècle ; ma pièce n'est point un ouvrage équivoque. Il faut l'avouer ou la fuir.

» Je vous salue. Je garde ma loge. »

Si le beau sexe n'eut pas lieu de se louer de la politesse de Beaumarchais, les vers suivants, qui coururent alors, vinrent en aide au cynique écrivain et semblèrent lui donner gain de cause.

« *Aux Dames qui vont voir le Mariage de Figaro.*

» Mesdames, plus de grimace,
» Plus d'éventails, plus d'hélas !
» On pourra vous dire en face
» Ce qu'on vous contait tout bas.
» Ce n'est que changer de place.
» L'amour y perd ; mais enfin,
» C'est abréger le chemin. »

NOTE J (page 155).

« Paris, ce 3 octobre 1785.

» Monsieur,

» J'ai reçu votre lettre à mon arrivée à Paris. Cette nouvelle marque d'amitié de votre part ne m'a pas été moins sensible que toutes les bontés dont vous m'avez comblé pendant mon séjour à Bordeaux. Recevez-en mes sincères remercîments ; le souvenir m'en sera toujours cher et il manque à mon bonheur de pouvoir faire pour vous, dans mon petit ménage, tout ce que vous avez fait de charmant pour moi dans le vôtre. Rappelez-moi souvent au souvenir de mon Iphigénie (1). J'espère que sa nouvelle dignité de princesse ne lui fera rien perdre de toutes ses qualités aimables, et lui donnera assez

---

(1) C'était une jeune protégée du directeur, à laquelle Larive avait donné des leçons avant son début dans le rôle d'Iphigénie.

de dignité pour ne se plus encanailler dans les coulisses avec tous ces êtres qu'elle doit autant mépriser que la plupart sont méprisables.

» Je ne suis arrivé à Paris que samedi au soir. Mes singes se sont comportés à merveille. Mon compagnon de voyage, qui est très-flatté de votre souvenir, se porte bien. J'ai le plaisir de le posséder encore chez moi. Dites, je vous prie, à M. Gariole combien son aimable franchise m'a plu et combien je me suis trouvé heureux dans nos charmants comités de tous les soirs. Je me suis déjà occupé de votre basse-taille ; mais je n'ai encore rien découvert. Je ferai les recherches que vous désirez pour une soubrette. Le courrier m'a fait une petite indignité, dont vous me feriez grand plaisir de le punir. Le premier a fait payer pour une boîte de thé 27 liv. 4 s. de port. Il a fait effacer *port franc*, que Dubreuil m'avait fait écrire sur la boîte. Le second courrier, qui m'a apporté une petite caisse de vin contenant 13 bouteilles, s'est aussi fait donner 25 liv. 16 s. Dubreuil, qui a remis les caisses, sait leurs noms, et vous me ferez grand plaisir de savoir sur quoi a été fondée une aussi forte vexation.

» Ne m'épargnez pas, je vous prie, pour tout ce à quoi je pourrai vous être utile, et recevez l'assurance de mon inviolable attachement et des sentiments distingués avec lesquels j'ai l'honneur d'être, Monsieur, votre très-humble et très-obéissant serviteur.

» DELARIVE. »

« Paris, ce 14 novembre 1785.

» On a donné aujourd'hui le *Page supposé*. Il est f....; c'est le sort de beaucoup de pages.

» MONSIEUR,

» A force de chercher, je viens enfin de vous découvrir une charmante soubrette. C'est Mme Dorsonville, qui a été trois ans à la Comédie Italienne, et qui est actuellement à Naples, dans la troupe du roi. Mme Tessier sa mère, m'a assuré qu'elle pourrait s'engager à Bordeaux pour l'année prochaine. Vous pouvez en conséquence lui écrire sur-le-champ. Sa mère l'a prévenue. C'est une charmante actrice. Elle chante dans les vaudevilles et même peut jouer très-agréablement dans l'opéra-comique. Vous ne me parlez point de mon peintre en décors. Si vous ne voulez point faire son acquisition, écrivez-moi en conséquence. On lui propose un engagement à Avignon ; mais je vous préviens d'avance que vous le regretterez. Ses appointements sont de 3,000 fr., et il veut un engagement de trois ans et son voyage payé. Je puis vous répondre de son talent et de son honnêteté. Remerciez, je vous prie, beaucoup ma princesse du bon vin qu'elle m'envoie. Je suis très-reconnaissant de sa charmante attention. Mais ce n'était pas en vain que je voulais en faire une princesse. Enfin je le boirai ; car quand le vin est tiré il faut le boire. Ah çà ! ne vous avisez pas de dire à l'égard de ma soubrette et de mon peintre, *nous verrons ça*, car tout serait vu. Vous n'auriez ni l'un ni l'autre. J'ai payé à Palbo les 350 fr. que vous avez eu la bonté d'avancer pour moi. Hier, Lanauve a dîné chez moi ; mais il ne m'a point parlé de mes papiers. Daignez me croire, comme toujours, votre très-dévoué et affectionné serviteur.

» Delarive. »

« Paris, le 18 décembre 1785.

» A ma Princesse,

» Comme je ne puis pas aller moi-même remercier ma princesse du bon vin qu'elle m'a envoyé avec toute la grâce possible, je lui envoie ma figure (son portrait,) et j'espère qu'elle voudra bien me recevoir en ôtage pour sûreté de la sincère amitié que je lui ai vouée. Je la prie encore d'en remettre une à M. de Besin, et de lui renouveler tous les témoignages de mon sincère attachement. Je n'ai point reçu les papiers qu'elle a eu la bonté de retirer de chez le procureur. Je vous prie, ma belle princesse, de lui en parler. Vous obligerez celui qui ne cessera jamais d'être votre sincère admirateur et votre véritable ami.

» DELARIVE. »

NOTE K (page 169).

Voici la lettre que ce misérable eut l'audace d'écrire aux membres du Conseil général, quelques jours avant sa mort :

« *Aux Citoyens composant le Conseil général de la commune de Bordeaux.*

« LIBERTÉ, ÉGALITÉ, FRATERNITÉ, OU LA MORT.

» Citoyens,

» Vous savez qu'on trouve des intrigants partout, mais plus au théâtre qu'ailleurs. Il y a longtemps que j'en étais persuadé; mais j'en suis convaincu plus que jamais. J'ai été nommé à la place de trésorier de la comédie *pour récompense des devoirs que j'ai remplis envers la Nation.* Je sais que certains artistes qui craignaient mon caractère vrai ont fait de petites menaces sourdes contre moi, afin de m'éloigner du théâtre. Cela ne m'étonne pas; mais je dois en prévenir l'effet en m'adressant directement à mes frères les sans-culottes du Conseil général de la commune, qui sont administrateurs des spectacles. Je demande donc à conserver ma place, aux appointements de 6,000 fr., comme les autres administrateurs. Quoique pauvre comme un vrai sans-culotte, s'il faut un cautionnement, j'en trouverai un bon et valable, et j'offre, si l'intérêt public l'exige, de faire *ad honores* les fonctions d'administrateur général *pour surveiller les gens suspects et sans mœurs.* Je sais que certains individus ont dit que je n'étais pas grand calculateur. C'est mon affaire, pourvu que vous trouviez à toute heure du jour, et même la nuit, ma caisse d'accord avec mes registres, le tout bien en règle.

» Je dis encore que je ferai un traitement honnête à un bon commis républicain qui m'aidera et à qui j'aurai le plaisir de faire du bien. La Nation y gagnera, parce qu'elle ne sera pas trompée dans les achats ni dans les devoirs des artistes que je surveillerai avec toute l'intégrité dont je suis susceptible.

» Salut et fraternité.

» *Le Sans-Culotte* Parmentier. »

» Nota. 2,000 fr. à mon frère, commis.

» Il m'en restera quatre pour moi, ma vieille gouvernante Jeanneton et mon fils adoptif.

» Vive la République, une, indivisible, impérissable et triomphante ! »

Nous insérons ici, comme une suite des mêmes réactions, ce qui arriva à Barsac et à Compain, amis intimes de Parmentier :

« PROCÈS-VERBAL.

» Barsac avait été membre de la municipalité provisoire, du comité de surveillance présidé par Peyrend d'Herval, et de la Commission militaire séante à Bordeaux, et présidée par l'infâme Lacombe.

» Malgré les symptômes effrayants qui se manifestaient partout à son passage, et le tumulte que sa présence occasionnait au spectacle, où son aveugle hardiesse le conduisait quelquefois, Barsac eut encore l'audace de se présenter au bureau de l'État-Civil, où il avait déjà fait apporter les pièces de son divorce, afin de consommer cet acte dans une dernière assemblée de conciliation ou non-conciliation. Le commis auquel il s'adressa lui demanda s'il avait amené ses témoins pour qu'il pût dresser procès-verbal de leurs réponses. Barsac n'avait personne avec lui ; il sortit en promettant de revenir bientôt avec les témoins nécessaires. Il rentra en effet peu d'instants après, accompagné de trois portefaix qui devaient servir de conciliateurs. Ces hommes ne connaissaient pas sans doute celui qui devait les employer ; car, lorsqu'après les formalités d'usage et leur avoir demandé leurs noms, professions et âges, l'officier public leur posa la question, s'ils voulaient servir de témoins au citoyen Barsac. Ce nom si détesté produisit un tel effet sur ces hommes, qu'ils prirent immédiatement la fuite et ne reparurent plus. Barsac fut donc obligé de se retirer chez lui sans pouvoir terminer son divorce.

» Deux heures plus tard, on apprit que la maison de Barsac, située rue Doidy, n° 32, était assiégée par des milliers de citoyens dont les uns s'occupaient à enfoncer la porte, tandis que les autres, montés sur la toiture, découvraient la maison afin de se créer une issue et pénétrer jusqu'à celui qu'ils voulaient massacrer. On envoya aussitôt sur les lieux quelques hommes de la troupe, ayant à leur tête le citoyen Chevalier, juge de paix, ainsi que le commissaire du Directoire exécutif près l'administration municipale du Nord. Arrivés à l'entrée de la rue, il fut impossible d'avancer, vu la foule considérable qui s'était portée sur ce point. Nous envoyâmes chercher cinquante hommes au fort de la Révolution (Château-Trompette), et nous réussîmes à en faire pénétrer une partie dans la maison de Barsac. Il était temps ; car les furieux l'avaient déjà saisi après avoir enfoncé sa porte, et allaient le mettre en pièces lorsque nous l'arrachâmes tout sanglant de leurs mains. Nous le plaçâmes au milieu d'un renfort de cent vingt grenadiers, que le commandant du fort nous dépêcha, et nous nous dirigeâmes vers cette forteresse, seul endroit où nous pensions que Barsac pouvait être en sûreté ; on essaya plusieurs fois, pendant le trajet, de l'arracher d'au milieu de nous : les pierres, les bâtons volaient de toutes parts, la troupe se trouvait ainsi occupée et à se garantir des projectiles et à préserver Barsac lui-même ; des hurlements, des vociférations, des cris terribles nous assourdissaient : « Le voilà, disaient les uns, celui qui a toujours voté la mort ; il a fait des listes de proscription, il était tout à la fois accusateur, témoin et juge; » d'autres réclamaient un père, un fils, un frère, un ami, et ces réclamations et ces cris, en échauffant les têtes, redoublaient encore la fureur. Enfin, grâce à la bonne contenance de la troupe, nous pûmes pénétrer dans le fort de la Révolution, mais non sans répandre du sang, car plusieurs individus avaient poussé la rage jusqu'à se précipiter sur les baïonnettes.

» Une fois entrés dans le fort, le commandant en fit fermer les portes et nous le quittâmes pour nous mettre à la tête des patrouilles qui circulèrent dans la ville et autour du fort le reste de la journée et une grande partie de la nuit.

» Barsac, échappé à la mort horrible que le peuple lui destinait, nous écrivit le lendemain :

« Je prie le bureau central et le requiers, autant qu'il est
» en mon pouvoir, de me continuer l'asile qu'il m'a donné
» hier dans le fort de la Révolution, n'en ayant moi-même
» aucun dans ce moment où je puisse me retirer et mettre
» mes jours en sûreté.

» Bordeaux, le cinquième jour complémentaire, l'an IV de
» la République française, une et indivisible. »

» G. Barsac. »

Quelques jours après et lorsque les esprits furent un peu plus calmes, l'épouse de Barsac écrivit aux commissaires du bureau central une lettre par laquelle elle les priait de mettre en liberté son mari avec les précautions nécessaires pour la sûreté de sa vie. Le soir de ce même jour, nous envoyâmes le citoyen Gaston Ferbos, commissaire de police, au général Mergier, commandant du Château, pour lui remettre la réquisition dont la teneur suit :

» *Au Général Mergier.*

» Nous vous requérons et sommons au nom de la loi, de remettre ou faire remettre au citoyen Gaston Ferbos, commissaire de police, le citoyen Barsac qui, d'après sa demande et pour sa sûreté, a été mis en dépôt au fort de la Révolution, etc., etc. A onze heures du soir, la livraison eut lieu : une barque attendait à la porte du hâvre, Barsac y entra, et les rameurs poussant aussitôt au large, emportèrent cet homme qui avait fait couler à Bordeaux tant de sang et tant de larmes. Il se cacha soigneusement dans la campagne d'un ami, jusqu'au 9 vendémiaire an v, que nous vîmes arriver dans notre bureau sa femme et son fils. Elle nous présenta une lettre de Barsac, qui nous y exprimait toute la reconnaissance dont il était pénétré pour les soins et le dévoûment que nous avions mis à lui conserver la vie. Il terminait en nous priant de lui accorder, ainsi qu'à son fils, un passeport pour Dunkerque. C'est ce que nous lui accordâmes de suite, sous un nom d'emprunt, craignant, sans cette précaution, qu'il n'en résultât un malheur pour lui.

» Voici le passeport que nous délivrâmes pour le père :

« Laissez passer le citoyen Guillaume J. Degals, connu de
» nous, commissaires du bureau central, domicilié à Bor-
» deaux, rue Doidy, 32, aux Chartrons, âgé de 36 ans, taille
» de cinq pieds quatre pouces, cheveux châtain foncé, sour-
» cils châtains, yeux gris tachés, nez long, pointu, bouche
» moyenne, menton rond, front découvert, visage ovale.
» Prêtez-lui aide et assistance en cas de besoin pour aller à
» Dunkerque, passant par La Tremblade et Marennes, etc. »

» *Passeport du fils* :

« Laissez passer le citoyen Nicolas Boitard, mousse connu
» de nous, etc., etc., sur le navire danois le *Christiana-Col-*
» *biornsen*, capitaine Jacob Borthig. »

Notre ville fut ainsi délivrée pour toujours de la présence de ce misérable ; mais des scènes plus terribles se préparaient encore.

Si les énergumènes, les utopistes quand même, les buveurs de sang, tous ces hommes enfin qui, emportés par de violentes passions, se jettent à corps perdu dans les révolutions, et adoptent, sans songer à l'instabilité des choses d'ici-bas, les mesures extrêmes qui doivent faire triompher leurs principes; si ces hommes, dis-je, pouvaient conserver, au milieu de la fièvre qui les dévore, un peu de la mémoire des faits passés, ils verraient que les excès révolutionnaires ont toujours mené à leur suite de terribles représailles.

Compain était un des acteurs de notre Grand-Théâtre, appelé alors *théâtre de la République*. Dès l'origine de la Révolution, il s'était montré chaud partisan des principes démagogiques. Lorsque la terreur se fut développée, il devint un des hurleurs les plus acharnés. Dénonciateur et affilié au sans-culottisme le plus dégoûtant, zélé partisan de Lacombe et de Courtois, pourvoyeur assidu de la guillotine, Compain devint bientôt le héros des terroristes et le fléau du reste des citoyens. Mais enfin le supplice de Robespierre, celui de Lacombe, et les modifications apportées aux habitudes sanguinaires de nos proconsuls, en faisant disparaître la crainte des Bordelais, leur rendit le désir et le courage de se venger de leurs ennemis. Compain fut assailli sur la place de la Comédie, et avait déjà été frappé lorsqu'on vint prévenir la municipalité.

Je relate ici le procès-verbal dressé à cette occasion, et qui renferme les détails de cet événement :

« PROCÈS-VERBAL.

» Aujourd'hui 4 germinal, à quatre heures de relevée, et l'an troisième de la République française, une et indivisible, Nous, Durand, officier municipal, Fulchie, Rousseau et Fournier, notables, et Cassagne, substitut de l'agent national de la commune de Bordeaux, ayant été instruits qu'il était survenu quelque rumeur populaire sur la place de la Comédie, nous nous y sommes transportés, et ayant en effet aperçu un grand rassemblement, nous nous sommes informés de ce qui pouvait y avoir donné lieu. Il nous a été dit que le citoyen Compain avait été assailli par une foule de citoyens, et qu'il avait déjà reçu plusieurs blessures ; qu'il avait été arraché des mains de ceux qui l'avaient saisi, par la garde du poste de la Comédie, et qu'il se trouvait maintenant dans le corps-de-garde. Nous étant décorés de nos écharpes, nous sommes entrés dans le corps-de-garde, où nous avons trouvé le dit Compain assis, qui nous a dit avoir été assailli par plusieurs personnes qu'il ne connaissait pas, qui lui avaient porté plusieurs coups, et nous avons en effet aperçu que son sang coulait abondamment du côté droit de la tête, près de l'oreille. L'officier du poste nous a dit que le juge de paix de l'arrondissement était venu ; qu'il était allé chercher la force armée pour conduire Compain à l'hôpital, et dans l'instant sont arrivés vingt hommes de la gendarmerie, avec un officier et un aide-de-camp du général ; ce dernier nous a dit qu'ils avaient été requis par le juge de paix pour conduire Compain à l'hôpital.

En conséquence, le dit Compain nous ayant dit qu'il voulait aller à pied, nous avons recommandé à la gendarmerie de bien veiller à ce qu'il ne se passât rien contre les lois. Nous étant alors mis en route avec le dit Compain et le citoyen Latour, juge de paix de l'arrondissement, et escortés par la gendarmerie, à peine étions-nous sur la place de la Comédie, que des huées et des cris effroyables se sont fait entendre. L'indignation des citoyens paraissait portée à son comble. Vainement avons-nous fait tous nos efforts pour calmer la fureur populaire. Nous n'avons pu empêcher que plusieurs coups de cannes et de bâtons ne fussent portés à Compain, et ce n'a été qu'après les plus violents efforts et au péril de notre vie, que nous avons réussi à le conduire jusque devant le Club national. Mais en cet endroit la foule a entouré la garde ; faisant alors un suprême effort, nous avons exhorté le peuple, au nom de la loi, à nous laisser conduire ce citoyen à l'hôpital, et nous éprouvions déjà la satisfaction de voir quelques citoyens déférer à notre invitation, lorsque Compain, croyant l'occasion favorable, profita d'une petite éclaircie opérée dans la foule, pour prendre la fuite vers le terrain ci-devant Intendance. Il était impossible aux gendarmes de le suivre avec leurs chevaux, sans blesser ou écraser quelque citoyen. Mais les notables, Rousseau, Fulchie, Cassagne et deux officiers de la gendarmerie qui avaient mis pied à terre, l'ont suivi pour lui porter secours, car le peuple, reprenant toute sa fureur, s'était lancé de nouveau à sa poursuite. Ils sont arrivés au moment où Compain venait de recevoir plusieurs coups de bâtons, de sabres et de cannes à lance; les citoyens Cassagne et Rousseau furent eux-mêmes blessés en cherchant à arracher Compain à ces furieux. Ils y parvinrent enfin et réussirent à le faire pénétrer dans le bureau du Comité de surveillance; les membres du bureau envoyèrent chercher plusieurs officiers de santé, qui prodiguèrent leurs soins au blessé et assurèrent qu'il fallait l'envoyer à l'hôpital, aucun symptôme dangereux ne s'étant encore déclaré; mais qu'ils ne répondaient pas des suites. En foi de quoi nous avons fait et clos le dit procès-verbal, à sept heures du soir, et avons signé : Durand, officier municipal; Fulchie, notable; Joseph Fauconnier, notable ; Rousseau, notable ; Cassaigne, substitut de l'agent national. »

« Nous membres de la municipalité, nous étant retirés dans la maison-commune, les citoyens Rousseau et Fulchie ont déposé sur le bureau leurs écharpes teintes de sang pour servir de pièces de conviction.

» Bordeaux, dans la maison-commune, à onze heures du soir, le dit jour que dessus.

» *Signé* : DURAND, *officier municipal.* »

» NOTA. Compain ayant en effet été transporté à l'hôpital, y mourut deux heures après. »

NOTE L (*page* 177).

Nous devons dire, pour ne rien omettre, que par suite des recherches faites par la police, on acquit la presque certitude que le fameux Duclos, cet homme qui, plus tard, promena son cynisme et sa misère dans la capitale, était le chef des assassins de Groussac. Sa réputation était déjà parvenue jusqu'à Paris. Voici les termes dont se servit le ministre de la police générale pour le désigner aux administrateurs du bureau central de Bordeaux.

« Paris, ce 18 germinal an VII de la République.

» Le nommé Pierre Duclos m'a été signalé, citoyens, comme complice de l'assassinat du maire de Toulouse. Vous me l'avez vous-même présenté comme *un homme dont l'immoralité était telle qu'il n'était point d'attentats qui pussent l'effrayer, et qu'on ne pourrait espérer aucun amendement.*

» Il vient d'être arrêté dans cette commune et déposé dans une maison d'arrêt, etc., etc. »

Sur la même liste des meurtriers de Groussac, figuraient les nommés Groc, Lavau jeune, Lercaro jeune, Secce, ex-perruquier ; G...., maître d'armes à Bordeaux ; G...., artiste musicien à Bordeaux, et quelques autres personnes dont il est inutile de reproduire les noms, puisqu'ils furent tous acquittés et rendus à la liberté.

NOTE M (page 177).

Ce même Duclos se trouvait encore parmi les mauvais sujets qui insultèrent le général Lannes lors de son passage à Bordeaux, et comme les attentats de ce misérable se perpétuaient dans nos murs avec une sorte d'impunité, le gouvernement ordonna à Pierre Pierre, commissaire général de police, à Bordeaux, de s'emparer de la personne de Duclos, *mort ou vif*, et de l'envoyer à Paris. Pierre Pierre en écrivit dans ce sens à M. de Monbadon, maire de Bordeaux :

« Bordeaux, le 29 septembre 1807.

» Monsieur le Maire,

» Le nommé Pierre Duclos, qui s'est soustrait jusqu'à ce

jour, avec une impudence assez extraordinaire, à la décision de S. Exc. le sénateur ministre de la police générale de l'empire, vient de se rendre coupable d'un assassinat à coups de poignard, envers un de mes agents. J'ai l'honneur de vous envoyer le signalement de cet individu, dont l'arrestation m'est *spécialement prescrite*. Je vous prie, Monsieur le Maire, de réunir vos efforts aux miens pour la recherche de cet homme dont un plus long séjour à Bordeaux accuserait auprès du gouvernement les fonctionnaires chargés de la police locale et d'État.

» Recevez d'avance mes bien sincères remerciments sur les ordres que vous donnerez à cet égard et dont l'heureux concours ne peut que contribuer à faire respecter une décision à laquelle le sénateur-ministre attache une grande importance.

» *Le Commissaire général,*
» Pierre Pierre. »

On sait que Duclos fut arrêté par Pierre Pierre lui-même, conduit d'abord au fort du Hâ, ensuite transféré à Paris, où il demeura prisonnier jusqu'à la Restauration.

NOTE N (*page* 177).

On avait accusé plusieurs fois Rode, le célèbre violon, et notre concitoyen, d'avoir participé à toutes ces réactions. Il voulut prouver le contraire et obtint de la municipalité le certificat ci-joint :

« Du 1er février an 7.

» Sur le renvoi fait par le commissaire du Directoire exécutif près l'administration centrale de la Gironde, de la pétition de la citoyenne Zoé Rode, tendante à obtenir l'eximation de Rode, son frère, de la liste de ceux compris dans l'arrêt du Directoire exécutif du 2 vendémiaire dernier,

» Les administrateurs du bureau central du canton de Bordeaux,

» Après avoir fait sur les registres de la police toutes les recherches propres à découvrir les motifs qui pouvaient avoir donné lieu à comprendre le citoyen Rode dans la classe de ceux qui avaient participé aux scènes sanglantes qui ont eu lieu à Bordeaux pendant la réaction; après avoir pris les renseignements les plus exacts sur la conduite morale et politique du citoyen Rode,

» Attestent qu'ils n'ont trouvé sur le registre de la police aucune trace qui puisse faire soupçonner que le citoyen Rode ait pris aucune part aux actes du royalisme réactionnaire; que, s'il avait pu en être soupçonné par rapport à son étourderie et aux liaisons d'enfance qu'il avait avec quelques-uns de ceux qui, à cette époque se sont signalés comme les perturbateurs de l'ordre et de la tranquillité publique, il s'était comporté de manière à effacer ce soupçon en concourant de toutes ses forces au rétablissement de l'ordre et de la tranquillité publique dans le moment le plus critique;

» Attestent au surplus que le citoyen Rode était parti volontairement dans le premier bataillon de la Gironde, où il a servi avec honneur, jusqu'à l'obtention de son congé, comme capitaine démissionnaire.

» NOTA. Rode, notre concitoyen, était attaché, en qualité de professeur, au conservatoire de musique. *Il faisait* (dit une note fournie par le bureau central), *le plus noble usage de sa fortune, la partageant entre sa famille et les indigents.*

NOTE O *(page 208).*

Bojolay se trouvait en retard, à l'égard de la ville, pour quelques termes échus. Il se rendit à la mairie, auprès de l'un des adjoints (M. Labroue), pour obtenir un sursis. Tous ceux qui ont connu celui-ci savent combien il avait l'humeur brutale et fâcheuse pour les malheureux objets de sa colère. À peine eut-il aperçu Bojolay : « Ah! ah! vous voilà donc, s'écria-t-il, approchez que l'on entende votre belle confession ! vous venez demander un délai ; vous n'en aurez pas. Un gaillard de votre trempe, qui se ruine pour ses maîtresses, ne mérite aucune grâce; on ne vous en fera pas....... »

Cette sortie était d'autant plus humiliante pour Bojolay, qu'elle venait de se faire en présence d'un nombreux public. Le malheureux directeur, rouge de honte et de colère, vit qu'il n'avait plus rien à ménager : « C'est ma ruine que vous voulez, c'est une faillite que vous me forcez de faire, lui répondit-il, soit, je m'exécute ; mais rappelez-vous bien que si j'ai eu la faiblesse ou plutôt l'honnêteté *de payer* mes maîtresses, on ne pourra jamais vous faire le même reproche. »

NOTE P (*page* 210).

Ces entrées de faveur étaient autrefois aussi recherchées que de nos jours. En 1725, les écoliers du collége de Guienne, qui avaient l'habitude de recevoir des billets de théâtre, comme une récompense accordée par les jurats à ceux d'entre eux qui se distinguaient dans leurs études, s'avisèrent de devenir plus exigeants. Ils créèrent, dans chacune de leurs classes, *un prieur* chargé de la demande et de la distribution des billets. Cet usage avait déjà été aboli par les précédents gouverneurs de Bordeaux, comme constituant une sorte de privilége que les jurats ne pouvaient reconnaître, et devenant souvent la cause de violentes querelles qui dégénéraient en duels. *Ces prieurs* s'étant présentés à l'Hôtel-de-Ville pour réclamer des billets, furent fort mal reçus des jurats, qui les menacèrent de les faire arrêter s'ils ne se retiraient, et leur défendirent, ainsi qu'à tous leurs camarades, de porter des armes. Les têtes s'étant un peu calmées, les jurats remirent quelques billets au principal pour les distribuer aux écoliers; mais ceux-ci refusèrent de les recevoir, voulant que ce fussent leurs prieurs qui les distribuassent. Les élèves de philosophie, soutenus par les élèves des autres classes, prirent leurs épées, et abandonnant en foule le collége, coururent s'assembler à une promenade appelée l'*Ormée*, où ils furent bientôt rejoints par un grand nombre d'autres écoliers de la ville, tous armés d'épées, de cannes, de bâtons, de pistolets, et criant qu'ils allaient défendre leurs priviléges. Ils se transportèrent ensuite devant le collége de Guienne, où les jurats avaient rassemblé le guet. L'un des plus mutins de ces élèves ayant été saisi par les soldats, son arrestation devint la cause d'une mêlée générale. Un soldat eut l'épaule cassée d'un coup de pistolet. Ses camarades firent feu, et l'un des écoliers fut tué. Le reste, ainsi que cela arrive le plus souvent, prit la fuite et se dispersa.

NOTE Q (*page* 224).

Nous extrayons la chanson suivante faite sur cette directrice, du travail de M. Desgranges, cité dans notre avertissement.

CHANSON.

I.

Célébrons les directeurs
    De la Comédie ;
Chantons les rares acteurs
    Supports d'Émilie.
Ils nous donnent bravement
De l'ennui pour de l'argent.
    Vive l'Émilie !
    O gué !
    Vive l'Émilie !

II.

Venons à ce magistrat,
    Président folâtre,
Grosse poupée à rabat,
    Des riens idolâtre.
Ce juge de nos procès,
Ne siége point au palais,
    Il siége au théâtre,
    O gué !
    Il siége au théâtre !

III.

Destouches, comme on sait bien,
    Le prit pour confrère ;
De maints petits comédiens
    Il la rendit mère.
Tous deux étant directeurs,
Pour ne point manquer d'acteurs
    Avaient soin d'en faire,
    O gué !
    Avaient soin d'en faire.

IV.

Bouffon, léger et galant,
    Au point d'être fade,
Il n'est femme qu'en sifflant,
    Il ne persuade..
Musicien, joueur adroit,
Il sait tout hormis le droit;
    Le code est maussade,
        O gué!
    Le code est maussade.

V.

Je n'ose de D.........
    Profaner la gloire;
Il est roc, il est altier,
    Plus qu'on ne peut croire.
Il pourrait bien contre nous,
Faire dresser après tous,
    Un réquisitoire,
        O gué!
    Un réquisitoire.

VI.

Prêt à danser nuit et jour,
    Comme un jeune page;
Pied léger et cerveau lourd,
    Gros chef, plat visage,
OEil louche, nez épaté;
Voilà le portrait flatté
    De ce personnage,
        O gué!
    De ce personnage.

VII.

A-t-il payé l'action?
    Je ne sais qu'en dire;
Mais je gagerais que non:
    Je connais le sire.

Le titre de débiteur
Plaît beaucoup à Monseigneur.
    Le juif en soupire,
        O gué!
    Le juif en soupire.

VIII.

Je viens à toi de grand cœur,
    Sublime Émilie,
Qui guindes sur la fadeur
    Ta philosophie;
Et fardes effrontément
D'un vernis de sentiment,
    Ta drôle de vie,
        O gué!
    Ta drôle de vie.

IX.

Dans tous les rôles tu mets
    Ton air de bégueule;
Sur ma foi tu ne saurais
    Plaire qu'à toi seule.
Crois-tu peindre ta grandeur,
En ouvrant à faire peur
    Ta brillante gueule,
        O gué!.
    Ta brillante gueule.

X.

Là! c'est assez caqueter,
    Muse trop hardie;
Crains que ta malignité
    Bientôt ne s'expie.
Quelqu'un qui peut te punir (1)
Enjoint de tout applaudir,
    Fût-ce l'Émilie,
        O gué!
    Fût-ce l'Émilie.

(1) Cette Émilie était la maîtresse du maréchal de Richelieu, gouverneur de la province.

NOTE R (*page 291*).

Le 27 vendémiaire an VII, Bojolay adressait aux membres du bureau central la pétition ci-après, dont nous avons conservé scrupuleusement l'orthographe.

« Citoyen administrateurs,

» N'ayant pu plutot commencer mes ouvrages a cause d'une maladie que je viens d'éprouver Cepandant je me propose a donner demain pour louverture Le peruquier bouffon petite piece tres amusante qui sera suivie du n'aufrage dEléonore piece en 5 acte Le dit spectacle sera terminé par quantité de métamorphoses qui surprendront agreablement le spectateur.

» Lezposant prie les citoyen administrateur davoir egard a sa situation et de le traiter comme un pere de famille dont la médiocrité de ses moyens le prive de pouvoir a peinne la faire subsister.

» en consequence il vous supplie et il ose esperer que dapres les justes observations qui vous fait, vous aurez la bonte de le remettre au 10me (*droit pour les pauvres*), comme il avait toujour été.

» Salut et fraternité.

» J^n Bap^{te} CORTAY dit BOJOLAY. »

NOTE S (*page 294*).

N'oublions pas de mentionner, parmi les plus fameux mélodrames qui se jouaient à la Gaîté, *le Chien de Montargis*, qui fit sa première apparition sur ce théâtre, le 6 août 1814. Mlle Dorsonville, qui remplissait dans cette pièce le rôle intéressant du jeune Éloi, y recueillit de nombreux applaudissements.

Lepeintre jeune, animé quelques années plus tard (3 août

1824) d'une sainte pudeur, voulut venir en aide à l'innocence et fit jouer, à ce théâtre, une pièce de sa composition intitulée *la Promenade de Tourny*. L'un des principaux personnages de cette composition joviale, était une certaine *Anniche*, qui louait alors les chaises de nos promenades, et que beaucoup de Bordelais se rappellent avoir connue. Lepeintre lui faisait faire le métier *d'entremetteuse de mariages et confidente des jeunes personnes qui ont des amourettes à l'insu de leurs parents.* Il est probable que l'irréprochable *Anniche* ne se reconnut point dans le portrait qu'on faisait d'elle, puisqu'elle fit condamner l'écrivain et la pièce. Il en fut de même, comme on sait, de M. de Jouy, auteur de *l'Ermite en Province*, qui avait osé médire de la redoutable *Anniche*. Ces Messieurs apprirent à leurs dépens, que s'il est possible de tout voir, il n'est pas toujours permis de tout dire.

Nous regretterions de ne pas garder une place dans ces notes à Mlle Montano, qui, si longtemps, fit le charme de notre scène lyrique. Voici de fort jolis vers qui lui furent adressés quelques jours avant son départ :

« O de Linus, fille aimable et chérie,
» Comme tes yeux, ta voix sait nous charmer;
» Et de tes chants la douce mélodie
» Soumet nos cœurs au besoin de t'aimer.

» Cède à nos vœux : en vain d'autres rivages,
» Belle syrène! osent te réclamer;
» Tu recevrais partout mêmes hommages;
» Mais sur quels bords saura-t-on mieux t'aimer? »

FIN

TABLE DES MATIÈRES

CHAPITRE PREMIER.
Origine des théâtres à Bordeaux. — Divers petits théâtres. — Troupes nomades.—Anciennes salles de Barbarin.—Lettres du duc d'Épernon. — Lettres de Louis XIV pour recommander des comédiens.—Molière a-t-il joué la comédie à Bordeaux? Rien ne le prouve.—Salle de l'Arsenal. — Privilège des jurats pour leurs entrées aux théâtres. — Académie de musique. . . . . Page 1

CHAPITRE II.
Salle de l'Opéra dans le jardin de l'Hôtel-de-Ville. — Salle de l'Hôtel-de-Ville; Mme de France y assiste à une fête de nuit; incendie de cette salle et d'une partie de l'Hôtel-de-Ville. — Salle de l'Intendance. — Théâtre de la porte Dauphine. — Police et règlements de cette époque. — Privilège accordé aux divers directeurs. — Académie royale de musique; composition de la troupe; appointements 21

CHAPITRE III.
Premiers projets pour la construction d'une nouvelle salle; choix de l'emplacement; plans de l'architecte Lhote, de Soufflot et de Louis.— Intrigues de Lhote à Paris; sa correspondance avec Soufflot.—Lhote protégé par les jurats; ils écrivent au maréchal de Richelieu.—Louis est choisi par le maréchal pour dresser les plans du théâtre.—Lettres-patentes du Roi. 33

CHAPITRE IV.
Concession faite aux jurats et aux actionnaires. — Louis est mal vu du corps de ville et du Parlement.— Plaintes des jurats.—Le contrôleur général envoie un inspecteur; correspondance des jurats à ce sujet.— Mémoire de Louis aux jurats; délibération prise à ce sujet.—Turgot parvient au ministère; Mesures qu'il prend contre le corps de ville; Sa lettre aux jurats.—La ville perd ses octrois; M. de Clugni les lui fait rendre 62

CHAPITRE V.
Le duc et la duchesse de Chartres à Bordeaux. — Les jurats toujours injustes à l'égard de Louis. — Ressentiment de la Cour des Aides contre les jurats. — Remontrances au Roi faites par cette Cour, qui demande la suspension des travaux du théâtre.—Exigence des jurats. — Lettre de l'intendant Dupré de Saint-Maur. — Passage du comte d'Artois, de Monsieur et de l'empereur Joseph. — Arrêt du 26 février 1779. — Achèvement du Grand-Théâtre. — Les artistes qui ont secondé Louis. — Appréciation de Louis. 81

CHAPITRE VI.
Place de la Comédie. — Reproches adressés à Louis. — Cet architecte n'est point à blâmer.— Comment on doit expliquer sa conduite dans

cette occasion. — Projets divers pour la décoration de cette place.— L'animosité du corps de ville subsiste toujours contre Louis. — Projets divers pour le Château-Trompette. — Concession faite à Louis, puis à Montmirail. — Révocation de cette dernière.—Réclamations de Louis repoussées. — Sa correspondance. — Date vraisemblable de sa mort 100

CHAPITRE VII.

La salle du Grand-Théâtre placée sous la direction d'une compagnie d'actionnaires. — Cession de ce privilége à divers directeurs. — Entreprise du Grand-Théâtre affermée; conditions de la ferme. — Règlements, ordonnances, faits divers relatifs au théâtre. — M. de Noé, maire de Bordeaux, et le maréchal de Richelieu. — Disgrâce du premier. — Première représentation du *Mariage de Figaro*. — Larive et Mlle Raucourt. — Le désordre commence à s'introduire dans les théâtres. — Émeute à propos de la pièce de *Calas*. — Marc-Antoine Jullien envoyé à Bordeaux.—Son portrait.—Règlement qu'il fait pour le théâtre. — Fête de la Raison. — Continuation des troubles au théâtre. 147

CHAPITRE VIII.

Garat et Beck; vers qui leur sont adressés. — Rapports de police : *la Descente en Angleterre*. — *Le Carnaval républicain* (chanson).— Mépris et décadence des formes républicaines. — Le Grand-Théâtre sous l'Empire. — Prat et Bojolay. — Bénéfices du petit théâtre. — Lettre du ministre Lainé en faveur de Bojolay. — Arrivée à Bordeaux de Joanny, de Mlle Georges, Lafont, Mlle Mars, Talma, etc. . . . 178

CHAPITRE IX.

Joanny, Mlle Georges, Lafont, Mlle Mars, Lavigne, Talma, paraissent sur notre scène.— Quelques mots sur le talent de ces artistes.—Pièces dans lesquelles ils figuraient. — Industrie de Bojolay et conditions auxquelles il avait accepté la direction. — La fortune abandonne Bojolay.—Faillite de ce directeur.— Coup d'œil sur les trois directions, Prat, Bojolay et Solomé. — Considérations sur les directions en général 198

CHAPITRE X.

Liste des directeurs des théâtres de Bordeaux, de l'année 1688 à l'année 1855 218

CHAPITRE XI.

Théâtre-Molière. — Théâtre de la Gaîté. — Théâtre-Mayeur (de la Montagne ou des Sans-Culottes). 285

CHAPITRE XII.

Théâtres de Blondin, de Belleville, du Lycée, Théâtre-Français ou des Variétés. 299

Notes historiques 302

Bordeaux. — Imp. de J. Delmas, rue Ste-Catherine, 14.

www.ingramcontent.com/pod-product-compliance
Lightning Source LLC
Chambersburg PA
CBHW050537170426
43201CB00011B/1465